개역 개정판에 맞춘

핵심 성경문제집

[신약편]

도서출판 드림북은 오직 하나님께 드리는 책,
또한 세상의 모든 그리스도인들에게 꿈을 줄 수 있는 책
그러한 책세상을 꿈꾸며 만들어 가겠습니다.

핵심 성경문제집[신약편]

· 1판 1쇄 발행 2007년 1월 25일
· 1판 9쇄 발행 2023년 4월 15일

· 엮은이 홍동표
· 펴낸이 민 상 기
· 편집장 이 숙 희
· 펴낸곳 도서출판 **드림북**
· 등록번호 제 65 호
· 등록일자 2002. 11. 25.
· 경기도 양주시 광적면 부흥로847 양주테크노시티 220호
· Tel (031)829-7722, Fax(031)829-7723

· 독자의 의견을 기다립니다.

개역 개정판에 맞춘

핵심 성경문제집

신약편

홍 동 표 엮음

정일웅교수(총신대) 추천

드 림 북

차 례

추천서

세계에서 가장 많은 언어로 번역된 성경책.

세계에서 가장 많은 사람들로부터 읽혀지는 성경책.

이러한 성경책을 알고 또 읽는다는 것이 우리들에게는 얼마나 큰 행운인지 알 수가 없습니다. 그리고 이 성경을 읽고 연구하여 문제를 만들어 출판한다는 것은 더욱 큰 행운일 것입니다. 그런데 이 『핵심 성경문제집』은 지금까지 사용해오던 성경책으로 문제집을 만든 것이 아니라 새롭게 바뀐 개역개정 4판으로 문제집을 만들어 냄으로써 성경책이 바뀜으로 오는 혼란을 줄일 수 있었다는 것은 매우 고무적인 일이 아닐 수 없습니다. 또한 의도적으로 새롭게 바뀐 성경의 장과 절에 맞추어 일정한 순서에 따라 문제를 만들어 문제를 풀고 답을 달면서 자연히 정독하게 하였고, 더 나아가 성경 각 권의 전체 사상이나 주제의 흐름을 잃지 않게 하기 위하여 기록자, 연대, 장소, 대상, 핵심어, 내용 등을 수록하여 문제에 집중함으로서 전체를 보지 못하는 실수를 범하지 않게 하였을 뿐 아니라 각 권의 전체에 독자 생각이 머무르도록 기획, 구성한 점을 높이 평가하는 바입니다.

본 문제집은 기존의 여러 성경문제집들과 비교해 볼 때 보다 더 성경 속으로 깊이 인도하기에 조금도 손색이 없는 책으로 여겨집니다. 그리고 성경 전체를 각 권의 장과 절에 흐름에 따라, 성경의 말씀으로 질문을 만들어 성경을 읽어야만 답을 할 수 있도록 엮어 놓은 것은 다양한 영역에서 활용될 충분한 가치를 지니고 있는 것으로 판단됩니다.

부디 이 『핵심 성경문제집』이 성경을 깊이 연구하고 공부하려는 사람들에게 큰 도움이 되기를 바랍니다. 특별히 각 신학대학교나 신학대학원 입학생들의 성경시험 준비, 각 학교의 성경시험, 교회에서 행하여지는 크고 작은 성경퀴즈 대회 등에서도 유익하고 큰 도움이 될 수 있기에 이 책을 추천합니다.

다시 한번 저자의 수고를 높이 치하하는 바입니다.

총신대학교 부총장

정일웅 교수

머리글

지금까지 신앙생활하면서 한결같은 질문이 있어 왔습니다.

그 질문은 "어떻게 사는 것이 하나님께서 기뻐하는 것일까?" 라는 것입니다.

신앙인이라면 한결 같이 "하나님의 뜻대로 살아가는 것이라" 할 것입니다. 즉 하나님께서 원하시는 대로 살아드리는 것이라고 말할 것입니다. 그리고 많은 신앙인들이 이 일을 이루기 위하여 애쓰고 몸부림치며 살고 있을 것입니다. 그러나 안타까운 것은 많은 신앙인들이 그렇게 살지 못하고 믿지 않는 사람들을 향하여 영향력을 제대로 나타내지 못하고 있습니다. 왜! 일까요? 왜! 영향력을 나타내지 못하는 것일까요?

여기에는 여러 가지 문제들이 있을 수 있습니다. 그리고 다양한 이유들이 있을 수 있습니다. 그러나 여러 가지 문제들이나 다양한 이유들이 있다고 하여도 근본은 바로 하나님에 대한 지식의 부족 때문입니다. 쉽게 말하자면 성경을 바로 알지 못하고 있기 때문이라는 것입니다. 즉 하나님께서 원하는 것이 무엇인지를 바로 알지 못함으로 행하지 못하는 것입니다.

이로써 하나님의 거룩한 사람들이 체계적으로 성경을 알아간다는 것은 매우 복된 일이 아닐 수 없습니다. 이 복된 일은 소홀히 해서 되는 일이 아닙니다. 또한 게을리 해서 되는 일도 아닙니다. 하나님의 거룩한 백성들의 나아갈 이정표와 같은 것이기에 알아가는 일에 열심에 열심을 다해야 할 것입니다. 이러한 소중함을 느끼고 새롭게 바뀌게 된 성경책 개역개정(4판)으로 『핵심 성경문제집』을 쓰게 된 것입니다.

비록 기존에 사용하던 성경책과 의미와 내용이 많이 바뀌지 않았다 할지라도 단어와 용어들을 포함하여 70,000여 곳 내외가 바뀌었음으로, 학교에서의 성경시험과 교회에서 성경문제를 만들고 답을 하는데 많은 혼란을 초래 할 수 있음을 인지하고 미력하게나마 해소시키기 위하여 문제집을 만들어 세상에 내놓게 된 것입니다.

한 문제를 만들기 위하여 성경을 읽고 또 읽다가 저 자신이 바르게 알지 못하였던 것을 발견하고는 부끄럽고 죄스러움에 가슴을 치며 몸부림쳤을 뿐 아니라, 경제적인 어려움으로 교회의 문을 닫게 되는 아픔 속에 쓰러져 있는 나에게 성경책을 붙들고 도서관에서 씨름하게 하시고, 순간 순간 성한 마음으로 성경책만을 읽는 저에게 하나님의 말씀으로 위로하여 주시고 이끄심으로 10개월 만에 신구약 성경문제집을 모두 쓰게 하셨습니다. 이때 임했던 하나님 은혜의 감격을 함께 나누고 싶습니다.

끝으로 힘들고 아파할 때에 나보다 더 아팠음에도 내색하지 않고 용기 잃지 않게 해준 나의 동반자 유선옥 사모와 많은 아버지들처럼 해주지 못한 아빠였음에도 이제까지 잘 자라준 나의 사랑하는 성은, 성이,

성아, 성욱에게 고마움을 전합니다. 그리고 출판 시장의 어려운 여건에서도 출간을 허락하여 주신 드림북 대표 민상기 집사님에게 감사함을 드립니다. 특히 책의 내용이 미흡함에도 불구하고 제자를 신뢰하고 쾌히 추천하여 주신 총신대학교 부총장님이신 정일웅 교수님께 깊은 감사를 드립니다.

모쪼록 하나님을 바르게 알고자 하는 이들에게 좋은 도구가 되기를 소원해 봅니다.

이 책의 구성은 다음과 같습니다.

1. 개역개정 4판의 성경책으로 문제를 만들었습니다.
2. 성경의 총론과 개론 부분 중 꼭 알아야 할 내용을 간략하게 실음으로 예비적 지식을 갖도록 하였습니다.
3. 성경 각 권의 장과 절의 흐름에 맞추어 문제를 만들었습니다.
4. 문제의 질문조차도 대부분 성경의 말씀으로 만들었습니다.
5. 더 많은 정보를 요하는 문제에는 '참고' 를 만들었습니다.
6. 표를 만들어 비교하는 것과 중요 내용을 숙지하는데 용이하게 하였습니다.
7. 정답을 하단에 기록하여 답을 찾는 수고를 덜게 하였습니다.

마 태 복 음

마태복음 개요

1. 기록자

마태

2. 기록연대

A.D.50~70 년 사이

3. 기록 장소

안디옥에서 기록했을 가능성이 높다.

4. 기록 대상

주로 유대인들을 대상으로 기록했다. 그러나 기독교인이 된 이방인들을 위해서도 기록했다.

5. 핵심어 및 내용

> 마태복음의 핵심어는 '성취' 와 '천국' 이다. 마태는 참으로 예수님이 오심으로써 세상의 구세주인 메시야의 시대가 도래한다는 약속이 성취되었다는 주장을 더 확실히 뒷받침하기 위해서, 구약의 모든 주장을 더 확실히 뒷받침하기 위해서, 구약의 모든 부분에서 말씀을 인용한다. 또한 마태는 하나님께서 그리스도 안에서 현존하시고, 인간의 삶을 다스리신다는 복음을 소개하기 위해서 반복적으로 천국이란 용어를 사용한다. 신약 가운데 이 용어는 마태복음에서만 나타난다.

각 장의 내용들

1장

1. 예수의 계보(1:1~17)
2. 예수의 탄생(1:18~25)

2장

1. 동방 박사의 방문(2:1~12)
2. 애굽으로 피신하심(2:13~18)
3. 나사렛에 거하심(2:19~23)

3장

1. 선구자 세례 요한(3:1~12)
2. 세례 받으심(3:13~17)

4장

1. 시험받으심(4:1~11)
2. 가버나움에 거하심(4:12~17)
3. 네 제자를 부르심(4:18~22)
4. 사역의 시작(4:23~25)

5장

1. 팔복(5:1~12)
2. 세상의 소금(5:13)
3. 세상의 빛(5:14~16)
4. 율법의 완성자(5:17~20)
5. 살인에 대한 교훈(5:21~26)
6. 간음에 대한 교훈(6:27~30)
7. 이혼에 대한 교훈(5:27~30)
8. 맹세에 대한 교훈(5:33~37)
9. 원수의 사랑에 대한 교훈(5:38~48)

6장

1. 구제에 대한 교훈(6:1~4)
2. 기도에 대한 교훈(6:5~8)
3. 주기도문(6:9~15)
4. 금식에 대한 교훈(6:16~18)
5. 재물에 대한 교훈(6:19~24)
6. 염려에 대한 교훈(6:25~34)

7장

1. 판단하지 말 것(7:1~6)
2. 기도에 힘쓸 것(7:7~12)
3. 좁은 문으로 들어갈 것(7:13~14)
4. 거짓 선지자를 삼갈 것(7:15~20)
5. 불법을 행하는 자에 대한 경고(7:21~23)
6. 반석 위에 지은 집(7:24~29)

8장

1. 나병환자를 고치심(8:1~4)
2. 백부장의 하인을 고치심(8:5~13)
3. 베드로의 장모를 고치심(8:14~17)
4. 예수를 따르는 자의 각오(8:18~22)
5. 폭풍을 잔잔케 하심(8:23~27)
6. 귀신을 쫓아내심(8:28~34)

9장

1. 중풍병자를 고치심(9:1~8)
2. 마태를 부르심(9:9~13)
3. 금식에 대한 질문(9:14~17)
4. 야이로의 딸을 살리심(9:18~19, 23~26)
5. 혈루증을 고치심(9:20~22)

3. 예수의 수난에 대한 두 번째 예고(17:22~23)
4. 납세 문제에 대하여(17:24~27)

18장

1. 천국에서 큰 자에 대하여(18:1~5)
2. 실족에 대하여(18:6~10)
3. 잃은 양에 대하여(18:12~14)
4. 범죄한 형제에 대하여(18:15~20)
5. 용서에 대하여(18:21~35)

19장

1. 이혼에 대한 가르침(19:1~12)
2. 어린이를 축복하심(19:13~15)
3. 부자 청년과의 만남(19:16~30)

20장

1. 포도원 품꾼의 비유(20:1~16)
2. 예수의 수난에 대한 세 번째 예고(20:17~19)
3. 세베대의 아들들을 경계하심(20:20~28)
4. 두 맹인을 고치심(20:29~34)

21장

1. 승리의 입성(21:1~11)
2. 성전을 청결케 하심(21:12~17)
3. 무화과나무를 저주하심(21:18~22)
4. 예수의 권위(21:23~27)
5. 두 아들의 비유(21:28~32)
6. 불의한 농부의 비유(21:33~46)

22장

1. 혼인 잔치 비유(22:1~14)
2. 납세 문제(22:15~22)

3. 부활의 문제(22:23~33)
4. 큰 계명에 대한 문제(22:34~40)
5. 다윗 자손에 대한 예수의 질문(22:41~46)

23장

1. 서기관과 바리새인을 책망하심(23:1~36)
2. 예루살렘에 대한 탄식(23:37~39)

24장

1. 예루살렘 멸망과 종말 사건(24:1~28)
2. 그리스도의 재림(24:29~31)
3. 무화과나무 비유(24:32~35)
4. 종말의 시기(24:36~44)
5. 충성되고 지혜로운 종의 비유(24:45~51)

25장

1. 열 처녀의 비유(25:1~13)
2. 달란트 비유(25:14~30)
3. 양과 염소 비유(25:31~46)

26장

1. 유대인의 모의(26:1~5)
2. 마리아가 예수께 향유를 부음(26:6~13)
3. 가룟 유다의 반역(26:17~30)
4. 최후의 만찬(26:17~30)
5. 베드로의 부인을 예언하심(26:31~35)
6. 겟세마네의 기도(26:36~46)
7. 예수의 잡히심(26:57~56)
8. 대제사장 심문(27:57~68)
9. 베드로의 부인(26:69~75)

27장

1. 빌라도에게 넘겨줌(27:1~2)
2. 가룟 유다의 죽음(27:3~10)
3. 빌라도의 재판(27:11~31)
4. 십자가에 못 박히심(27:32~56)
5. 무덤에 장사되심(27:57~61)
6. 무덤을 지킴(27:62~66)

28장

1. 빈 무덤(28:1~8)
2. 예수의 나타나심(28:9~10)
3. 병사들의 보고(28:11~15)
4. 최후의 명령(28:16~20)

1. 마태복음

1. 예수 그리스도를 누구와 누구의 자손으로 소개하고 있는가?(1:1)
   ① 아담과 하와 ② 아브라함과 이삭
   ③ 아브라함과 야곱 ④ 아브라함과 다윗

2. 예수의 계보는 누구로부터 시작하는가?(1:2)
   ① 아담 ② 아브라함 ③ 모세 ④ 다윗

3. 유다는 누구에게서 베레스와 세라를 낳았는가?(1:3)
   ① 다말 ② 라합 ③ 룻 ④ 우리야의 아내

4. 보아스의 어머니는 누구인가?(1:5)
   ① 라합 ② 룻 ③ 우리야의 아내 ④ 마리아

5. 누구 때에 바벨론으로 사로잡혀 갔는가?(1:10~11)

참조 : 바벨론의 침입
바벨론 왕 느부갓네살에 의하여 3번 있었다.
1차 - B.C. 605년(왕하 24:1~4, 단1:1~6)
2차 - B.C. 597년(왕하 24:10~18)
3차 - B.C. 586년(왕하 25:1~7)

---

1. ④ 2. ② 3. ① 4. ① 5. 요시야

6. 예수의 계보에 기록되지 않은 여자는(1:1~16)
   ① 리브가　　② 다말　　③ 라합　　④ 룻

참조 : 예수의 계보에 기록된 여자들
모두 5명으로 다말, 라합, 룻, 우리야의 아내, 마리아이다.

7. 예수의 계보가 3구분으로 나뉘어졌는데 각각 몇 대씩 나누고 있는가?(1:17)
   ① 11대　　② 12대　　③ 13대　　④ 14대

8. 예수의 계보는 모두 몇 대인가?(1:17)

9. 예수의 계보 3구분 중 아닌 것은?(1:17)
   ① 아담으로부터 아브라함까지 14대
   ② 아브라함부터 다윗까지 14대
   ③ 다윗부터 바벨론으로 사로잡혀 갈 때까지 14대
   ④ 바벨론으로 사로잡혀 간 후부터 그리스도까지 14대

참조 : 계보의 3구분
1. 아브라함부터 다윗까지 14대
2. 다윗부터 바벨론으로 사로잡혀 갈 때까지 14대
3. 바벨론으로 사로잡혀 간 후부터 그리스도까지 14대

10. 예수의 어머니로 남편 요셉과 약혼하고 동거하기 전에 성령으로 잉태된 여자의 이름은?(1:18)

---

6. ① 7. ④ 8. 42대 9. ① 10. 마리아

11. 이 사람은 누구를 말하는 것인가?(1:18~20)
- 의로운 사람이라고 성경은 기록하고 있다.
- 주의 사자가 현몽한 경험을 하였다.
- 마리아와 약혼하였다.
- 예수님의 아버지다.

12. 주의 사자가 요셉을 누구의 자손이라고 불렀는가?(1:20)
① 아담 ② 아브라함 ③ 이삭 ④ 다윗

13. 마리아의 잉태는 무엇으로 되었다고 하였는가?(1:20)

14. "예수"라는 이름의 뜻은 무엇인가?(1:21)

15. "이 모든 일이 된 것은 주께서 선지자로 하신 말씀을 이루려 하심이니"라고 하였는데 어느 선지자를 말하는 것인가?(1:22)
① 사무엘 ② 이사야 ③ 예레미야 ④ 다니엘

참조 : 사 7:14

16. "임마누엘"을 번역하면 무슨 뜻인가?(1:23)

---

11. 요셉 12. ④ 13. 성령 14. 그가 자기 백성을 그들의 죄에서 구원할 자.
15. ② 16. 하나님이 우리와 함께 계시다.

17. 마태복음 1장에 나타난 예수의 이름 3가지 중 아닌 것은?
① 예수 ② 그리스도 ③ 임마누엘 ④ 인자

18. 예수께서 나실 때 유대의 왕은 누구인가?(2:1)
① 헤롯 ② 아켈라오 ③ 빌라도 ④ 가이사

19. 동방으로부터 박사들이 예루살렘에 이르러 누구를 찾아 경배하러 왔다고 하였는가?(2:2)
① 메시야 ② 그리스도 ③ 이스라엘의 왕 ④ 유대인의 왕

20. 유대 땅 베들레헴에서 한 다스리는 자가 나와서 이스라엘의 목자가 되리라고 예언한 선지자는 누구인가?(2:5~6)
① 이사야 ② 예레미야 ③ 요엘 ④ 미가

참조 : 미 5:2(마태복음과 누가복음에 기록되었다)

21. 동방에서 온 박사들이 예수께 드린 예물들 중 아닌 것은?(2:11)
① 감람유 ② 황금 ③ 유향 ④ 몰약

22. 주의 사자가 요셉에게 현몽하여 이르되 헤롯이 아기를 찾아 죽이려 하니 어느 곳으로 피하라고 하였는가?(2:13)
① 애굽 ② 나사렛 ③ 사마리아 ④ 갈릴리

23. 예수님께서 피하신 일을 저자는 어느 선지자의 말씀을 인용하여 "애굽에서 내 아들을 불렀다" 함을 이루려 하심이라고 말하였는

---

17. ④ 18. ① 19. ④ 20. ④ 21. ① 22. ① 23. ③

가?(2:15)

① 미가 ② 나훔 ③ 호세아 ④ 말라기

참조 : 호 11:1

24. 주의 사자가 요셉에게 모두 몇 번 현몽하였는가?

① 1번 ② 2번 ③ 3번 ④ 4 번

참조 : 요셉의 현몽

1. 예수님 탄생 고지(1:20)
2. 애굽으로 피신 고지(2:13)
3. 애굽에 있을 때 헤롯이 죽은 후(2:19)

25. 헤롯이 박사들에게 속은 줄 알고 심히 노하여 사람을 보내어 베들레헴과 그 모든 지경 안에 있는 사내아이를 박사들에게 자세히 알아본 그 때를 기준하여 몇 살부터 그 아래의 사내아이들을 다 죽였는가?(2:16)

① 두 살 ② 세 살 ③ 네 살 ④ 다섯 살

26. 이 헤롯의 행위는 어느 선지자를 통하여 말씀하신 바가 이루어진 것인가?(2:17)

① 이사야 ② 예레미야 ③ 에스겔 ④ 요엘

참조 : 렘 31:15

27. 아버지 헤롯을 이어 유대의 임금이 된 사람은?(2:22)

① 빌라도 ② 데오빌로 ③ 가이사 ④ 아켈라오

---

24. ③ 25. ① 26. ② 27. ④

28. 세례 요한은 어느 선지자를 통하여 말씀하신 자였는가?(3:3)
① 느헤미야 ② 이사야 ③ 예레미야 ④ 에스겔

29. 세례 요한의 모습을 설명한 것으로 바르지 못한 것은?(3:4)
① 낙타 털 옷을 입었다.
② 허리에 가죽 띠를 띠었다.
③ 양의 가죽으로 만든 신을 신었다.
④ 음식은 메뚜기와 석청이었다.

30. 세례 요한은 자기들의 죄를 자복하고 나아오는 자들에게 어느 강에서 세례를 베풀었는가?(3:6)

31. 세례 베푸는 데로 오는 것을 보고 이르되 “독사의 자식들아 누가 너희를 가르쳐 임박한 진노를 피하라 하더냐”라고 하였는데 어느 사람들을 가리켜 한 말인가?(3:7)

32. 다음 ( ) 안에 들어갈 말은 무엇인가?(3:8~9)
“그러므로 회개에 합당한 열매를 맺고 속으로 ( )이 우리 조상이라고 생각하지 말라”

① 아담 ② 아브라함 ③ 이삭 ④ 야곱

33. 다음 ( ) 안에 들어갈 말은 무엇인가?(3:11)
“나는 너희로 회개하기 위하여 물로 세례를 베풀거니와 내 뒤에 오

---

28. ② 29. ③ 30. 요단 강 31. 바리새인들과 사두개인들 32. ② 33. 성령, 불

시는 이는 나보다 능력이 많으시니 나는 그의 신을 들기도 감당하지 못하겠노라 그는 (　　)과 (　　)로 너희에게 세례를 베풀실 것이요"

34. 예수님께서 요한에게 세례를 받으려 하니 요한이 말리자 "이제 허락하라 우리가 이와 같이 하여 모든 무엇을 이루는 것이 합당하다" 고 말씀하셨는가?(3:14~15)
① 평화　② 하나님의 뜻　③ 의　④ 선

35. 하나님, 예수님, 성령님 함께 나타난 때는?(3:16~17)
① 예수님의 탄생하실 때　② 예수님이 세례 받으실 때
③ 예수님이 시험받으실 때　④ 예수님의 십자가 위에 있을 때

참조 : 삼위 하나님의 임하심의 증거
1. 성령이 비둘기 같이
2. 세례를 받으신 예수님
3. 하늘로부터의 소리

36. 예수님께서 무엇에 이끌리어 마귀에게 시험을 받으러 광야로 가셨는가?(4:1)

37. 예수님께서 며칠을 밤낮으로 금식하셨는가?(4:2)
① 십 일　② 이십 일　③ 삼십 일　④ 사십 일

참조 : 예수님의 시험
이 기사는 공관복음에 모두 나온다(마4:1~11, 막 1:12~13, 눅 4:1~13).

---

34. ③ 35. ② 36. 성령 37. ④

38. 예수께서 마귀로부터 "네가 만일 하나님의 아들이어든 명하여 이 돌들로 떡덩이가 되게 하라"는 시험은 몇 번째 시험인가?(4:3)
① 첫 번째 ② 두 번째 ③ 세 번째 ④ 네 번째

참조 : 예수님의 시험(4:3~10)

횟 수	마귀의 요구	예수님의 답변
첫 번째	네가 만일 하나님의 아들이어든 명하여 이 돌들로 떡덩이가 되게 하라	사람이 떡으로만 살 것이 아니요 하나님의 입으로부터 나오는 모든 말씀으로 살 것이라
두 번째	네가 만일 하나님의 아들이어든 뛰어내리라	주 너의 하나님을 시험하지 말라
세 번째	만일 내게 엎드려 경배하면 이 모든 것을 네게 주리라	사탄아 물러가라 주 너의 하나님께 경배하고 다만 그를 섬기라

39. 두 번째 시험에서 마귀가 어느 성경을 인용하였는가?(4:6)
① 창세기 ② 사무엘 ③ 시편 ④ 요엘

참조 : 시 91:11~12

40. 예수님께서 마귀의 시험을 모두 어느 성경을 인용하여 물리치셨는가?(4:4, 7, 10)
① 창세기 ② 신명기 ③ 시편 ④ 아모스

참조 : 예수님의 성경 인용 말씀들

횟 수	인용 성경과 구절
첫 번째	신명기 8:3
두 번째	신명기 6:16
세 번째	신명기 6:13

---

38. ① 39. ③ 40. ②

41. 예수님께서 세례 요한의 잡혔음을 들으시고 나사렛을 떠나 어디에서 사셨는가?(4:12~13)

① 갈릴리 ② 스불론 ③ 납달리 ④ 가버나움

42. 예수님께서 가버나움에서 사시게 된 것은 어느 선지자의 말씀을 이루려 하심이었는가?(4:14)

① 사무엘 ② 에스라 ③ 느헤미야 ④ 이사야

43. 예수님께서 처음으로 전파한 말씀은?(4:17)

44. 예수님께 처음으로 부름 받은 형제 어부 두 사람은?(4:18)

① 시몬과 안드레 ② 시몬과 야고보

③ 야고보와 요한 ④ 안드레와 요한

45. 예수님께서 형제 어부 두 사람을 부르시며 하신 말씀은?(4:19)

46. 마태복음에서 예수님으로부터 먼저 부른 네 제자 중 아닌 사람은?(4:18~22)

① 시몬 ② 안드레 ③ 마태 ④ 요한

47. 배와 아버지를 버려두고 예수님을 따른 두 사람은?(4:21~22)

① 시몬과 안드레 ② 야고보와 요한

③ 안드레와 요한 ④ 시몬과 요한

---

41. ④ 42. ④ 43. 회개하라 천국이 가까이 왔느니라. 44. ① 45. 나를 따라오라 내가 너희를 사람을 낚는 어부가 되게 하리라. 46. ③ 47. ②

48. 예수님께서 갈릴리에서 하신 사역 중 아닌 것은?(4:23~24)
   ① 회당에서 가르치셨다.　　② 복음을 전파하셨다.
   ③ 세례를 베푸셨다.　　④ 모든 병과 약한 것을 고치셨다.

49. 산상수훈의 설교는 몇 장에서부터 몇 장까지 기록되었는가?
   ① 4장~5장　② 5장~6장　③ 5장~7장　④ 5장~8장

참조 : 5대 설교
1. 산상수훈(5장~7장)　2. 제자 파송(10장)　3. 천국 비유(13장)
4. 천국에서 큰 사람(18장)　5. 종말(24장~25장)

50. 팔복 중 심령이 가난한 자의 복은 무엇인가?(5:3)
   ① 천국을 소유한다.　　② 위로를 받는다.
   ③ 땅을 기업으로 받는다.　　④ 배부를 것이다.

참조 : 팔복

팔복	내　용	결　과
1	심령이 가난한 자	천국이 그들의 것이다.
2	애통하는 자	위로를 받을 것이다.
3	온유한 자	땅을 기업으로 받을 것이다.
4	의에 주리고 목마른 자	배부를 것이다.
5	긍휼히 여기는 자	긍휼히 여김을 받을 것이다.
6	마음이 청결한 자	하나님을 볼 것이다.
7	화평하게 하는 자	하나님의 아들이라 일컬음을 받는다.
8	의를 위하여 박해를 받는 자	천국이 그들의 것이다.

48. ③ 49. ③ 50. ①

51. 심령이 가난한 자와 의를 위하여 박해를 받는 자가 공통으로 받는 복은 무엇인가?(5:3, 10)
① 위로를 받는다. ② 땅을 기업으로 받는다.
③ 천국이 그들의 것이다. ④ 배부를 것이다.

52. 하나님을 볼 수 있는 복을 받을 자는 어떤 자인가?(5:8)
① 심령이 가난한 자 ② 애통하는 자
③ 긍휼히 여기는 자 ④ 마음이 청결한 자

53. 예수님께서 너희는 세상의 무엇과 무엇이라고 말씀하셨는가?(5:13~14)

54. 다음 ( ) 안에 들어갈 말은 무엇인가?(5:16)
"이같이 너희 빛이 사람 앞에 비치게 하여 그들로 너희 착한 ( )을 보고 하늘에 계신 너희 아버지께 영광을 돌리게 하라"

① 믿음 ② 마음 ③ 행실 ④ 언어

55. 다음 ( ) 안에 들어갈 말은 무엇인가?(5:17)
"내가 ( )이나 ( )를 폐하러 온 줄로 생각하지 말라 폐하러 온 것이 아니요 완전하게 하려 함이라"

56. 예수님께서 너희 의가 누구와 누구보다 더 낫지 못하면 결코 천국에

---

51. ③ 52. ④ 53. 소금, 빛 54. ③ 55. 율법, 선지자 56. ①

들어가지 못한다고 말씀하셨는가?(5:20)

① 서기관과 바리새인 ② 유대인과 사두개인

③ 율법교사와 바리새인 ④ 서기관과 제사장

57. 예수님께서 교훈하신 반대명제 6가지의 내용 중 아닌 것은?(5:21~48)

① 살인 ② 간음 ③ 이혼 ④ 부모

참조 : 반대명제("~하였다는 것을 너희가 들었으나 나는 너희에게 이르노니")

1. 살인 2. 간음 3. 이혼 4. 맹세 5. 복수 6. 원수의 증오

58. 예수님의 6가지 반대명제의 교훈 중 아닌 것은?(5:21~48)

① 음욕을 품고 여자를 보는 자마다 마음에 이미 간음하였다.

② 도무지 맹세하지 말라

③ 원수를 사랑하고 박해하는 자를 위하여 기도하라

④ 악한 자를 대적하지 말고 피하라

59. 예물을 제단에 드리려다가 거기서 네 형제에게 원망들을 만한 일이 있는 것이 생각나거든 예물을 제단에 두고 먼저 가서 형제와 무엇하고 와서 예물을 드리라고 말씀하셨는가?(5:23~24)

① 용서 ② 화목 ③ 사랑 ④ 평화

60. 무엇을 품고 여자를 보는 자마다 마음에 이미 간음하였다고 말씀하셨는가?(5:28)

① 음욕 ② 음탕 ③ 음심 ④ 음난

---

57. ④ 58. ④ 59. ② 60. ①

61. 예수님께서 맹세하지 말아야할 이유 4가지 말씀 중 아닌 것은?(5:33~37)
① 하늘 ② 땅 ③ 예루살렘 ④ 성전

참조 : 맹세하지 말아야 할 4가지

수	하 지 말 라	이 유
1	하늘로도 하지 말라	하나님의 보좌임이요
2	땅으로도 하지 말라	하나님의 발등상임이요
3	예루살렘으로도 하지 말라	큰 임금의 성임이요
4	네 머리로도 하지 말라	네가 한 터럭도 희고 검게 할 수 없음이라

62. 다음 (　　) 안에 들어갈 말은 무엇인가?(5:35)
"땅으로도 하지 말라 이는 (　　)임이요 예루살렘으로도 하지 말라 이는 큰 (　　)임이요"

63. 예수님께서 맹세에 대해서 오직 어떻게 하라고 말씀하셨는가?(5:37)

64. "눈은 눈으로, 이는 이로 갚으라는 율법을 완전하게 하시기 위하여 예수님께서 말씀하신 예 5가지 중 아닌 것은?(5:38~42)
① 오른편 뺨 ② 속옷 ③ 오 리(里) ④ 기도

---

61. ④ 62. 하나님의 발등상, 임금의 성 63. 옳다 옳다, 아니라 아니라 64. ④

참조 : 예 5가지

수	율 법
1	오른편 뺨을 치거든 왼편도 돌려 대며
2	속옷을 가지고자 하는 자에게 겉옷까지도 가지게 하며
3	억지로 오 리를 가게 하거든 십 리를 동행하고
4	구하는 자에게 주며
5	꾸고자 하는 자에게 거절하지 말라

65. 너희 원수를 사랑하며 너희를 박해하는 자를 위하여 무엇 하라고 하셨는가?(5:44)

① 기도 ② 사랑 ③ 용서 ④ 복종

66. 다음 ( )안에 들어갈 말은 무엇인가?(5:48)

"그러므로 하늘에 계신 너희 아버지의 온전하심과 같이 너희도 ( )하라"

67. 율법의 구제에 대하여 예수님의 가르침이 아닌 것은?(6:1~4)

① 나팔을 불지 말라 ② 왼손이 모르게 하라

③ 속히 하라 ④ 은밀하게 하라

68. 기도할 때에 외식하는 자와 같이 하지 말고 어디에 들어가 문을 닫고 은밀한 중에 계신 네 아버지께 기도하라 하셨는가?(6:6)

① 성전 ② 골방 ③ 다락방 ④ 산

69. 예수님께서 가르치신 기도(주기도문)는 몇 장에 기록되었는가?

① 3장 ② 4장 ③ 5장 ④ 6장

---

65. ① 66. 온전 67. ③ 68. ② 69. ④

참조 : 주기도문
마태복음(6:9~13)과 누가복음(11:2~4) 2곳에 기록되어 있다.

70. 예수님께서 무엇 할 때에 머리에 기름을 바르고 얼굴을 씻으라고 말씀하셨는가?(6:17)
① 예배 ② 구제 ③ 금식 ④ 기도

71. 너희를 위하여 보물을 땅에 쌓아 두지 말고 어디에 쌓아두라고 말씀하셨는가?(6:20)
① 성전 ② 하늘 ③ 구제함 ④ 마음

72. "한 사람이 두 주인을 섬기지 못할 것이니"라는 예수님의 말씀에서 두 주인은 누구와 누구를 말하는 것인가?(6:24)
① 하나님과 마귀 ② 하나님과 명예
③ 하나님과 재물 ④ 하나님과 지식

73. 염려에 대한 교훈으로 누구의 모든 영광이 들에 피는 백합화 하나만 같지 못하다고 말씀하셨는가?(6:29)
① 아브라함 ② 노아 ③ 다윗 ④ 솔로몬

74. 무엇을 먹을까 무엇을 마실까 무엇을 입을까 염려하시 말고 먼저 무엇을 구하라 하셨는가?(6:31~33)
① 그의 나라와 그의 의를 구하라
② 하나님의 도우심을 구하라
③ 하나님의 평화를 구하라
④ 하나님의 공의를 구하라

---

70. ③ 71. ② 72. ③ 73. ④ 74. ①

75. 다음 (　　) 안에 들어갈 말은 무엇인가?(7:5)
"외식하는 자여 먼저 네 눈 속에서 (　　)를 빼어라 그 후에야 밝히 보고 형제의 눈 속에서 (　　)를 빼리라"

76. 바르게 짝지어진 것이 아닌 것은?(7:7~8)
① 문을 두드리라 - 열릴 것이니　② 찾으라 - 찾아 낼 것이요
③ 구하라 - 구할 것이요　④ 보아라 - 볼 것이요

77. 예수님께서 "그러므로 무엇이든지 남에게 대접을 받고자 하는 대로 너희도 남을 대접하라" 이것이 무엇이라고 말씀하셨는가?(7:12)
① 율법　② 하나님의 뜻　③ 율법이요 선지자　④ 천국

참조 : 황금률(The Goldon Rule)이라고도 한다.

78. 무엇을 설명하는 것인가?(7:14)
- 좁다
- 길이 협착하다.
- 찾는 자가 적다.

79. 거짓 선지자들의 모습 중 아닌 것은?(7:15~20)
① 유대인들이다.　② 양의 옷을 입는다.
③ 노략질하는 이리다.　④ 열매를 보면 알 수 있다.

80. 좋은 나무와 못된 나무는 무엇으로 구분되는가?(7:17~20)
① 꽃　② 열매　③ 가지　④ 잎

---

75. 들보, 티　76. ④　77. ③　78. 생명으로 인도하는 문　79. ①　80. ②

81. 천국에 들어갈 수 있는 사람은 어떤 사람인가?(7:21~22)
① 주여 주여 하는 자
② 주의 이름으로 선지자 노릇하는 자
③ 주의 이름으로 많은 권능을 행한 자
④ 하늘에 계신 내 아버지의 뜻대로 행하는 자

82. 산상수훈의 말을 듣고 행하는 자는 반석 위에 지은 어떤 사람 같다고 하였는가?(7:24)
① 지혜로운 ② 슬기로운 ③ 복 있는 ④ 현명한

83. 마태복음 5장~7장까지를 예수님의 산상수훈이라고 한다. 이와 비슷한 예수님의 평지설교가 쓰여진 신약의 책은?
① 마가복음 ② 누가복음 ③ 요한복음 ④ 사도행전

참조 : 눅 6장

84. 예수님의 가르침에 놀란 무리들이 저희들의 누구와 같지 않다고 하였는가?(7:29)
① 율법교사 ② 서기관 ③ 권위 있는 자 ④ 제사장

85. 마태복음에 예수님께서 처음으로 병 고치는 이적이 기록된 장은?
① 7장 ② 8장 ③ 9장 ④ 10장

86. 첫 번째로 고침을 받은 환자의 병명은?(8:2)
① 중풍병 ② 열병 ③ 나병 ④ 손 마름병

---

81. ④ 82. ① 83. ② 84. ② 85. ② 86. ③

87. 예수님께서 첫 번째 환자를 고치신 후 "삼가 아무에게도 이르지 말고 다만 가서 제사장에게 네 몸을 보이고 누가 명한 예물을 드려 그들에게 입증하라" 하셨는가?(8:4)

① 아브라함 ② 모세 ③ 율법 ④ 제사장

88. 가버나움에 사는 한 백부장 하인의 병명은?(8:6)

① 나병 ② 중풍병 ③ 열병 ④ 손 마름병

89. 하인의 병을 고쳐 주기를 간구하는 백부장에게 예수님께서 처음으로 하신 말씀은?(8:7)

① 내가 가서 고쳐 주리라
② 가라 네 믿은 대로 될지어다
③ 죄 사함을 받았느니라
④ 이미 깨끗함을 받았느니라

90. "내가 진실로 너희에게 이르노니 이스라엘 중에 아무에게도 이만한 믿음을 보지 못하였노라" 고 예수님으로부터 칭찬을 받은 사람은?(8:10)

① 니고데모 ② 삭개오 ③ 마태 ④ 백부장

91. 예수님께서 열병으로 앓아 누운 여인을 고치셨는데 누구의 장모였는가?(8:14)

① 마태 ② 베드로 ③ 야고보 ④ 요한

---

87. ② 88. ② 89. ① 90. ④ 91. ②

92. 다음과 같이 예수님의 모습을 예언한 선지자는 누구인가?(8:17)
"우리의 연약한 것을 친히 담당하시고 병을 짊어지셨도다"
① 이사야 ② 예레미야 ③ 느헤미야 ④ 에스겔

참조 : 사 53:4

93. 예수께 나아와 "선생님이여 어디로 가시든지 저는 따르리이다"라고 말한 사람은 누구인가?(8:19)
① 한 바리새인 ② 한 서기관 ③ 한 사두개인 ④ 한 율법교사

94. 다음 ( ) 안에 들어갈 말은 무엇인가?(8:20)
"여우도 굴이 있고 공중의 새도 거처가 있으되 ( )는 머리 둘 곳이 없다"
① 하나님 ② 예수 ③ 인자 ④ 제자

참조 : "인자"라는 말이 처음으로 기록된 곳이다.

95. 바다에 큰 놀이 일어나 배가 물결에 덮이게 되었을 때 제자들이 예수님을 깨우며 구원하소서 우리들이 죽겠나이다하자 제자들을 향하여 무엇이 작은 자들이라고 말씀 하셨는가?(8:26)

96. 예수님께서 무덤 사이에서 나온 귀신들린 자 두 사람을 고치신 지방은?(8:28)
① 가버나움 ② 데가볼리 ③ 가다라 ④ 납달리

---

92. ① 93. ② 94. ③ 95. 믿음 96. ③

97. 무덤 사이에서 나온 귀신 들린 두 사람은 예수를 어떻게 불렀는가?(8:29)
① 하나님의 아들이여 ② 다윗의 자손이여
③ 이스라엘의 하나님이여 ④ 하나님의 메시야여

98. 귀신들이 예수님께 간구하기를 우리를 쫓아내시려면 어디에 들여보내 달라고 하였는가?(8:31)
① 무덤 ② 소 떼 ③ 양 떼 ④ 돼지 떼

99. 중풍병자를 고치시며 "네 죄사함을 받았느니라" 하시자 어떤 서기관들은 속으로 예수님께서 무엇을 하였다고 생각하였는가?(9:3)

100. 중풍병자를 고치시는 것은 인자가 세상에서 무슨 권능이 있는 줄을 알게 하려 한다고 말씀하셨는가?(9:6)
① 귀신 쫓는 권능 ② 병 고치는 권능
③ 죄를 사하는 권능 ④ 마귀를 이기는 권능

101. 세관에 앉아 있다가 예수님께서 "나를 따르라" 하시자 일어나 따른 사람은?(9:9)
① 마태 ② 가룟 유다 ③ 빌립 ④ 니고데모

102. 마태의 소명은 몇 장에 기록되었는가?
① 8장 ② 9장 ③ 10장 ④ 11장

---

97. ① 98. ④ 99. 신성모독 100. ③ 101. ① 102. ②

103. 마태의 집에서 세리와 죄인들과 함께 음식을 잡수시는 예수님을 보고 제자들에게 부당함을 말한 사람들은?(9:11)
① 제사장들 ② 유대인들 ③ 바리새인들 ④ 율법교사들

104. 다음 (   ) 안에 들어갈 말은 무엇인가?(9:13) "
"내가 (   )을 원하고 제사를 원하지 아니하노라 하신 뜻이 무엇인지 배우라"

① 자비 ② 긍휼 ③ 온유 ④ 순종

105. 예수님께서 "나는 의인을 부르러 온 것이 아니요 누구를 부르러 왔다" 고 말씀하셨는가?(9:13)
① 병자 ② 믿는 자 ③ 예배하는 자 ④ 죄인

106. 생베 조각과 새 포도주의 비유는 요한의 제자들이 무엇에 관해 물었을 때 예수님께서 하신 말씀인가?(9:14~17)

107. 죽은 한 관리의 딸을 살린 기사는 몇 장에 기록되었는가?
① 9장 ② 10장 ③ 11장 ④ 12장

108. 예수님의 겉옷만 만져도 구원을 받겠다하여 만짐으로 낳은 여사는 몇 해 동안 혈루증을 앓고 있었는가?(9:20)
① 열 해 ② 열한 해 ③ 열두 해 ④ 열세 해

109. 귀신이 쫓겨나고 말 못하는 사람이 말하거늘 무리가 놀랍게 여기

---

103. ③ 104. ② 105. ④ 106. 금식 107. ① 108. ③ 109. ②

며 말한 내용은?(9:33)
① 참으로 하나님의 아들이다.
② 이스라엘 가운데서 이런 일을 본적이 없다.
③ 진실로 메시야다.
④ 이스라엘의 구원자이다.

110. 예수님께서 열두 제자들에게 주신 것 중 아닌 것은?(10:1)
① 더러운 귀신을 쫓아내는 권능
② 모든 병을 고치는 권능
③ 죄를 사하는 권능
④ 모든 약한 것을 고치는 권능

111. 열두 제자들의 이름을 모두 쓰시오(10:2~4)

참조 : 열두 제자 특성들

성 명	직 업	출신지	특 성
베드로(시몬, 게바)	어부	벳새다	성급한 사람, 수제자
안드레	어부	벳새다	베드로의 형제, 베드로를 예수께 인도함, 아가야에서 X형 십자가에 순교
야고보	어부	갈릴리	예수님의 4촌, 요한의 형, 사도 중 최초의 순교자
요한	어부	갈릴리	야고보의 동생, 예수님께서 사랑하시던 제자
빌립	?	벳새다	예수께 하나님을 보여 줄 것을 요구, 나다나엘의 친구
바돌로매(나다나엘)	?	가나	예수께서 진실한 참 이스라엘 사람이라고 말함
도마	?	갈릴리	예수님의 부활 의심, 직접 확인 후 신앙고백을 함
마태(레위)	세리	가버나움	예수의 행적을 기록(마태복음)
야고보(작은)	?	갈릴리	알패오의 아들, 예수님의 친척으로 추정
다대오(유다)	?	갈릴리	예수님이 세상에 드러나게 활동하시길 바람
시몬	열심당원	?	마태 같은 세리를 죽이려던 열심당원
가룟유다	?	가룟	제자들의 회계, 예수님을 공회 팔아 넘김

---

110. ③ 111. 베드로하는 시몬, 안드레, 야고보(세베대의 아들), 요한, 빌립, 바돌로매, 도마, 마태(세리), 야고보(알패오의 아들), 다대오, 시몬(가나나인), 가룟 유다

112. 열두 제자들을 이스라엘 집의 잃어버린 양에게로 가라 하시며 무엇을 전파하여 말하라고 하셨는가?(10:7)
① 주 예수를 믿으라　　② 세례를 받으라
③ 천국이 가까이 왔다　　④ 회개하라

113. 제자들이 여행을 위하여 가지지 말아야 할 것 중 아닌 것은?(10:10)
① 배낭　② 세 벌 옷　③ 신　④ 지팡이

114. 다음 (　　) 안에 들어갈 말은 무엇인가?(10:14~15)
"누구든지 너희를 영접하지도 아니하고 너희 말을 듣지도 아니하거든 그 집이나 성에서 나가 너희 발의 먼지를 떨어 버리라 내가 진실로 너희에게 이르노니 심판 날에 (　　)과 (　　) 땅이 그 성보다 견디기 쉬우리라"

115. 다음 (　　) 안에 들어갈 말은 무엇인가?(10:16)
"보라 내가 너희를 보냄이 양을 이리 가운데로 보냄과 같도다 그러므로 너희는 (　　) 같이 지혜롭고 (　　) 같이 순결하라"

116. 열두 제자들이 예수님으로 인하여 총독들과 임금들 앞에 끌려가는 이유가 무엇이라고 말씀하셨는가?(10:18)
① 그들과 이방인들에게 증거가 되게 하려 하심이다.
② 그들과 이스라엘에게 증거가 되게 하려 하심이다.
③ 그들과 죄인들에게 증거가 되게 하려 하심이다.
④ 그들과 유대인들에게 증거가 되게 하려 하심이다.

---

112. ③ 113. ② 114. 소돔, 고모라 115. 뱀, 비둘기 116. ①

117. 제자들이 총독과 임금들에게 넘겨질 때에 어떻게 또는 무엇을 말할까 염려하지 말라 그 때에 너희에게 할 말을 주시리니 말하는 이는 너희가 아니라 너희 속에서 말씀하시는 이 곧 너희 아버지의 무엇이라고 말씀하셨는가?(10:19~20)

118. 열두 제자들에게 동네에서 박해하면 어떻게 하라고 하셨는가?(10:23)

① 대적하라 ② 저주하라 ③ 피하라 ④ 복을 빌라

119. "몸은 죽여도 영혼은 능히 죽이지 못하는 자들을 두려워하지 말고 오직 몸과 영혼을 능히 어디에 멸하실 수 있는 이를 두려워하라" 하셨나?(10:28)

① 지옥 ② 땅 ③ 흑암 ④ 바다

120. 예수님께서 세상에 화평을 주러 온 줄로 생각하지 말라 화평이 아니요 무엇을 주러 왔다고 하셨는가?(10:34)

① 전쟁 ② 불화 ③ 검 ④ 불

121. 결단코 상을 잃지 않는 자는?(10:42)

① 선지자의 이름으로 선지자를 영접하는 자
② 왕의 이름으로 왕을 영접하는 자
③ 의인의 이름으로 의인을 영접하는 자
④ 제자의 이름으로 이 작은 자 중 하나에게 냉수 한 그릇이라도 주는 자

---

117. 성령 118. ③ 119. ① 120. ③ 121. ④

122. "맹인이 보며 못 걷는 사람이 걸으며 나병환자가 깨끗함을 받으며 못 듣는 자가 들으며 죽은 자가 살아나며 가난한 자에게 복음이 전파된다"는 것을 누구에게 알리라고 하셨나?(11:4)
① 베드로 ② 안드레 ③ 야고보 ④ 요한

참조 : 세례 요한을 말한다.

123. 예수님께서 "여자가 낳은 자 중에 누구보다 큰 이가 일어남이 없도다" 말씀하셨는데 누구를 말하는 것인가?(11:11)
① 아브라함 ② 노아 ③ 사무엘 ④ 세례요한

참조 : 세례 요한
말라기(4:5) 선지자가 예언한 엘리야가 바로 세례 요한이며(11:14), 천국은 세례 요한의 때부터 침노를 당하고 있다고(11:12) 기록하고 있다.

124. 예수님께서 누구 때부터 지금까지 천국이 침노를 당하였다고 말씀하셨는 가?(11:12)

125. 예수님께서 권능을 가장 많이 베푸셨지만 회개치 않아 책망 받은 고을들 중 아닌 것은?(11:21~23)
① 고라신 ② 벳새다 ③ 가버나움 ④ 가나안

126. 다음 ( ) 안에 들어갈 말은 무엇인가?(11:28~30)
"수고하고 무거운 짐 진 자들아 다 내게로 오라 내가 너희를 쉬게 하리라 나는 마음이 ( )하고 ( )하니 나의 멍에를 메고 내게

---

122. ④ 123. ④ 124. 세례 요한 125. ④ 126. 온유, 겸손

배우라 그리하면 너희 마음이 쉼을 얻으리니 이는 내 멍에는 쉽고 내 짐은 가벼움이라 하시니라"

127. 예수님께서 밀밭 사이로 가실 때 제자들이 시장하여 이삭을 잘라 먹은 것을 본 바리새인들이 무슨 문제를 들어 제자들이 하지 못할 일을 하였다고 예수님께 말하였는가?(12:1~2)
① 유월절 문제 ② 안식일 문제
③ 초막절 문제 ④ 맥추절 문제

128. 제자들이 이삭을 잘라 먹음으로 안식일 범하였다는 바리새인들에게 예수님께서 누가 제사장외에는 먹지 못하는 진설병을 먹었던 예를 들어 말씀 하셨는가?(12:3)
① 아브라함 ② 이삭 ③ 다윗 ④ 여호수아

129. 예수님께서 안식일의 주인은 누구라고 말씀하셨는가?(12:8)
① 하나님 ② 예수님 ③ 사람 ④ 인자

130. 안식일에 병 고치는 것이 옳은가 하는 논쟁은 어느 병자를 고치실 때의 일인가?(12:9~13)
① 혈루증 여인 ② 두 맹인
③ 귀신을 쫓음 ④ 한쪽 손 마른 사람

131. 바리새인들이 처음으로 예수님을 죽이려고 의논했던 때는 어느 이적 후에 일인가?(12:14)

---

127. ② 128. ③ 129. ④ 130. ④ 131. ②

① 나병환자 고치신 후
② 한쪽 손 마른 사람 고치신 후
③ 베드로의 장모를 고치신 후
④ 중풍병자를 고치신 후

132. 예수님이 심판을 이방에게 알게 하리라는 예언을 한 선지자는?(12:17)
① 이사야 ② 예레미야 ③ 요엘 ④ 호세아

133. 다음 ( ) 안에 들어갈 말은 무엇인가?(12:18)
"보라 나의 택한 종 곧 내 마음에 기뻐하는 바 내가 사랑하는 자로다 내가 내 ( )을 줄 터이니 그가 ( )을 이방에 알게 하리라"

① 신, 구원 ② 은혜, 사랑 ③ 자비, 구속 ④ 영, 심판

참조 : 예수님의 메시야 직
예수님은 메시야직을 겸손과 자기부정으로 수행하셨다. "상한 갈대를 꺾지 아니하며 꺼져 가는 심지를 끄지 않으신다"(미 12:18~21)는 말씀은 이사야(사 42:1~3)의 말을 인용한 것이다. 이처럼 마태복음은 구약을 제일 많이 인용하고 있다. 이는 예수 그리스도가 구약의 메시야임을 보이기 위한 의도이다. 마태는 약속과 성취라는 도식 속에서 구약을 인용하였다. 그 분은 율법의 완성자이나.

134. 귀신 들려 눈 멀고 말 못하는 사람을 고쳐주신 예수님을 바리새인들은 누구의 힘을 입고 귀신을 쫓는다 하였는가?(12:24)
① 사탄 ② 마귀 ③ 바알 ④ 바알세불

---

132. ① 133. ④ 134. ④

135. 말로 무엇을 거역하면 이 세상과 오는 세상에서도 사하심을 얻지 못한다고 하셨는가?(12:32)
① 하나님　② 예수님　③ 성령　④ 말씀

136. 예수님께서 악하고 음란한 세대가 표적을 구하나 선지자 누구의 표적 밖에는 보일 표적이 없다고 하셨는가?(12:39)
① 아담　② 노아　③ 가인　④ 요나

137. 심판 때에 남방 여왕이 일어나 이 세대 사람을 정죄하리니 이는 누구보다 더 큰 이가 여기 있다고 하였는가?(12:42)
① 다윗　② 아브라함　③ 솔로몬　④ 요나

138. 예수님께 표적을 구하는 사람에게 말한 구약의 두 사람은?(12:38~45)

139. 예수님께서 누가 내 형제요, 자매요, 어머니라고 하셨는가?(12:50)
① 말씀대로 사는 자
② 하늘에 계신 내 아버지의 뜻대로 하 는 자
③ 예수를 믿는 자
④ 율법을 배우고 지키는 자

140. 13장에 나타난 비유를 모두 쓰시오?(13:1~58)

---

135. ③ 136. ④ 137. ③ 138. 요나, 솔로몬 139. ② 140. 씨 뿌리는 비유, 가라지 비유, 겨자씨 비유, 누룩 비유, 감추인 보화 비유, 값진 진주 비유, 그물 비유, 새 것과 옛 것 비유

참조 : 마태복음의 특수자료(SMT) 비유들

장	주 제
18	잃은 양, 일만 달란트 빚진 자
20	포도원 품꾼
21	두 아들, 불의한 농부
22	혼인잔치
24	무화과나무, 충성된 종
25	열 처녀, 달란트, 양과 염소

141. 씨 뿌리는 비유에서 밭의 종류가 아닌 것은?(13:1~9)
① 길 가 ② 모래 밭 ③ 가시떨기 ④ 좋은 땅

참조 : 천국(하늘나라)
마태는 마가와 누가가 사용하는 하나님의 나라 대신 "천국(하늘나라)" 이라는 용어를 15회나 사용한다. 이것은 하나님의 이름을 부르기 꺼려하는 랍비 문학적 전통 때문이다.

142. 아래의 말씀은 무엇을 설명하기 위한 것인가?(13:13)
"그들이 보아도 보지 못하고 들어도 듣지 못하며 깨닫지 못함이니라"

143. 다음은 누가 예언한 말인가?(13:14)
"너희가 들어도 깨닫지 못할 것이요 보기는 보아도 알지 못하리라"
① 이사야 ② 예레미야 ③ 느헤미야 ④ 에스라

141. ② 142. 비유 143. ①

144. 어느 밭에 뿌린 씨를 설명한 것인가?(13:20~21)
- 말씀을 듣고 즉시 기쁨으로 받는다.
- 뿌리가 없다.
- 환난이나 박해가 일어난다.
- 이 때는 곧 넘어진다.

참조 : 씨 뿌리는 비유

종 류	상 태
길가	깨닫지 못함, 악한 자가 와서 빼앗음.
돌밭	즉시 기쁨으로 받음, 뿌리가 없다. 잠시 견딤, 환난이나 박해에 넘어짐.
가시떨기	세상의 염려와 재물의 유혹, 결실치 못함.
좋은 땅	깨달음, 결실함, 백배, 육십 배, 삼십 배의 결실을 함.

145. 좋은 땅에 뿌려져 결실한 수가 아닌 것은?(13:23)
① 백 배　② 육십 배　③ 오십 배　④ 삼십 배

146. 그 의미가 비슷한 비유들끼리 짝지어지지 않은 것은?(13:24~50)
① 잃은 양 비유와 씨뿌리는 비유
② 가라지 비유와 겨자씨 비유
③ 누룩 비유와 감추인 보화 비유
④ 값진 진주 비유와 그물 비유

147. 하나님의 나라는 외적으로 미약하게 시작하나 점점 확대되어 마침내는 그 범위가 전 세계에까지 이를 것임을 의미하는 두 비유는?(13:33~35)

---

144. 돌밭 145. ③ 146. ① 147. 겨자씨 비유와 누룩 비유

참고 : 각 비유의 의미들

비 유	의 미
가라지 비유	예수님의 초림으로 하나님의 나라는 이미 임하였으나 악인들에 대한 즉각적인 심판이 유보된 채 선인(하나님의 자녀)들과 악인(사탄의 자녀)들이 섞여 살다가 "세상 끝", 곧 예수님의 재림 때에 최종 심판과 더불어 하나님 나라의 완전한 통치가 실현될 것임을 보여주고 있는 것이다.
겨자씨와 누룩의 비유	모두 같은 초점, 곧 하나님의 나라는 외적으로 미약하게 시작하나 점점 확장하여 마침내는 그 범위가 전 세계에까지 이를 것임을 보여 주고 있다.
감추인 보화와 값진 진주 비유	하나님의 나라를 얻기 위해서는 다른 모든 소유를 포기할 수 있을 정도로 큰 가치를 지니고 있다는 말씀을 지니고 있다는 것이다.
그물 비유	의인과 악인의 완전한 분리와 악인에 대한 최종적인 심판은 "세상" 끝에 이루어질 것이라는 말씀을 지니고 있는 것이다.

148. 가라지의 비유에서 좋은 씨를 뿌리는 이는 누구를 말하는가?(13:37)

① 세례 요한　② 예수　③ 성부　④ 인자

참조 : 씨 뿌리는 비유의 해설

비 유	해 설	비유	해 설
좋은 씨를 뿌리는 이	인자	밭	세상
좋은 씨	천국의 아들들	가라지	악한 자의 아들들
가라지를 뿌린 원수	마귀	추수 때	세상 끝
추수 꾼	천사들		

149. 가라지를 뿌린 자는 누구를 말하는가?(13:39)

① 타락한 천사　② 마귀　③ 악한 자　④ 세상 임금

---

148. ④ 149. ②

150. 인자가 왔을 때에 누가 자기 아버지 나라에서 해와 같이 빛나리라고 말씀 하셨는가?(13:43)

① 의인들　② 천국의 아들들
③ 천사들　④ 말씀을 깨달은 자들

151. 의인과 악인의 완전한 분리와 악인에 대한 최종적인 심판은 "세상 끝"에 이루어질 것이라는 말씀을 지니고 있는 비유 중 아닌것은?(13:44~50)

① 감추인 보화 비유　② 가라지 비유
③ 값진 진주 비유　④ 그물 비유

152. 가르침에 놀란 사람들이 예수님에 대한 선지식 중 아닌 것은?(13:55~56)

① 목수의 아들　② 어머니는 마리아　③ 이웃들　④ 형제들

참조 : 선지식들
1. 목수의 아들이 아니냐
2. 그 어머니는 마리아다
3. 그 형제들은 야고보, 요셉, 시몬, 유다라 하지 않느냐
4. 그 누이들은 다 우리와 함께 있지 아니하냐

153. 놀란 사람들이 말한 예수님의 형제들 중 아닌 것은?(13:55)

① 야고보　② 요한　③ 요셉　④ 유다

참조 : 예수님의 형제들
야고보, 요셉, 시몬, 유다이다.

---

150. ① 151. ② 152. ③ 153. ②

154. 누가 "자기 고향과 자기 집 외에서는 존경을 받지 않음이 없느니라" 하셨는가?(13:57)
① 세례 요한 ② 제사장 ③ 천국의 아들들 ④ 선지자

155. 천국에 대한 비유들은 몇 장에 기록되었는가?
① 11장 ② 12장 ③ 13장 ④ 14장

156. 다음은 누구를 말하는 것인가?(14:1~12)
- 왕의 아내이다.
- 헤롯의 아내이다.
- 전에는 빌립의 아내였다.
- 세례 요한의 머리를 소반에 담아 달라고 딸에게 시켰다.

참조 :
1. 분봉왕 헤롯
헤롯은 헤롯 대왕의 아들 헤롯 안디바로 B.C. 4년에 아버지를 이어 갈릴리 지방과 요단강 동쪽 베뢰아 지방의 분봉왕이 되어 A.D. 39년까지 통치하였다.
2. 빌립
헤롯 대왕의 아들로 분봉왕 헤롯과는 이복 형제이다. 분봉왕 빌립과(눅 3:1) 구별하기 위해 그는 종종 헤롯 빌립 1세로 불렀다.
3. 헤로디아의 딸
헤롯 빌립과 헤로디아 사이에서 태어난 살로메를 말한다. 그녀는 후에 분봉왕 빌립과 결혼하였다.

157. 예수님께서 무엇을 가지시고 하늘을 우러러 축사하셨는가?(14:19)

158. 무리가 다 배불리 먹고 남은 조각은 몇 바구니인가?(14:20)
① 열 바구니 ② 열 한 바구니 ③ 열 두 바구니 ④ 열 세 바구니

---

154. ④ 155. ③ 156. 헤로디아 157. 떡 다섯 개와 물고기 두 마리 158. ③

159. 먹은 사람은 여자와 아이 외에 몇 명이었나?(14:21)
① 이천 명 ② 삼천 명 ③ 사천 명 ④ 오천 명

160. 예수님께서 바다 위를 걸으신 시각은?(14:25)
① 밤 일경 ② 밤 이경 ③ 밤 삼경 ④ 밤 사경

161. 바다 위를 걸으신 예수님께 "주여 만일 주님이시거든 나를 명하사 물 위로 오라 하소서"라고 말한 제자는?(14:28)
① 베드로 ② 요한 ③ 야고보 ④ 안드레

참조 : 마태복음의 이적 특수자료(SMT)
1. 두 맹인을 고치심(9:27~31)
2. 물에 빠진 베드로를 건지심(14:28~32)
3. 물고기 입에서 동전을 꺼내심(17:24~27)
4. 성전에서 병자들을 고치심(21:14)

162. 물위를 걸으시고 바람을 그치게 하신 예수님을 본 배의 사람들이 절하며 무엇이라고 말하였는가?(14:33)

163. 처음으로 제자들이 예수님을 "하나님의 아들"이라고 말한 때는 언제인가?(14:33)
① 산상수훈 때 ② 나병환자를 고칠 때
③ 첫 이적을 행하실 때 ④ 바다 위를 걸으실 때

164. 어느 땅에 사는 사람들을 말하는 것인가?(14:34~36)
• 우리는 예수이신 줄을 안 사람들이다.

---

159. ④ 160. ④ 161. ① 162. 진실로 하나님의 아들이로소이다. 163. ④
164. 게네사렛

• 우리는 그 근방에 두루 통지하였다.
• 우리는 모든 병자를 예수께 데리고 왔다.
• 우리는 예수의 옷 가에 손을 대게 하시기를 간구하였다.
• 대는 자는 다 나음을 얻었다.

165. 예수님께서 바리새인과 서기관들의 외식하는 자들을 향하여 누가 너희에게 관하여 잘 예언하였다고 하셨는가?(15:7)
① 예레미야 ② 느헤미야 ③ 이사야 ④ 세례 요한

166. 마음에서 나오는 것으로 사람을 더럽게 하는 것들 중 예수님께서 말씀하신 것이 아닌 것은?(15:19)
① 악한 생각 ② 미움 ③ 거짓 증언 ④ 비방

참조 : 마음에서 나와 사람을 더럽게 하는 것들
악한 생각, 살인, 간음, 음란, 도적질, 거짓 증언, 비방

167. 가나안 여자 하나가 예수님을 어떻게 부르며 "나를 불쌍히 여기소서 내 딸이 흉악하게 귀신 들렸나이다"라고 하였는가?(15:22)
① 나사렛 예수여 ② 인자여
③ 하나님의 아들이여 ④ 주 다윗의 자손이여

168. 이 말에 예수님께서 "누구 집의 잃어버린 양 외에는 다른 데로 보내심을 받지 아니하였노라" 고 말씀하셨는가?(15:24)
① 이스라엘 ② 내 백성 ③ 하나님 ④ 죄인

---

165. ③ 166. ② 167. ④ 168. ①

169. 위의 예수님 대답에 개의치 않고 절하며 주여 저를 도우소서라고 하는 여인에게 자녀들의 떡을 취하여 무엇에게 던짐이 마땅치 않다고 하셨는가?(15:26)
① 양 ② 소 ③ 돼지 ④ 개

170. 가나안 여인의 말로 (　　) 안에 들어갈 말은 무엇인가?(15:27)
"주여 옳소이다마는 개들도 제 주인의 상에서 떨어지는 (　　)를 먹나이다"

171. 갈릴리 호숫가에 이르러 산에 올라가 다리 저는 사람과 장애인과 맹인과 말 못하는 사람과 기타 여럿 고치시는 예수님을 보고 무리들이 기이히 여기며 누구에게 영광을 돌렸나요?(15:31)
① 다윗의 자손에게 ② 예수님에게
③ 이스라엘의 하나님에게 ④ 메시야에게

172. 사천 명을 먹이시는 이적에서 무리들은 예수님과 함께 이미 며칠 있었는가?(15:32)
① 하루 ② 이틀 ③ 사흘 ④ 나흘

173. 사천 명을 먹이시는 이적은 무엇과 무엇을 가지고 행하셨는가?(15:34)
① 떡 두 개와 생선 다섯 마리
② 떡 일곱 개와 생선 두어 마리
③ 떡 세 개와 생선 두어 마리
④ 떡 두 개와 생선 세 마리

---

169. ④ 170. 부스러기 171. ③ 172. ③ 173. ②

174. 사천 명이 다 배불리 먹고 남은 조각이 몇 광주리였는가?(15:37)
① 일곱　② 여덟　③ 아홉　④ 열

175. 바리새인과 사두개인들이 와서 예수님을 시험하여 하늘로서 오는 표적 보이기를 청했을 때 누구의 표적 밖에 보여 줄 표적이 없다고 하셨나?(16:4)
① 노아　② 요나　③ 엘리야　④ 이사야

176. 예수님께서 누구와 누구의 누룩을 주의하라 하셨는가?(16:6)
① 바리새인과 서기관　② 유대인과 제사장
③ 바리새인과 사두개인　④ 사두개인과 율법교사

177. 제자들이 바리새인과 사두개인의 누룩이 무엇을 의미하는 것으로 깨달았는가?(16:12)
① 그들의 합심　② 그들의 믿음　③ 그들의 교훈　④ 그들의 생활

178. "주는 그리스도시요 살아 계신 하나님의 아들"이라고 고백한 장소는?(16:13)
① 두로와 시돈　② 빌립보 가이사랴　③ 갈릴리　④ 가다라

179. 빌립보 가이사랴 지방에 이르러 사람들이 인자를 누구라 하느냐고 물었을 때 제자들의 대답 중 아닌 것은?(16:14)
① 세례 요한　② 엘리야　③ 예레미야　④ 엘리사

180. "주는 그리스도시요 살아 계신 하나님의 아들"이라고 고백한 제자

---

174. ① 175. ② 176. ③ 177. ③ 178. ② 179. ④ 180. ①

는 누구인가?(16:16)

① 시몬 베드로 ② 안드레 ③ 야고보 ④ 요한

181. 이 고백을 들으신 예수님께서 복이 있도다 하시며 어디에 교회를 세우리니 음부의 권세가 이기지 못한다고 하셨는가?(16:18)

① 그리스도 ② 이 반석 ③ 이 고백 ④ 이 신앙

182. 마태복음에 "교회"라는 용어가 몇 번 나오는가?

참조 : 교회(에클레시아)

3회 기록됨(16:18 - 1회, 18:17 - 2회)

183. "주는 그리스도시요 살아 계신 하나님의 아들이라고" 말한 제자에게 준 것은?(16:19)

① 새 영 ② 죄 사함 ③ 천국 ④ 천국 열쇠

184. 예수님의 첫 번째 수난 예고가 몇 장에 기록되었는가?(16:21)

① 13장 ② 14장 ③ 15장 ④ 16장

참조 : 마태복음에 나타난 수난 예고

1회 - 16:21, 2회 - 17:22~23, 3회 - 20:17~19

185. 예루살렘에 올라가 어떤 사람들에게 고난을 받고 죽임을 당하고 제 삼일에 살아날 것을 제자들에게 가르치셨는데 그 중 아닌 것은?(16:21)

① 바리새인들 ② 장로들 ③ 대제사장들 ④ 서기관들

---

181. ② 182. 3번 183. ④ 184. ④ 185. ①

186. 다음 (   ) 안에 들어갈 말은 무엇인가?(16:24)
"누구든지 나를 따라오려거든 자기를 부인하고 자기 (   )를 지고 나를 따를 것이니라"

① 죄 ② 행실 ③ 열매 ④ 십자가

187. 인자가 아버지의 영광으로 그 천사들과 함께 오리니 그 때에 각 사람의 무엇대로 갚겠다고 하셨는가?(16:27)
① 믿음 ② 일한 ③ 행한 ④ 상급

188. 진실로 너희에게 이르노니 여기 서 있는 사람 중에 죽기 전에 인자가 그 무엇을 가지고 오는 것을 볼 자들도 있다 하셨나?(16:28)
① 권세 ② 왕권 ③ 불 ④ 생명

189. 다음은 누구를 말하는 것인가?(16:27~28)
- 나는 아버지의 영광으로 올 것이다.
- 나는 천사들과 함께 올 것이다.
- 나는 각 사람의 행한 대로 갚을 것이다.
- 나는 왕권을 가지고 올 것이다.

190. 예수님께서 변형되사 그 얼굴이 해 같이 빛나며 옷이 빛과 같이 희어진 광경을 본 제자가 아닌 사람은?(17:1~2)
① 베드로 ② 야고보 ③ 요한 ④ 안드레

---

186. ④ 187. ③ 188. ② 189. 인자 190. ④

191. 변형되신 예수님께서 누구와 더불어 말씀하셨는가?(17:3)
① 모세와 엘리야 ② 모세와 엘리사
③ 엘리사와 다윗 ④ 성부와 성령

192. 베드로가 말하기를 주여 우리가 여기 있는 것이 좋사오니 만일 주께서 원하시면 내가 여기서 초막 셋을 짓겠다고 말한 것 중 아닌 것은? (17:4)
① 하나님을 위하여 ② 주님을 위하여
③ 모세를 위하여 ④ 엘리야를 위하여

193. "내가 너희에게 말하노니 엘리야가 이미 왔으되 사람들이 알지 못하고 임의로 대우하였도다 인자도 이와 같이 그들에게 고난을 받으리라" 하신 말씀을 듣고 제자들이 무엇을 깨달았는가?(17:12~13)
① 예수가 인자라는 것
② 엘리야가 세례 요한이라는 것
③ 예수가 고난을 받는다는 것
④ 예수가 삼일 만에 부활한다는 것

194. 제자들이 능히 고치지 못한 병자는?(17:15~16)
① 나병환자 ② 중풍병자 ③ 맹인 ④ 간질병자

195. 제자들이 조용히 예수께 나아와 가로되 우리가 어찌하여 쫓아내지 못하였나이까라고 묻자 예수님께서 무엇이 작은 까닭이라고 말씀하셨는가?(17:20)
① 기도 ② 믿음 ③ 능력 ④ 사랑

---

191. ① 192. ① 193. ② 194. ④ 195. ②

196. 겨자씨 몇 알 만큼의 믿음이 있으면 "이 산을 명하여 여기서 저기로 옮겨지라 하면 옮겨질 것이요 또 너희가 못할 것이 없다"고 말씀하셨는가?(17:20)

① 한 알 ② 두 알 ③ 세 알 ④ 네 알

197. 당시의 성전 세는 얼마인가?(17:24~25)

① 반 세겔 ② 한 세겔 ③ 두 세겔 ④ 세 세겔

198. 예수님께서 베드로에게 저들이 오해케 하지 않게 하기 위하여 바다에 가서 낚시를 던져 먼저 오르는 고기를 가져 입을 열면 돈을 얻게 될 것을 말씀하셨는데 얼마를 얻었는가?(17:27)

① 반 세겔 ② 한 세겔 ③ 두 세겔 ④ 세 세겔

199. 잃은 양의 비유는 몇 장에 기록되었는가?

① 17장 ② 18장 ③ 19장 ④ 20장

200. 천국에서 큰 자의 기준은?(18:4)

① 어린아이와 같이 하나님을 믿는 자
② 어린아이와 같이 이웃을 사랑하는 자
③ 어린아이와 같이 따르는 자
④ 어린아이와 같이 자기를 낮추는 자

201. 다음 (　　) 안에 들어갈 말은 무엇인가?(18:6)

"누구든지 나를 믿는 이 (　　) 중 하나를 실족하게 하면 차라리 연자 맷돌이 그 목에 달려서 깊은 바다에 빠뜨려지는 것이 나으니라"

---

196. ① 197. ① 198. ② 199. ② 200. ④ 201. 작은 자

202. "작은 자 중의 하나라도 잃는 것은 하늘에 계신 너희 아버지의 뜻이 아니라는 것"을 보여주기 위한 양의 비유에 나오는 총 양의 수는?(18:12~14)

① 30마리 ② 50마리 ③ 99마리 ④ 100마리

203. 형제가 범죄 했을 때 권고하는 원리가 아닌 것은?(18:15~19)

① 너(개인) ② 한 두 사람 ③ 제사장 ④ 교회

참조 : 권고의 원리

1. 권고의 차례 - ① 개인적인 권면 ② 한 두 사람 ③ 교회
2. 권고 전에 해야 할 것 - 기도

204. 권고의 말을 듣지 않으면 무엇과 같이 여기라고 하셨나?(18:17)

205. 예수님께서 몇 사람이 내 이름으로 모인 곳에 나도 그들 중에 있다고 말씀 하셨는가?(18:20)

① 한 두 사람 ② 두 사람 ③ 두 세 사람 ④ 세 사람

206. "주여 형제가 내게 죄를 범하면 몇 번이나 용서하여 주리이까"라고 물은 제자는 누구인가?(18:21)

① 베드로 ② 마태 ③ 요한 ④ 안드레

207. 베드로가 형제의 죄를 일곱 번까지 용서 하오리까?라는 질문에 대해 예수님은 몇 번하라고 말씀하셨는가?(18:22)

① 일곱 번 ② 일흔 번 ③ 일흔 일곱 번 ④ 일곱 번을 일흔 번

---

202. ④ 203. ③ 204. 이방인과 세리 205. ③ 206. ① 207. ④

208. 주인으로부터 탕감을 받은 종의 빚은 얼마였는가?(18:24)
① 백 달란트 ② 천 달란트 ③ 만 달란트 ④ 천만 달란트

209. 빚을 탕감 받은 종이 자기에게 빚진 동료에게 빚을 갚을 것을 요구하며 옥에 가두었는데 이 동료의 빚은 얼마였는가?(18:28)
① 백 데나리온 ② 천 데나리온 ③ 백 달란트 ④ 천 달란트

210. 사람이 어떤 이유가 있으면 그 아내를 버리는 것이 옳으니이까? 하며 예수를 시험한 사람들은?(19:3)
① 사두개인들 ② 율법사들 ③ 바리새인들 ④ 서기관들

211. 하나님께서 정하신 결혼 규례 중 아닌 것은?(19:5~6)
① 부모를 떠나는 것 ② 둘이 한 몸이 되는 것
③ 하나님이 짝지어 주시는 것 ④ 결혼증서를 주는 것

212. 너희 마음의 완악함 때문에 누가 아내 버림을 허락하였다고 예수님께서 말씀하셨는가?(19:8)
① 아담 ② 아브라함 ③ 모세 ④ 여호수아

213. 다음 ( ) 안에 들어갈 말은 무엇인가?(19:9)
"내가 너희에게 말하노니 누구든지 ( )한 이유 외에 아내를 버리고 다른데 장가드는 자는 간음함이니라"
① 음행 ② 간통 ③ 간음 ④ 음란

---

208. ③ 209. ① 210. ③ 211. ④ 212. ③ 213. ①

214. 장가를 들지 않는 것이 좋겠나이다라는 제자들의 질문에 오직 타고 난 자라야 한다며 예수님께서 말씀하신 자가 아닌 것은?(19:11~12)
① 어머니의 태로부터 된 고자 ② 불의한 일로 된 고자
③ 사람이 만든 고자 ④ 천국을 위하여 스스로 된 고자

215. 사람들이 예수께서 안수하고 기도해 주심을 바라고 어린 아이들을 데리고 오매 제자들이 꾸짖는 것을 보시고 예수님께서 어린이들을 용납하고 내게 오는 것을 금하지 말라 무엇이 이런 자의 것이라고 하셨는가?(19:13~14)

216. 어떤 사람이 "무슨 선한 일을 하여야 영생을 얻으리이까"라는 질문하자 예수님께서 생명에 들어가려면 계명들을 지킬 것을 말씀하신 6가지 계명 중 아닌 것은?(19:16~19)
① 살인하지 말라 ② 안식일을 기억하여 거룩히 지키라
③ 간음하지 말라 ④ 네 이웃을 네 자신과 같이 사랑하라

참조 : 그 외 계명들
도둑질 하지 말라, 거짓 증언 하지 말라, 네 부모를 공경하라

217. 예수님의 무슨 말씀에 부자 청년이 근심하며 갔는가?(19:21~22)
① 도둑질 하지 말라 ② 네 이웃을 네 자신과 같이 사랑하라
③ 간음하지 말라 ④ 네 소유를 팔아 가난한 자들에게 주라

218. 다음 ( ) 안에 들어갈 말은 무엇인가?(19:24)
"( )가 바늘 귀로 들어가는 것이 ( )가 하나님의 나라에 들

---

214. ② 215. 천국 216. ② 217. ④ 218. 낙타, 부자

어가는 것보다 쉬우니라"

219. 포도원 주인이 포도원에 품꾼들을 들여보낸 시간 중 아닌 것은?(20:3~6)
① 제 삼시 ② 제 육시 ③ 제 구시 ④ 제 열두시

220. 포도원 품꾼들이 각기 다른 시간에 들어와 일을 하였지만 주인으로부터 똑같이 받은 품삯은 얼마인가?(20:13)
① 한 데나리온 ② 두 데나리온 ③ 세 데나리온 ④ 네 데나리온

221. 예수님께서 세 번째 수난 예고하시면서 인자가 누구에게 넘겨지게 될 것을 말씀하셨는데 그 중 아닌 것은?(20:18~19)
① 바리새인들 ② 서기관들 ③ 대제사장들 ④ 이방인들

222. 두 아들을 데리고 예수님께 와서 "주의 나라에서 하나는 주의 우편에 하나는 주의 좌편에 앉게 하소서"라고 누구의 어머니가 말하였는가?(20:20~21)
① 베드로의 어머니 ② 알패오의 아들의 어머니
③ 빌립의 어머니 ④ 세베대의 아들의 어머니

참조 : 세베대의 아들의 어머니는 야고보와 요한의 어머니를 말하고(4:21) 이름은 살로메이다(막 16:1)

223. 위의 말을 열 제자가 듣고 그 두 형제에 대하여 분히 여기는 제자들

---

219. ④ 220. ① 221. ① 222. ④ 223. ①

에게 예수님께서 하신 말씀 중 아닌 것은?(20:25~28)
① 누구든지 높아지려고 하는 자는 너희 보다 낮은 자가 된다.
② 누구든지 으뜸이 되고자 하는 자는 너희 종이 된다.
③ 인자가 온 것은 섬김을 받으려 함이 아니라 섬기려 왔다.
④ 목숨을 많은 사람의 대속물로 주려 한다.

224. 인자의 온 목적이 기록된 장과 절은?

225. 맹인 두 사람이 길가에 앉았다가 예수께서 지나가신다 함을 듣고 예수를 누구라고 소리 지르며 불쌍히 여겨 달라고 하였는가?(20:30)
① 나사렛 예수여　② 다윗의 자손이여
③ 아브라함의 후손이여　④ 유대인의 왕이여

226. 예루살렘에 입성하시는 예수님께서 쓰시기 위해 제자들이 가져온 짐승은?(21:7)
① 나귀　② 나귀 새끼　③ 나귀와 나귀 새끼　④ 양

참조 : 4복음서 모두 나오는 기사로 마태만 나귀와 나귀 새끼를 가져왔다고 기록하고 있다.

227. 예수가 벳바게에서 나귀를 타시고 예루살렘 성에 들어갈 것을 예언한 구약 성경은?(21:5)
① 이사야　② 예레미야　③ 요엘　④ 스가랴

참조 : 스가랴 9:9

---

224. 20:28 225. ② 226. ③ 227.④

228. 예수님께서 예루살렘 성에 입성하실 때 무리가 소리 높여 이른 말 중 아닌 것은?(21:9)

① 호산나 이스라엘의 자손이여 ② 찬송하리로다
③ 주의 이름으로 오시는 이여 ④ 가장 높은 곳에서 호산나

229. 무리들이 예수님을 갈릴리 나사렛에서 나온 누구라고 하였는가?(21:11)

① 예언자 ② 세례 요한 ③ 엘리야 ④ 선지자

230. 성전을 깨끗하게 하신 기사는 몇 장에 기록되었는가?

① 18장 ② 19장 ③ 20 장 ④ 21장

231. "내 집은 기도하는 집이라 일컬음을 받으리라 하였거늘 너희는 무엇으로 만들었다" 고 예수님께서 말씀하셨는가?(21:13)

① 도적의 소굴 ② 강도의 소굴 ③ 상인의 집 ④ 이방인의 뜰

232. "이제부터 영원토록 네게 열매가 맺지 못하리라 하시니" 곧 마른 나무는?(21:19)

① 무화과나무 ② 포도나무 ③ 감람나무 ④ 상수리나무

233. 예수님께서 성전에서 가르치실 새 대제사장들과 백성의 장로들이 나아와 네가 무슨 권위로 이런 일을 하며 누가 이 권위를 주었느냐고 물었을 때 도리어 그들에게 물으신 것은?(21:23~25)

① 모세의 율법이 어디로부터 왔느냐
② 장로들의 유전이 어디로부터 왔느냐

---

228. ① 229. ④ 230. ④ 231. ② 232. ① 233. ③

③ 요한의 세례가 어디로부터 왔느냐
④ 주의 계명이 어디로부터 왔느냐

234. 예수님이 물음에 대해 그들의 고민과 대답 중에서 모든 사람이 요한을 누구로 여긴다고 하였는가(21:26)

참조 : 대제사장들과 백성의 장로들 고민과 대답

고민	1. 하늘로부터라 하면 어찌하여 그를 믿지 아니하였느냐
	2. 사람으로부터라 하면 모든 사람이 요한을 선지자로 여기니 백성이 무섭다
대답	3. 우리가 알지 못하노라

235. 두 아들의 비유에서 너희보다 누가 먼저 하나님의 나라에 들어간다고 말씀하셨는가?(21:31)
① 세리들과 창녀들　② 고아와 과부들
③ 죄인들과 이방인들　④ 주의 백성들

236. 다음 ( ) 안에 들어갈 말은 무엇인가?(21:32)
"요한이 ( )의 도로 너희에게 왔거늘 너희는 그를 믿지 아니하였으되 세리와 창녀는 믿었으며 너희는 이것을 보고도 끝내 뉘우쳐 믿지 아니하였도다"
① 평화　② 의　③ 화해　④ 회개

237. 포도원 주인이 실과를 받으려고 사람을 모두 몇 번 보냈는가?(21:33~39)
① 2번　② 3번　③ 4번　④ 5번

---

234. 선지자 235. ① 236. ② 237. ②

참조 : 보낸 순서
종 ⇨ 종 ⇨ 아들

238. 다음들의 비유 중 예수님을 죽일 것을 암시한 비유는?
① 혼인 잔치 비유 ② 열 처녀 비유
③ 포도원 농부 비유 ④ 씨 뿌리는 비유

239. 다음 ( ) 안에 들어갈 말은 무엇인가?(21:42)
"너희가 성경에 건축자들이 버린 돌이 모퉁이의 ( )이 되었나니 이것은 주로 말미암아 된 것이요 우리 눈에 기이하도다 함을 읽어 본 일이 없느냐"

① 주춧돌 ② 디딤돌 ③ 걸림돌 ④ 머릿돌

참조 : 시편에는 "건축자가 버린 돌이 집 모퉁이의 머릿돌이 되었나니"(118:22)만 기록되어 있다.

240. 대제사장들과 바리새인들이 예수의 비유를 듣고 자기들을 가리켜 말씀하심인 줄 알고 잡고자 하나 예수를 누구로 알고 있는 무리를 무서워하여 잡지 않았는가?(21:46)
① 예언자 ② 권위자 ③ 선지자 ④ 메시야

241. 혼인 잔치의 비유는 무엇을 설명하는 것인가?(22:2)
① 교회 ② 세상 ③ 잔치 ④ 천국

242. 세금 문제로 예수를 말의 올무에 어떻게 걸리게 할까 상의한 사람

---

238. ③ 239. ④ 240. ③ 241. ④ 242. ①

들은?(22:15)

① 바리새인 ② 서기관 ③ 대제사장 ④ 사두개인

243. 세금 낼 돈을 사용하는 데나리온에 들어 있는 형상과 글은 누구의 것인가?(22:20~21)

① 빌라도 ② 헤롯 ③ 가이사 ④ 아켈라오

244. 부활이 없다하는 사람들은?(22:23)

① 바리새인들 ② 사두개인들 ③ 율법교사들 ④ 유대인들

245. 부활의 문제를 예수님에게 질문한 형제는 몇 형제였는가?(22:25)

① 사 형제 ② 오 형제 ③ 육 형제 ④ 칠 형제

246. 예수님께서 말씀하신 부활 때의 모습이 아닌 것은?(22:30)

① 장가도 아니 가고 ② 시집도 아니 가고

③ 몸이 변하여 ④ 하늘의 천사들과 같다

247. "율법 중에 어느 계명이 크니이까"라고 예수님을 시험하기 위해 물은 사람은?(22:35)

① 바리새인 ② 대제사장 ③ 서기관 ④ 율법사

248. "네 마음을 다하고 목숨을 다하고 뜻을 다하여 주 너의 하나님을 사랑하는 것과 네 이웃을 네 자신 같이 사랑하는 이 두 계명이 무엇과 무엇의 강령"이라고 예수께서 말씀하셨는가?(22:37~40)

---

243. ③ 244. ② 245. ④ 246. ③ 247. ④ 248. ①

① 율법과 선지자　　② 말씀과 예언자
③ 율법과 예언자　　④ 말씀과 선지자

249. "다윗 자손에 대한 예수님의 질문" 에서 예수님은 다윗이 그리스도를 무엇이라고 칭하였다고 하셨는가?(22:45)
① 메시야　② 인자　③ 구세주　④ 주

250. 다음 문제들을 해결하시는 예수님의 답변으로 잘못된 것은 (22:15~46)
① 납세문제 - 가이사의 것은 가이사에게 하나님의 것은 하나님께 바치라
② 부활문제 - 하나님은 죽은 자와 산 자의 하나님이다.
③ 큰 계명에 대한 문제 - 네 마음을 다하고 목숨을 다하고 뜻을 다하여 주 너의 하나님을 사랑하고 네 이웃을 네 자신 같이 사랑하라
④ 다윗 자손에 대한 예수의 문제 - 다윗이 그리스도를 주라 칭하였은 즉 어찌 그의 자손이 되겠느냐

251. 서기관과 바리새인을 책망하시는 기사는 몇 장에 나오는가?(23:1~36)
① 23장　② 24장　③ 25상　④ 26상

252. 서기관과 바리새인은 누구의 자리에 앉았는가?(23:2)
① 제사장　② 장로　③ 모세　④ 하나님

253. 서기관과 바리새인을 책망하는 기사에서 "화 있을진저" 라는 말이

---

249. ④ 250. ② 251. ① 252. ③ 253. ②

몇 번 기록되었는가?(23:13~29)

① 6번 ② 7번 ③ 8번 ④ 9번

참조 : 일곱 화

화	내 용
첫 번째	천국 문을 닫고 못 들어가게 한다.
두 번째	교인 하나 생기면 배나 지옥 자식 만든다.
세 번째	성전의 금으로 맹세하면 지켜야 한다.
네 번째	박하와 회향과 근채의 십일조는 드리되 율법의 더 중한 바 정의와 긍휼과 믿음을 버렸다.
다섯 번째	잔과 대접의 겉은 깨끗하나 안에는 탐욕과 방탕으로 가득함
여섯 번째	회칠한 무덤, 겉으로는 아름답게 보이나 그 안에는 죽은 사람의 뼈와 모든 더러운 것이 가득하다.
일곱 번째	선지자의 무덤을 만들고 의인들의 비석을 꾸몄다.

254. 다음 ( ) 안에 들어갈 말이 아닌 것은?(23:23)

"너희가 박하와 회향과 근채의 십일조를 드리되 율법의 더 중한 바 ( )와 ( )과 ( )은 버렸도다"

① 정의 ② 법 ③ 긍휼 ④ 믿음

255. 예수님으로부터 "뱀들아 독사의 새끼들아"라는 책망을 들은 사람들은?(23:33)

① 바리새인들과 유대인들 ② 서기관들과 율법교사들

③ 바리새인들과 율법교사들 ④ 서기관들과 바리새인들

---

254. ② 255. ④

256. 예수님께서 의인 누구의 피로부터 누구의 피가 다 너희에게 돌아갈 것이라고 말씀하셨나?(23:35)
① 아벨에서 사가랴　② 세례 요한에서 스데반
③ 아벨에서 스데반　④ 사무엘에서 세례 요한까지

257. 예수님께서 자녀들을 모으려 한 일을 설명하기 위해 말씀하신 가축은?(23:37)
① 소　② 양　③ 암탉　④ 비둘기

258. 재난의 시작의 증거들이 아닌 것은?(24:4~8)
① 이스라엘을 미혹케 한다.
② 난리와 난리 소문을 듣는다.
③ 민족이 민족을 나라가 나라를 대적한다.
④ 곳곳에 기근과 지진이 일어난다.

259. 누가 많이 일어나 사람을 미혹하게 할 것이라고 말씀하셨는가?(24:11)
① 사탄　② 거짓 예언자　③ 거짓 선지자　④ 거짓 메시야

260. 무엇이 모든 민족에게 증거되기 위하여 온 세상에 전파되리니 그제야 끝이 온다고 말씀하셨는가?(24:14)
① 메시야　② 말씀　③ 예수　④ 천국 복음

261. 예수님께서 "멸망의 가증한 것이 거룩한 곳에 선 것을 보거든" 이라는 말을 어느 선지자가 했다고 하셨나?(24:15)
① 이사야　② 엘리야　③ 다니엘　④ 호세아

---

256. ① 257. ③ 258. ① 259. ③ 260. ④ 261. ③

262. 번개가 동쪽에서 나서 서편까지 번쩍임 같이 <u>누구</u>의 임함도 그러하다고 예수님께 말씀하셨는가?(24:27)

① 인자 ② 심판주 ③ 메시야 ④ 그리스도

263. 무화과나무의 비유를 통해서 <u>무엇</u>을 배우고 알 것을 말씀하셨는가?(24:32~33)

① 여름이 가까운지를 알아야 한다.

② 무화과나무는 꽃이 없다는 것을 알아야 한다.

③ 인자가 가까이 곧 문 앞에 이른 줄 알아야 한다.

④ 예루살렘의 멸망이 다가 왔음을 알아야 한다.

264. 인자의 임함이 <u>누구</u>의 때와 같이 임한다고 하셨는가?(24:37)

① 모세 ② 사무엘 ③ 세례 요한 ④ 노아

265. 25장에 나오는 비유가 <u>아닌</u> 것은?(25:1~46)

① 열 처녀의 비유 ② 달란트의 비유

③ 양과 염소의 비유 ④ 두 아들의 비유

266. 어떤 사람이 그 종들에게 그 재능대로 각각의 달란트를 주었는데 <u>무엇</u>으로 주었는가?(25:15)

① 금 ② 은 ③ 동 ④ 철

267. 달란트 비유에 나오지 <u>않은</u> 달란트는?(25:15)

① 다섯 달란트 ② 세 달란트 ③ 두 달란트 ④ 한 달란트

---

262. ① 263. ③ 264. ④ 265. ④ 266. ① 267. ②

268. 칭찬을 받지 못한 종은 몇 달란트 받은 자인가?(25:28)
① 다섯 달란트 ② 세 달란트 ③ 두 달란트 ④ 한 달란트

269. 오른편에 있는 자들이 한 일 중 아닌 것은?(25:31~36)
① 내가 주릴 때에 너희가 먹을 것을 주었고
② 목마를 때에 마시게 하였고
③ 나그네 되었을 때에 영접하였고
④ 깊은 수렁에 빠졌을 때에 건졌고

참조 : 그 외 오른편에 있는 자들이 한 일들
1. 벗었을 때에 옷을 입혔고 2. 병들었을 때에 돌아보았고
3. 옥에 갇혔을 때에 와서 보았다.

270. 의인들은 어디에 들어간다고 말씀하셨는가?(25:46)
① 천국 ② 하늘 ③ 영생 ④ 잔치 자리

271. 다음 ( ) 안에 들어갈 말은 무엇인가?(26:2)
"너희의 아는 바와 같이 이틀이 지나면 ( )이라 인자가 십자가에 못박히기 위하여 팔리리라" 하시더라

① 초막절 ② 유월절 ③ 무교절 ④ 오순절

272. 예수님을 흉계로 잡아 죽이려고 어느 대제사장의 관정에서 의논하였는가?(26:3)

268. ④ 269. ④ 270. ③ 271. ② 272. 가야바

273. 한 여자가 매우 귀한 향유 한 옥합을 가지고 나아와서 머리에 부은 일은 예수님께서 누구 집에 계실 때의 일인가?(26:6)
① 시몬의 집 ② 마태의 집 ③ 요한의 집 ④ 빌립의 집

274. 이 여자가 예수님의 몸에 향유를 부은 것은 무엇을 위하여 함이라고 말씀하셨는가?(26:12)
① 부활 ② 장례 ③ 고난 ④ 세례

275. 열두 제자 중 한 사람으로 예수님을 대제사장들에게 넘겨준 자는?(26:14~15)

276. 예수님을 넘겨주는 대가로 얼마를 받았는가?(26:15)
① 은 십 ② 은 이십 ③ 은 삼십 ④ 은 사십

277. 예수님께서 차라리 나지 아니하였더면 좋을 뻔한 사람이란 누구를 말하는 것인가?(26:23~24)

278. 예수님께서 최후의 만찬 석상에서 "이 잔은 죄 사함을 얻게 하려고 많은 사람을 위하여 흘리는 바 나의 피 곧 무엇이라" 하셨는가?(26:28)

279. 이에 저희가 찬미하고 어느 산으로 나아갔는가?(26:30)

---

273. ① 274. ② 275. 가룟 유다 276. ③ 277. 가룟 유다 278. 언약의 피
279. 감람

280. 예수님께서 살아난 후에 너희보다 먼저 어디로 간다고 말씀하셨는가?(26:32)
① 갈릴리 ② 천국 ③ 가나안 ④ 가버나움

281. 베드로에게 오늘밤 닭 울기 전에 몇 번 나를 부인할 것이라고 말씀하셨는가?(26:34)
① 두 번 ② 세 번 ③ 네 번 ④ 다섯 번

282. "내 마음이 매우 고민하여 죽게 되었으니 너희는 여기 머물러 나와 함께 깨어 있으라" 하며 기도하신 장소는?(26:36~38)
① 감람산 ② 골고다 ③ 갈릴리 ④ 겟세마네

283. 아래의 기도는 몇 번째에 하신 내용인가?(26:39)
"내 아버지여 만일 할 만하시거든 이 잔을 내게서 지나가게 하옵소서 그러나 나의 원대로 마시옵고 아버지의 원대로 하옵소서"

① 첫 번째 ② 두 번째 ③ 세 번째 ④ 네 번째

참조 : 예수님의 겟세마네 기도
- 두 번째 - 내 아버지여 만일 내가 마시지 않고는 이 잔이 내게서 지나갈 수 없거든 아버지의 원대로 되기를 원하나이다(26:42).
- 세 번째 - 두 번째와 동일하게 기도하셨다(26:44).

284. 예수님을 파는 자가 예수가 누구인지를 알게 하기 위하여 군호를 짠(알려 주는) 방법은?(26:48)
① 껴안음 ② 손을 잡음 ③ 입맞춤 ④ 눈짓

---

280. ① 281. ② 282. ④ 283. ① 284. ③

285. 예수님을 잡으려할 때 예수님과 함께 있던 자 중에 하나가 손을 펴 칼을 빼어 대제사장의 종을 쳐 그의 귀를 떨어뜨렸는데 이 때 예수님께서 칼을 가지는 자는 다 무엇으로 망한다고 말씀하셨는가?(26:52)

286. 다음 (　　) 안에 들어갈 말은 무엇인가?(26:53)
"너는 내 아버지께 구하여 지금 (　　) 더 되는 천사를 보내시게 할 수 없는 줄로 아느냐"

① 일곱 군단　② 열두 군단　③ 이십사 군단　④ 사십 군단

287. 예수를 잡아 대제사장 누구에게로 갔는가?(26:57)

288. 대제사장의 심문 중에 예수님께서 "네가 말하였느니라" 라고 하셨는데 이는 대제사장이 무엇을 말한 것인가?

289. "나는 그 사람을 알지 못하노라" 는 베드로의 부인은 몇 번째 한 말인가?(26:72)

참조 : 베드로의 부인

첫 번째	질문	너도 갈릴리 사람 예수와 함께 있었도다(26:69).
	답	나는 네가 무슨 말을 하는지 알지 못하겠노라(26:70).
두 번째	질문	이 사람은 나사렛 예수와 함께 있었도다(26:71).
	답	나는 그 사람을 알지 못하노라(26:72)
세 번째	질문	너도 진실로 그 도당이라 네 말소리가 너를 표명한다(26:73).
	답	나는 그 사람을 알지 못하노라(26:74).

---

285. 칼　286. ②　287. 가야바　288. 네가 하나님의 아들 그리스도인지 우리에게 말하라　289. 두 번째

290. 예수님께서 잡히실 때의 총독은 누구인가?(27:2)

291. 가룟 유다는 예수님을 넘기는 대가로 받은 은 삼십을 대제사장들과 장로들에게 도로 가져다 주었고 이것을 대제사장들이 의논하여 토기장의 밭을 사 나그네의 묘지를 삼았는데 오늘날까지 그 밭을 무엇이라고 부르는가?(27:6~8)

292. 선지자 누구의 말씀이 이루어진 것인가?(27:9)
① 느헤미야 ② 이사야 ③ 예레미야 ④ 세례 요한

293. 총독이 무엇이라고 말했을 때 예수님께서 "네 말이 옳도다" 하셨나?(27:11)
① 네가 하나님의 아들이냐 ② 네가 그리스도냐
③ 네가 메시야냐 ④ 네가 유대인의 왕이냐

294. 명절이 되면 총독이 무리의 청원대로 죄수 한 사람을 놓아 주는 전례가 있었는데 예수님 대신에 놓임을 받은 사람은?(27:15~21)

295. 억지로 예수님의 십자가를 지고 간 사람의 이름은?(27:32)

296. "골고다" 라는 뜻은 무엇인가?(27:33)

---

290. 빌라도 291. 피 밭 292. ③ 293. ④ 294. 바라바 295. 시몬 296. 해골

297. 십자가에 달리신 예수님의 머리 위에 붙여진 죄 패는 무엇이라 쓰여졌는가?(27:37)

298. 십자가 달리신 예수님께서 크게 소리 지르신 시각은?(27:46)
① 제 삼시 ② 제 육시 ③ 제 구시 ④ 제 열시

299. 예수님께서 십자가에서 크게 소리 지르신 말씀은?(27:46)

참조 : 번역하면 "나의 하나님, 나의 하나님, 어찌하여 나를 버리셨나이까" 라는 뜻이다.

300. 예수님의 큰 소리를 듣고 거기 섰던 자 중 어떤 이들이 듣고 누구를 부른다고 하였는가?(27:47)
① 하나님 ② 천사 ③ 엘리야 ④ 군대

301. 예수님께서 다시 크게 소리 지르시고 영혼이 떠날 때 나타난 현상 중 아닌 것은?(27:51~53)
① 성소 휘장이 위로부터 아래까지 찢어져 둘이 되었다.
② 땅이 진동하였다.
③ 바위가 터졌다.
④ 천사가 도왔다.

참조 : 나타난 현상들
무덤이 열리며 성도의 몸이 많이 일어났다.

---

297. 유대인의 왕 예수 298. ③ 299. 엘리 엘리 라마 사박다니 300. ③ 301. ④

302. 백부장과 함께 예수님을 지키던 자들이 이 일들을 보고 무엇이라 말하였는가?(27:54)

303. 빌라도에게 예수님의 시체를 달라고 사람은?(27:57~58)
① 베드로 ② 요한 ③ 아리마대 부자 요셉 ④ 빌립

304. 바위 속에 판 자기 새 무덤에 예수님의 시체를 넣어 두고 큰 돌을 굴려 무덤 문에 놓고 갔을 때 무덤을 향하여 앉아 있던 두 여자는 누구인가?(27:60~61)

305. 대제사장들과 바리새인들이 기억한 것은 무엇인가?(27:62~63)

306. 안식일이 다하여 가고 안식 후 첫날이 되려는 새벽에 무덤을 보려고 온 사람은?(28:1)

307. 천사들이 여자들에게 부활하신 예수님에 대해 말하면서 너희보다 먼저 어디로 가신다고 하셨는가?(28:7)

308. 예수님께서 여자들을 만나시며 무엇이라 말씀하셨는가?(28:9)

---

302. 이는 진실로 하나님의 아들이었도다 303. ③ 304. 막달라 마리아와 다른 마리아 305. 내가 사흘 후에 다시 살아나리라 306. 막달라 마리아와 다른 마리아 307. 갈릴리 308. 평안하냐

309. "열한 제자가 갈릴리에 가서 예수의 지시하신 산에 이르러"라고 기록하고 있는데 어느 산을 말하는 것인가?(28:16)

참조 : 행 1:12

310. 하늘과 땅의 모든 권세를 주었으니 제자 삼고, 세례를 베풀고, 가르쳐 지키게 하라 하시면서 이어서 제자들에게 하신 마지막 말씀은?(28:18~20)

311. 마태복음은 모두 몇 장으로 기록되었는가?

---

309. 감람산(원) 310. 볼지어다 내가 세상 끝날까지 너희와 함께 있으리라
311. 28장

마 가 복 음

마가복음 개요

1. 기록자

마가

2. 기록 연대

A.D. 50~70년 사이

3. 기록 장소

로마(베드로와 마가가 감옥에 있을 때 기록 했을 가능성이 높다)

4. 기록 대상

일반적으로 모든 이방 기독교인들을 대상으로 하지만 특별히 로마에 있는 기독교인들을 위해서 기록했다.

5. 핵심어 및 내용

마가복음의 핵심어는 '종'과 '즉시로'이다. 마가복음에서는 많은 사람을 위한 속죄물로 자신의 목숨을 내어주고, 모든 사람을 섬겼던 예수 그리스도의 사역이 중심을 이루고 있다. 또한 마가는 하나님의 아들을 믿는 일이 얼마나 중요하고 급한지를 강조하기 위하여 '곧바로', '즉시로'란 단어를 많이 사용한다.

각 장의 내용들

1장

1. 선구자 요한의 활동(1:1~8)
2. 세례 받으심(1:9~11)
3. 시험 받으심(1:12~13)
4. 네 제자를 부르심(1:14~20)
5. 귀신을 쫓아내심(1:21~28)
6. 시몬의 장모 고치심(1:29~34)
7. 전도 여행을 하심(1:35~39)
8. 나병을 고치심(1:40~45)

2장

1. 중풍병자를 고치심(2:1~12)
2. 레위를 부르심(2:13~14)
3. 죄인들과 식사하심(2:15~17)
4. 금식의 문제(2:18~22)
5. 안식일의 문제(2:23~28)

3장

1. 안식일에 병 고치심(3:1~6)
2. 해변에서 병 고치심(3:7~12)
3. 열두 제자의 선택(3:13~19)
4. 용서받지 못하는 죄(3:20~30)
5. 예수의 참 형제자매(3:31~35)

4장

1. 씨 뿌리는 비유(4:1~20)
2. 등불과 등경(4:21~25)
3. 씨가 자라는 비유(4:26~29)

4. 겨자의 비유(4:30~32)
5. 비유만 사용하심(4:33~34)
6. 바다의 광풍을 잠잠케 하심(4:35~41)

5장

1. 귀신 들린 자를 고침(5:1~20)
2. 야이로의 딸과 혈루증 여인(5:21~43)

6장

1. 고향에서 냉대 받으심(6:1~6)
2. 열두 제자의 파송(6:7~13)
3. 세례 요한의 죽음(6:14~30)
4. 오천 명을 먹이심(6:31~44)
5. 바다 위를 걸으심(6:45~52)
6. 게네사렛에서 병 고치심(96:53~56)

7장

1. 결례에 관한 논쟁(7:1~23)
2. 시돈과 두로 지역에 거하심(7:24~30)
3. 귀 먹고 말 더듬는 자를 고치심(7:31~37)

8장

1. 사천 명을 먹이심(8:1~10)
2. 하늘에서 온 표적(8:11~13)
3. 바리새인의 누룩(8:14~21)
4. 맹인을 고치심(8:22~26)
5. 베드로의 신앙 고백(8:27~30)
6. 자신의 죽음을 예고(8:31~38)

9장

1. 변모하심(9:1~13)
2. 제자들의 믿음 없음(9:14~29)

3. 두 번째로 죽음을 예고하심(9:30~32)
4. 큰 자와 작은 자(9:33~41)
5. 죄의 무서움(9:42~50)

10장

1. 이혼에 대한 교훈(10;1~12)
2. 어린이를 축복하심(10:13~16)
3. 부자 청년(10:17~31)
4. 세 번째로 죽음을 예고하심(10:32~34)
5. 야고보와 요한의 요구(10:35~45)
6. 맹인 바디매오를 고치심(10:46~52)

11장

1. 승리의 입성(11:1~11)
2. 무화과나무를 저주하심(11;12~14)
3. 성전을 청결케 하심(11:15~26)
4. 예수의 권위 문제(11:27~33)

12장

1. 악한 농부 비유(12:1~12)
2. 납세 문제(12:13~17)
3. 부활에 대한 질문(12:18~27)
4. 큰 계명에 대한 질문(12:28~34)
5. 다윗의 자손 문제(12:35~37)
6. 서기관에 대한 경계(12:38~40)
7. 과부의 헌금(12:41~44)

13장

1. 말세의 징조(13:1~23)
2. 그리스도의 재림(13:24~37)

14장

1. 유대인의 모의(14:1~2)
2. 마리아가 예수께 향유를 부음(14:3~9)
3. 유다의 배반(14:10~11)
4. 최후의 만찬(14:12~25)
5. 베드로의 부인 예고(14:26~31)
6. 겟세마네의 기도(14:32~42)
7. 예수의 잡히심(14:43~52)
8. 제사장의 심문(14:53~65)
9. 베드로의 부인(14:66~72)

15장

1. 빌라도의 재판(15:1~5)
2. 죽이기로 결정됨(15:6~15)
3. 십자가에 달리심(15:16~41)
4. 무덤에 묻히심(15:42~47)

16장

1. 부활하심(16:1~8)
2. 제자들에게 나타나심(16:9~14)
3. 제자들의 사명(16:15~18)
4. 승천하심(16:19~20)

2. 마가복음

1. 마가복음의 첫 말씀은 어느 것인가?
   ① 하나님의 아들 예수 그리스도의 복음의 시작이라
   ② 아브라함과 다윗의 자손 예수 그리스도의 세계라
   ③ 태초에 말씀이 계시니라
   ④ 우리 중에 이루어진 사실에 대하여

2. "내가 내 사자를 네 앞에 보내노니 그가 네 길을 준비하리라"는 말씀에서 사자는 누구를 가리키는 것인가?(1:2)
   ① 노아　② 모세　③ 세례 요한　④ 예수

3. 세례 요한의 모습과 관련이 없는 것은?(1:6)
   ① 낙타털 옷　② 가죽 띠　③ 메뚜기　④ 무화과

4. 세례 요한이 나는 물로 세례를 베풀었거니와 내 뒤에 오시는 이는 무엇으로 세례를 준다고 하였나?(1:8)

5. 예수님께서 요한으로부터 세례를 받으신 강은?(1:9)
   ① 비손 강　② 유브라데 강　③ 나일 강　④ 요단 강

---

1. ① 2. ③ 3. ④ 4. 성령 5. ④

6. 예수님께서 세례를 받으실 때 나타난 현상이 아닌 것은?(1:10~11)
① 하늘이 갈라짐 ② 성령이 비둘기 같이 내려옴
③ 하늘로부터 소리가 남 ④ 천사가 나타남

7. 누가 예수님을 광야로 몰아내셨는가?(1:12)
① 마귀 ② 사탄 ③ 성령 ④ 하나님

8. 광야에서 며칠을 계시며 사단에게 시험을 받으셨는가(1:13)
① 삼 일 ② 십 일 ③ 삼십 일 ④ 사십 일

9. 광야에서 시험 받으실 때 예수님은 무엇과 함께 계셨나?(1:13)
① 들짐승 ② 천사 ③ 날짐승 ④ 양

10. 예수님께서 하나님의 복음을 처음으로 전파하신 곳은?(1:14)
① 나사렛 ② 갈릴리 ③ 베들레헴 ④ 가버나움

11. 예수님께서 처음 복음을 전파한 말씀은?(1:15)

12. 처음 부름을 받은 네 제자의 이름은?(1:16~20)

13. 시몬과 안드레의 관계는?(1:16)
① 친구 ② 이웃 ③ 사촌 ④ 형제

---

6. ④ 7. ③ 8. ④ 9. ① 10. ② 11. 때가 찼고 하나님의 나라가 가까이 왔으니 회개하고 복음을 믿으라 12. 시몬, 안드레, 야고보, 요한 13. ④

14. 제자들을 부르신 예수님의 말씀은?(1:17)

15. 제자로 부름을 받은 야고보와 요한의 아버지 이름은?(1:20)

16. 예수님께서 가버나움에 들어가 안식일에 어디에서 가르치셨는가?(1:21)

① 교회 ② 성전 ③ 회당 ④ 예루살렘

17. 가르치는 예수님에 대한 뭇사람들의 반응이 아닌 것은?(1:22)

① 그의 교훈에 놀라니
② 가르치시는 것이 권위 있는 자와 같고
③ 서기관들과 같지 아니함 일러라
④ 율법사들과 같지 아니함 일러라

18. 회당에 더러운 귀신 들린 사람이 예수님을 무엇이라고 불렀나(1:24)

① 하나님의 아들 예수 ② 다윗의 자손 예수
③ 나사렛 예수 ④ 갈릴리 사람 예수

19. 회당에 더러운 귀신 들린 사람이 예수님의 누구인 줄 안다고 하였나?(1:24)

① 하나님의 아들 ② 하나님의 거룩한 자
③ 다윗의 자손 ④ 유대인의 왕

---

14. 나를 따라오라 내가 너희로 사람을 낚는 어부가 되게 하리라 15. 세베대
16. ③ 17. ④ 18. ③ 19. ②

참고 : 마가복음과 누가복음의 공통된 기사
1. 회당에서 귀신을 쫓아내심(막 1:23~28, 눅 4:33~37)
2. 등불 비유(막4:21~23, 눅 8:16~18)
3. 맹인 바디매오를 고치심(막 10:46~52, 눅 18:35~43)

20. 마가복음에 나타난 첫 이적은?(1:21~28)
① 귀신을 쫓아내심　② 시몬의 장모 고치심
③ 나병 환자를 고치심　④ 중풍병자를 고치심

참고 : 4 복음서의 첫 이적들
마태복음 - 나병환자를 고치심(8:1~4)
마가복음 - 귀신을 쫓아내심(1:21~28)
누가복음 - 더러운 귀신을 쫓아내심(4:31~37)
요한복음 - 가나의 혼인 잔치(2:1~11)

21. 시몬의 장모가 예수님으로부터 고침을 받은 병명은?(1:29~31)
① 열병　② 나병　③ 중풍병　④ 혈루증

22. 예수님께서 어떤 병자를 고치신 후 삼가 아무에게 아무 말도 하지 말라 하셨는가?(1:40~44)

23. 예수님께서 고쳐 준 나병환자에게 네 몸을 제사장에게 보이고 네가 깨끗하게 되었으니 누가 명한 것을 드려 그들에게 입증하라 하셨는가?(1:44)
① 아브라함　② 모세　③ 안나스　④ 가야바

20. ① 21. ① 22. 나병환자 23. ②

24. 가버나움에서 중풍병자를 고치실 때 몇 사람이 데리고 왔는가?(2:3)
① 한 사람　② 두 사람　③ 세 사람　④ 네 사람

25. 예수님께서 중풍병자를 고치실 때 그들의 무엇을 보시고 고치셨는가?(2:5)
① 믿음　② 사랑　③ 우정　④ 희생

26. "작은 자야 네 죄 사함을 받았느니라"라고 하신 예수님의 말씀은 어느 병을 고치며 하신 말씀인가?(2:5)
① 나병　② 중풍병　③ 손 마름병　④ 맹인

27. "이 사람이 어찌 이렇게 말하는가 신성 모독이로다 오직 하나님 한 분 외에는 누가 능히 죄를 사하겠느냐"라고 속으로 생각한 사람들은?(2:6~7)
① 바리새인들　② 사두개인들　③ 서기관들　④ 율법교사들

28. 예수님께서 속으로 이렇게 생각하는 줄을 아시고 누가 땅에서 죄를 사하는 능이 있는 줄을 너희로 알게 하려 하노라고 하셨나?(2:10)
① 하나님　② 예수님　③ 그리스도　④ 인자

29. 세관에 앉아 있다가 예수님께서 나를 따르라 하시니 일어나 따른 사람은?(2:14)

30. 바리새인의 서기관들이 예수께서 누구와 함께 잡수시는 것을 보고 제자들에게 원망하였나?(2:16)

---

24. ④ 25. ① 26. ② 27. ③ 28. ④ 29. 알패오의 아들 레위 30. 죄인 및 세리들

31. 다음 (　　) 안에 들어갈 말은 무엇인가?(2:17)
"건강한 자에게는 의사가 쓸 데 없고 병든 자에게 라야 쓸 데 있느니라 나는 (　　)을 부르러 온 것이 아니요 (　　)을 부르러 왔노라"

32. 요한의 제자들과 바리새인들이 예수께 와서 말하되 자신들은 하고 있는데 왜 당신의 제자들은 아니하느냐고 말한 내용은?(2:18)
① 금식　② 기도　③ 헌금　④ 찬송

33. 예수님께서 무엇이 빼앗길 날이 이르리니 그 날에는 금식할 것이니라 하셨는가?(2:20)
① 세례 요한　② 신랑　③ 예루살렘　④ 하나님의 나라

34. 오직 "새 포도주는 새 부대에 넣느니라"는 말씀은 예수님께서 무슨 문제의 질문을 받으시고 하신 말씀인가?(2:22)
① 새 포도주　② 새 부대　③ 말씀　④ 금식

35. 안식일에 예수님께서 밀밭 사이로 지나가실새 그의 제자들이 길을 열며 이삭을 자르는 모습을 보고 어찌하여 안식일에 하지 못할 일을 하느냐고 예수님께 말한 사람들은?(2:23~24)
① 유대인들　② 바리새인들　③ 사두개인들　④ 무리들

36. 어찌하여 제자들이 안식일에 하지 못할 일을 하나이까? 라는 질문에 예수님께서 구약 성경인물 누구를 설명하시며 대답하셨나?(2:24~25)

---

31. 의인, 죄인　32. ①　33. ②　34. ④　35. ②　36. 다윗

37. 대제사장 누구 때에 하나님의 전에 들어가서 제사장 외에는 먹어서는 안되는 진설병을 먹은 일이 있었는가?(2:26)

참고 : 다윗의 진설병 먹은 이야기
삼상 21:1~6 에는 제사상 아히멜렉 때의 일로 나온다.
삼상 21:1에 말하고 있는 대제사장은 아히멜렉으로 나타나는데 이 아히멜렉은 아비야달의 아버지이다(삼상 23:6). 같은 사건이 서로 다르게 나타나고 난제에 대해서는 해결해야 할 숙제이다.

38. 예수님께서 안식일은 누구를 위하여 있다고 말씀하셨는가?(2:27)
① 사람 ② 하나님 ③ 이스라엘 ④ 하나님의 백성

39. 예수님께서 안식일의 주인은 누구라고 말씀하셨는가?(2:28)
① 하나님 ② 인자 ③ 죄인 ④ 사람

40. 예수님으로부터 안식일에 병 고침을 받은 사람은?(3:1)

41. 안식일에 병을 고치는 문제로 인하여 바리새인들이 나가서 누구와 함께 어떻게 예수님을 죽일까 의논하였는가?(3:6)
① 로마 군인들 ② 대 제사장 ③ 헤롯 당 ④ 사두개인들

참고 : 예수님의 죽음 언급
처음으로 예수의 죽음이 언급 되었는데(3장) 반로마적인 바리새인들과 친로마적인 헤롯당이 적대 관계를 떠나 예수님의 제거를 위해 의기투합 하였다는 것은 시사하는 바가 크다 하겠다.

---

37. 아비아달 38.① 39. ② 40. 한쪽 손 마른사람 41. ③

42. 시몬이라는 이름을 가지고 있었으나 예수님께로부터 더하심을 받은 이름은?(3:16)

43. 세베대의 아들 야고보와 야고보의 형제 요한이 예수님께로부터 더하심을 받은 이름은?(3:17)

참고 : 보아너게는 "우레의 아들" 이라는 뜻이다.

44. 예수님의 제자들 중에 동명이인으로 나오는 사람은?(3:16~19)
① 요한 ② 야고보 ③ 안드레 ④ 유다

참고 : 동명이인
이 외에 베드로인 시몬과 가나안 사람 시몬이 있고, 다대오와 같은 유다와 가룟 유다가 있으며, 야고보는 세베대의 아들과 알패오의 아들이 있다.

45. 예수님께서 바알세불을 지폈고 귀신의 왕을 힘입어 귀신을 쫓아낸다고 한 예루살렘에서 내려온 사람들은?(3:22)
① 바리새인들 ② 사두개인들 ③ 서기관들 ④ 유대인들

46. 사하심을 영원히 얻지 못하고 영원한 죄에 처하는 죄는?(3:29)
① 하나님 모독 ② 예수님 모독 ③ 성령 모독 ④ 말씀 모독

47. 예수님께서 내 형제요 자매요 모친은 누구의 뜻대로 행하는 자라 하셨는가?(3:35)
① 형제 ② 부모 ③ 예수님 ④ 하나님

---

42. 베드로 43. 보아너게 44. ② 45. ③ 46. ③ 47. ④

48. 씨 뿌리는 비유는 몇 장에 나오는가?(4:1~9)

① 4장 ② 5장 ③ 6장 ④ 7장

49. 기운을 막으므로 결실하지 못하는 씨는 어디에 떨어진 씨인가?(4:7)

① 길가 ② 돌밭 ③ 가시떨기 ④ 좋은 땅

50. 돌밭에 떨어진 씨의 모습이 아닌 것은?(4:5~6)

① 흙이 깊지 않다. ② 곧 싹이 나온다.

③ 뿌리가 없다. ④ 적은 열매가 있다.

참고 : 씨 뿌리는 비유

길가 / 새들이 와서 먹음

돌밭 / 흙이 깊지 않고 곧 싹이 나오나 뿌리가 없어 마름

가시떨기 / 결실치 못함

좋은 땅 / 삼십 배, 육십 배, 백 배 결실

51. 제자들에게는 주었으나 외인에게는 모든 비유로 하신 것은?(4:11)

① 회개 ② 하나님 나라의 비밀

③ 말씀 ④ 메시야

52. 외인에게 모든 비유로 말씀하신 이유가 아닌 것은?(4:12)

① 보아도 알지 못하며 ② 들어도 깨닫지 못하여

③ 만져도 느끼지 못하여 ④ 죄 사함을 얻지 못하게 하려

53. 씨는 무엇을 말하는 것인가?(4:14)

---

48. ① 49. ③ 50. ④ 51. ② 52. ③ 53. 말씀

54. 세상의 염려와 재물의 유혹과 기타 욕심이 들어와 말씀을 막아 결실 하지 못하는 자는 어디에 뿌리운 자인가?(4:18~19)

① 길가 ② 돌밭 ③ 가시떨기 ④ 좋은 땅

참조 : 씨 뿌리는 비유의 해석

길가 - 말씀을 사탄이 즉시 와서 빼앗는 것

돌밭 - 말씀을 기쁨으로 받음. 뿌리가 없어 잠깐 견디다가 환난이나 박해가 일어나는 때에 넘어짐

가시떨기 - 세상의 염려와 재물의 유혹과 기타 욕심이 들어와 말씀을 막아 결실하지 못함.

좋은 땅 - 삼십 배, 육십 배, 백 배의 결실 함

55. 땅이 스스로 열매 맺는 과정으로 바른 것은?(4:28)

① 싹 - 이삭 - 곡식 ② 씨 - 이삭 - 곡식

③ 싹 - 곡식 - 이삭 ④ 씨 - 곡식 - 이삭

참조 : 마가복음에만 나오는 기사(SMK)

1. 자라나는 씨(4:26~29)
2. 귀 먹고 말 더듬는 자 치유(7:31~35)
3. 벳새다의 맹인(8:22 26)
4. 벗은 몸으로 도망한 청년(14:51~52)

56. 겨자씨의 비유는 무엇에 대한 비유인가?(4:30)

57. 예수님께서 바람을 꾸짖으시고 바다에게 하신 말씀은(4:39)

---

54. ③ 55. ① 56. 하나님의 나라 57. 잠잠하라 고요하라

58. 큰 광풍을 만난 제자들이 무서워 떨고 있는 제자들을 향하여 무엇이 없음을 말씀하셨는가?(4:40)

59. 광풍을 만난 제자들이 심히 두려워하여 서로 말한 내용은(4:41)

60. 무덤 사이에서 살고 있는 더러운 귀신 들린 사람들이 나와 예수님을 만난 지방은?(5:1)
① 가버나움 ② 갈릴리 ③ 거라사 ④ 게네사렛

61. 이들이 큰 소리로 예수님을 무엇이라고 불렀는가?(5:7)
① 메시야 ② 유대인의 왕 ③ 다윗의 자손 ④ 하나님의 아들

62. 이 더러운 귀신들이 들어간 돼지 떼는 몇 마리였는가?(5:13)
① 일천 마리 ② 이천 마리 ③ 삼천 마리 ④ 사천 마리

63. 귀신 들렸던 자는 무슨 귀신이 들렸는가?(5:15)

64. 귀신 들렸던 자가 고침을 받고 예수님께서 자기에게 어떻게 큰일 행하신지를 전한 곳은?(5:20)
① 데가볼리 ② 거라사 ③ 시돈 ④ 갈릴리

---

58. 믿음 59. 그가 누구이기에 바람과 바다도 순종하는가 60. ③ 61. ④ 62. ②
63. 군대 64. ①

65. 예수님께 나아와 내 어린 딸이 죽게 되었사오니 오서서 살게 해달라 고 말한 회당장의 이름은?(5:22~23)

66. 예수님의 옷에 손을 대고 고침을 받은 여자는 몇 해 동안 병을 앓았는가?(5:25)

① 열 해 ② 열한 해 ③ 열두 해 ④ 열세 해

67. 예수님의 옷에 손을 대어 고침을 받은 여자의 병명은?(5:25)

68. 회당장 야이로의 딸을 예수님께서 살릴 때 따라가지 않은 제자는?(5:37)

① 베드로 ② 야고보 ③ 요한 ④ 안드레

69. 회당장 야이로의 딸을 살리시기 위하여 손을 잡고 하신 아람어 말은?(5:41)

참조 : 달리다굼
번역하면 "내가 네게 말하노니 소녀야 일어나라"

70. 이 회당장 딸의 나이는 몇 살인가?(5:42)

① 열한 살 ② 열두 살 ③ 열세 살 ④ 열네 살

---

65. 야이로 66. ③ 67. 혈루증 68. ④ 69. 달리다굼 70. ②

71. 예수님의 형제가 아닌 사람은?(6:3)
① 야고보 ② 유다 ③ 요셉 ④ 빌립

72. 누가 자기 고향과 자기 집 외에서는 존경을 받지 못함이 없다고 예수님께서 말씀하셨는가?(6:4)
① 예언자 ② 선지자 ③ 참 목자 ④ 예수님

73. 예수님께서 제자들을 둘씩 둘씩 보내시며 더러운 귀신을 제어하는 권능을 주시고 그들이 가지지 말아야 할 것 중 아닌 것은?(6:8~9)
① 지팡이 ② 양식 ③ 주머니 ④ 전대의 돈

74. 헤롯 왕 사람들이 예수님을 이해한 것 중 아닌 것은?(6:14~16)
① 세례 요한 ② 엘리야 ③ 선지자 ④ 메시야

75. 헤롯 왕에게 동생의 아내를 취하는 것이 옳지 않다고 한 사람은?(6:18)
① 세례 요한 ② 요한 ③ 빌립 ④ 바돌로매

76. 예수님께서 큰 무리를 보시고 무엇 같음으로 인하여 불쌍히 여기사 이에 여러 가지로 가르치셨는가?(6:34)
① 아비 없는 자식 ② 유리하는 백성
③ 목자 없는 양 ④ 지도자 없는 백성

77. 제자들이 오천 명을 먹이기 위해 얼마의 떡을 사야 한다고 하였는가?(6:37)
① 백 데나리온 ② 이백 데나리온

---

71. ④ 72. ② 73. ① 74. ④ 75. ① 76. ③ 77. ②

③ 삼백 데나리온 ④ 사백 데나리온

참조 : 데나리온
데나리온은 신약 시대에 가장 널리 통용되던 로마의 은화로 무게는 3.8g 이며, 그 가치는 노동자의 하루 품삯에 해당 되었다. 이백 데나리온은 오늘날 약 8개월분의 품삯에 해당한다.

78. 예수님께서 "너희가 하나님의 계명을 버리고 사람의 전통을 지키느니라" 는 말씀에서 사람의 전통은 무엇을 말하는 것인가?(7:5)

79. "고르반" 이란 뜻은 무엇인가?(7:11)

참고 : 고르반
히브리 단어로 "하나님께 바쳐진 예물, 구별된 제물, 거룩한 선물" 을 의미한다. 헬라어로는 "도론" 으로 하나님께 드림이다. 당시 유대인들에게 "고르반" 이라고 말함으로써 자신의 물건을 다른 사람뿐 아니라 부모까지도 사용하지 못하도록 하는 악습이었다.

80. 누로 지방에 더러운 귀신 들린 어린 딸을 둔 한 여자는 어디 사람인가?(7:25~26)
① 사마리아인 ② 유대인 ③ 헬라인 ④ 로마인

참고 : 마태복음에서는 가나안 여자라고 불렀다(마 15:27). 이 여자는 헬라인으로 수로보니게 족속이다.

81. "에바다" 라는 뜻은 무엇인가?(7:34)

---

78. 장로들의 전통 79. 하나님께 드림이 되었다 80. ③ 81. 열리라

82. 예수님께서 무엇으로 사천 명을 먹이셨는가?(8:5~7)

83. 사천 명이 먹고 남은 조각은 몇 광주리였나?(8:8)
① 다섯 ② 여섯 ③ 일곱 ④ 여덟

84. 바리새인들이 나와서 예수님께 힐난하며 그를 시험하여 하늘로부터 오는 무엇을 구하였나?(8:11)
① 불 ② 능력 ③ 기사 ④ 표적

85. 예수님께서 경계하여 가라사대 삼가 바리새인들의 누룩과 헤롯의 누룩을 주의하라는 말씀을 듣고 제자들이 무엇이 없음을 의논하였는가?(8:16)
① 누룩 ② 떡 ③ 능력 ④ 지혜

86. "주는 그리스도시니이다"라는 말은 예수님께서 무엇을 물었을 때 베드로가 대답한 말인가?(8:29)

87. 다음 ( ) 안에 들어갈 말은 무엇인가?(8:35)
"누구든지 자기 목숨을 구원하고자 하면 잃을 것이요 누구든지 ( )와 ( )을 위하여 자기 목숨을 잃으면 구원하리라"
① 나, 하나님 ② 나, 백성 ③ 나, 죄인 ④ 나, 복음

---

82. 떡 일곱 개와 작은 생선 두어 마리 83. ③ 84. ④ 85. ② 86. 너희는 나를 누구라 하느냐 87. ④

88. 제자들에게 이르시되 "내가 진실로 여기 서 있는 사람 중에 죽기 전에 무엇이 권능으로 임하는 것을 볼 자들도 있다" 고 하셨는가?(9:1)
① 하나님의 나라 ② 천국 ③ 인자 ④ 성령

89. 예수님께서 변형 되신 산에 데리고 간 제자 세 사람의 이름은?(9:2)

90. 변형되신 예수님께서 누구와 더불어 말씀하셨는가?(9:4)

91. 예수님을 랍비라고 부르며 여기 있는 것이 좋사오니 초막 셋을 짓겠다고 한 제자는 누구인가?(9:5)

92. 초막을 세 사람을 위하여 짓자고 하였는데 각각 누구를 말하였는가?(9:5)

93. 예수님께서 사람들이 함부로 대우하였다고 말한 선지자는?(9:13)
① 엘리야 ② 엘리사 ③ 예레미야 ④ 이사야

94. 제자들이 말 못하게 귀신 들린 아들을 고치지 못한 이유는?(9:19)
① 때가 이르지 않아서 ② 기도가 부족해서
③ 믿음이 없어서 ④ 사랑이 부족해서

---

88. ① 89. 베드로, 야고보, 요한 90. 엘리야, 모세 91. 베드로
92. 주, 모세, 엘리야 93. ① 94. ②

95. 예수님께서 인자가 사람들의 손에 넘겨져 죽임을 당하고 죽은 지 며칠 만에 살아날 것이라고 말씀하셨는가?(9:31)
① 일 일 ② 이 일 ③ 삼 일 ④ 사 일

참조 : 예수님의 죽음 예고
예수님께서 베드로의 신앙고백(8:27~30) 후에 자신의 죽음을 처음으로 예고했고 지금이 두 번째 예고이다.

96. 제자들이 가버나움으로 오는 도중에 쟁론한 것은?(9:34)

97. 범죄의 무서움을 말씀하기 위하여 예를 들지 않은 것은?(9:43~47)
① 손 ② 발 ③ 눈 ④ 코

98. 예수님께서 설명하신 지옥의 모습 중 아닌 것은?(9:48~49)
① 구더기도 죽지 않는다.
② 불도 꺼지지 않는다.
③ 사람마다 불로 소금 치듯 함을 받는다.
④ 사람은 영원히 죽지 않는다.

99. 모세가 이혼 증서를 써 주어 아내를 버리는 것을 허락하고 기록한 것은 너희 마음이 어떠하기 때문이라고 말씀하셨는가?(10:5)
① 완악함 ② 포악함 ③ 추악함 ④ 음흉함

100. "그러므로 하나님이 짝지어 주신 것을 사람이 나누지 못할지니라"는 예수님의 말씀은 무엇을 말하는 것인가?(10:9)

---

95. ③ 96. 누가 크냐 97. ④ 98. ④ 99. ① 100. ③

① 결혼 ② 친구 ③ 이혼 ④ 하나님

101. "하나님의 나라가 이런 자의 것이니라"는 예수님의 말씀은 어떤 자를 말하는 것인가?(10:15)

① 죄인 ② 의인 ③ 고아 ④ 어린 아이

102. 재물 많은 청년이 예수님께 무슨 질문을 하였는가?(10:17)

103. 재물 많은 청년이 예수님을 "선한 선생님이여"라고 불렀을 때 예수님께서 선한 이는 한 분밖에 없다고 하였는데 그는 누구인가?(10:18)

104. 예수님께서 재물 많은 청년에게 말씀하신 계명이 아닌 것은?(10:19)

① 살인하지 말라 ② 간음하지 말라

③ 속여 빼앗지 말라 ④ 우상을 섬기지 말라

참조 : 6가지

④ 도둑질하지 말라 ⑤ 거짓증언하지 말라 ⑥ 네 부모를 공경하라

105. 예수님께서 무엇이 있는 자는 하나님의 나라가 들어가기가 심히 어렵다고 말하셨는가?(10:23)

① 재물 ② 의심 ③ 죄 ④ 근심

106. 부자가 하나님의 나라에 들어가는 것보다 무엇이 바늘귀로 나가는 것이 쉽다 하였는가?(10:25)

① 양 ② 염소 ③ 나귀 ④ 낙타

---

101. ④ 102. 내가 무엇을 하여야 영생을 얻으리이까? 103. 하나님 104. ④
105. ① 106. ④

107. 예수님의 제자들 중에 "보소서 우리가 모든 것을 버리고 주를 따랐나이다" 라고 말한 제자는?(10:28)
① 베드로　　② 야고보　　③ 안드레　　④ 요한

108. 예수님의 세 번째 죽음을 예고 하시면서 사람들에게 넘겨질 것을 말씀하셨는데 그 중 아닌 것은?(10:33)
① 대제사장들　② 서기관들　③ 이방인들　④ 유대인들

참고: 마가복음에 나타난 수난 예고
1) 첫 번째 - 8:31　2) 두 번째 - 9:31　3) 세 번째 - 10:33~34

109. 예수님께서 능욕하며 침 뱉으며 채찍질하고 죽일 것이나 며칠 만에 살아난다고 말씀하셨는가?(10:34)
① 이 일　　② 삼 일　　③ 사 일　　④ 오 일

110. "주의 영광 중에 우리를 하나는 주의 우편에, 하나는 좌편에 앉게 하여 주옵소서" 라고 예수님께 구한 제자 둘은?(10:35~37)

111. 인자가 온 것은 섬김을 받으려 함이 아니라 도리어 섬기려 하고 자기 목숨을 많은 사람의 무엇으로 주려함이라고 말씀하셨는가?(10:45)

112. 맹인 거지 바디매오 아버지의 이름은?(10:46)

---

107. ①　108. ④　109. ②　110. 야고보, 요한　111. 대속물　112. 디매오

113. 맹인 거지 바디매오는 예수님을 어떻게 불렀는가?(10:47)
① 하나님의 종 ② 유대인의 왕 ③ 나사렛 예수 ④ 다윗의 자손

114. 예루살렘에 입성하실 때 앞에서 가고 뒤에서 따르는 자들의 소리가 아닌 것은?(11:9~10)
① 호산나 찬송하리로다. ② 주의 이름으로 오시는 이여
③ 우리 조상 다윗의 나라여 ④ 가장 낮은 곳에서 호산나

참고 : 호산나
호산나란 '우리를 구원하소서' '우리가 기도하나이다' 라는 의미를 지닌 히브리어 '호쉬아나' 에서 유래한(시 118:25) 일종의 환호성이다.

115. 예수님께서 어떤 나무를 향하여 "이제부터 영원토록 사람이 네게서 열매를 따 먹지 못하리라" 고 말씀하셨는가?(11:12~14)
① 감람나무 ② 포도나무 ③ 상수리나무 ④ 무화과나무

116. 예수님께서 성전을 청결케 하시고, "기록된 바 ① 내 집은 만민이 기도하는 집이라 칭함을 받으리라고 하지 아니하였느냐 너희는 ② 강도의 소굴을 만들었도다" 는 말씀에서 밑줄 친 부분은 각각 어느 성경을 인용하신 것인가?(11:17)

117. 무화과나무가 뿌리로부터 마른 것을 보고 생각이 나서 예수님께 "보소서 저주하신 무화과나무가 말랐나이다" 라고 물은 제자는?(11:21)
① 베드로 ② 안드레 ③ 야고보 ④ 요한

---

113. ④ 114. ④ 115. ④ 116. ① 사 56:7, ② 렘 7:11 117. ①

118. 예루살렘에 들어가신 예수님에게 무슨 권위로 이런 일을 하느냐 누가 이런 일 할 권위를 주었느냐고 물었던 사람들 중 아닌 사람들은?(11:27~28)
① 대제사장들 ② 서기관들 ③ 바리새인들 ④ 장로들

119. 예수님께서 이들에게 무엇이 하늘로부터냐 사람으로부터냐 물었는가?(11:30)

120. 이들이 하늘로부터라고 말하지 못하는 이유는?(11:31)

121. 이들은 모든 사람이 요한을 누구로 여긴다고 하였는가?(11:32)
① 세례자 ② 참 선지자 ③ 예언자 ④ 참 목자

122. 예수님께서 비유로 말씀하실 때 포도원 주인은 몇 번 농부들에게 사람을 보냈는가?(12:1~8)
① 3 번 ② 4 번 ③ 5 번 ④ 6 번

123. "너희가 성경에 건축자들의 버린 돌이 모퉁이의 머릿돌이 되었나니 이것은 주로 말미암아 된 것이요 우리 눈에 놀랍도다 함을 읽어 보지도 못하였느냐" 하신 말씀은 구약 어느 성경을 인용한 것인가?(12:10~11)

참고 : 시 118: 22~23

---

118. ③ 119. 요한의 세례 120. 그(세례 요한)를 믿지 않았기 때문에 121. ②
122. ② 123. 시편

124. 당시 데나리온 은화에 누구의 형상이 있었는가?(12:16)

참고 : 형상
당시의 황제 티베리우스(A.D. 14~37 재위)가 주조한 로마 은화 데나리온의 표면에는 황제의 흉상과 '티베리우스 가이사 아우구스투스, 신성한 아우구스투스의 아들' 이라는 글이 새겨져 있었다.

125. 부활이 없다고 하는 사람들은?(12:18)

참고 : 사두개인들
당시에 정치 · 종교적으로 가장 큰 영향력을 행사하며 귀족 계급을 형성하고 있던 유대교의 한 집단이다. 그들은 바리새인들과는 달리 오경만을 인정하고 내세 · 부활 · 천사의 존재 등을 부인하였다(행 23:8). 또한 헤롯당 및 로마 통치자들과 결속되어 있던 그들은 예수님께 대해 적대적이었다.

126. 사람의 형이 자식이 없이 아내를 두고 죽으면 그 동생이 그 아내를 취하여 형을 위하여 상속자를 세울지니라는 말씀을 사두개인들은 누가 써 주었다고 하였나?(12:19)

127. 부활에 대한 질문에서 사두개인들은 형제가 몇 명이 있었다고 하였는가?(12:23)

① 다섯 ② 여섯 ③ 일곱 ④ 여덟

128. 이러한 사두개인들의 질문에 예수님께서 무엇과 무엇도 알지 못하고 오해함이 아니냐고 말씀하셨는가?(12:24)

---

124. 가이사 125. 사두개인들 126. 모세 127. ③ 128. 성경, 하나님의 능력

129. 너희가 모세의 책 중 가시나무 떨기에 관한 글에 나는 아브라함의 하나님이요 이삭의 하나님이요 야곱의 하나님이로라 하신 말씀을 읽어 보지 못하였느냐 하시며 그들이 크게 무엇을 오해하였다고 하셨는가?(12:26~27)

130. 모든 계명 중에 첫째가 무엇이냐고 예수님께 물은 사람은?(12:28)
① 한 유대인 ② 한 바리새인 ③ 한 율법교사 ④ 한 서기관

131. 예수님께서 말씀하신 첫째 되는 계명은?(12:30)

132. 한 서기관이 예수님의 어떠한 말씀에 참이라고 했는가?(12:32)

133. 예수님께서 한 서기관의 지혜 있게 대답함을 보시고 무엇이라 말씀하셨는가?(12:34)

134. 예수님께서 성전에서 가르치시며 어찌하여 서기관들이 그리스도를 무엇이라 하느냐고 말씀하셨는가?(12:35)
① 다윗의 자손 ② 하나님의 아들
③ 유대인의 왕 ④ 메시야

---

129. 하나님은 죽은 자의 하나님이 아니요 산자의 하나님이시라는 것 130. ④
131. 네 마음을 다하고 뜻을 다하고 힘을 다하여 주 너의 하나님을 사랑하라
132. 하나님은 한 분이시요 그 외에 다른 이가 없다. 133. 네가 하나님의 나라에 멀지 않도다. 134. ①

135. 다윗이 그리스도를 누구라 하였다고 하셨는가?(12:37)
① 인자 ② 왕 ③ 주 ④ 대제사장

136. 예수님께서 서기관들을 삼가야 할 가르침이 아닌 것은?(12:38~39)
① 율법 책을 들고 다니는 것 ② 시장에 가 문안 받는 것
③ 회당의 높은 자리를 원하는 것 ④잔치의 높은 자리를 원하는 것

137. 한 가난한 과부가 헌금함에 넣은 돈의 액수는?(12:42)
① 한 고드란트 ② 두 고드란트 ③ 세 렙돈 ④ 네 렙돈

참고 : 렙돈과 고드란트
1) 렙돈은 당시에 팔레스타인에서 통용되던 화폐 중 가장 작은 단위의 동전으로 두 렙돈의 가치는 한 데나리온의 1/16에 해당 되었다. 고드란트는 당시 로마의 화폐 단위이다.
2) 성경에서의 화폐
구약 - 세겔, 므나(50세겔), 달란트(60 므나)
신약 - 렙돈, 고드란트(2 렙돈), 앗사리온(4 고드란트), 세겔(4 데나리온) 드라크마(데나리온, 16 앗사리온), 므나(30 세겔), 달란트(60 므나)

138. 예수님께서 감람산에서 성전을 마주 대하여 앉으셨을 때에 함께 있지 않은 제자는?(13:3)
① 베드로 ② 야고보 ③ 요한 ④ 누가

139. 민족이 민족을, 나라가 나라를 대적하여 일어나겠고 곳곳에 지진이 있으며 기근이 있으리니 이것은 무엇의 시작이라 하셨는가?(13:8)

---

135. ③ 136. ① 137. ① 138. ④ 139. 재난

140. 사람들이 너희를 끌어다가 넘겨 줄 때에 무슨 말을 할까 미리 염려하지 말고 무엇이든지 그 때에 너희에게 주시는 그 말을 하라 말하는 이는 너희가 아니라 무엇이라고 하셨는가?(13:11)

141. 또 너희가 내 이름으로 말미암아 모든 사람들에게 미움을 받을 것이나 끝까지 견디는 자는 무엇을 받는다고 하셨는가?(13:13)

142. 환난이 어느 계절에 나지 않도록 기도하라 하셨는가?(13:18)
① 봄 ② 여름 ③ 가을 ④ 겨울

143. 어떤 사람들이 일어나서 이적과 기사를 행하여 할 수만 있으면 택하신 자들을 미혹하려 한다고 하셨는가?(13:22)

144. 누가 구름을 타고 큰 권능과 영광으로 오는 것을 사람들이 보리라고 말씀 하셨는가?(13:26)
① 하나님 ② 예수님 ③ 인자 ④ 천사

145. 인자가 가까이 곧 문 앞에 이른 줄을 무슨 비유에서 배우라 하셨는가?(13:28~29)

---

140. 성령 141. 구원 142. ④ 143. 거짓 그리스도들과 거짓 선지자들 144. ③
145. 무화과나무

146. 인자의 오는 그 날과 그 때는 아무도 모르고 누구만 안다고 하셨는가?(13:32)

① 천사　② 아들　③ 아버지　④ 사탄

147. 대제사장들과 서기관들이 예수님을 흉계로 잡아 죽일 방도를 구하였지만 민란이 날까봐 하지 못했던 명절은?(14:1~2)

참고 : 유월절과 무교절

이스라엘의 출애굽을 기념하는 순례 절기로 모든 유대인 남자들은 예루살렘에 와서 이 절기를 지키도록 되어 있었다. 유월절 만찬은 유대인의 월력으로 니산월(3,4월경) 14일 해진 후 저녁에 행해졌으며, 누룩 없는 떡을 먹는 기간인 무교절은 유월절에 이어 21일 저녁까지 지켜졌다(출 12:6~18. 민 9:2~14).

148. 예수께서 어디에 사는 누구의 집에서 식사를 하실 때 한 여자가 매우 값진 향유를 머리에 부었나?(14:3)

149. 사람들이 이 향유를 얼마 이상에 팔 수 있다고 생각하였는가?(14:5)

① 일백 데나리온　② 이백 데나리온

③ 삼백 데나리온　④ 사백 데나리온

참고 : 삼백 데나리온

당시의 일반 노동자들의 일 년분 품삯에 해당된다.

150. 예수님께서 이 여자를 책망하는 사람들을 향하여 그는 힘을 다하여 내 몸에 향유를 부어 무엇을 미리 준비하였다고 하셨는가?(14:8)

---

146. ③ 147. 유월절과 무교절 148. 베다니 나병환자 시몬 149. ③ 150. 장례

151. 예수님을 넘겨 주려고 대제사장들에게 간 제자는 누구인가?(14:10)

152. 차라리 나지 아니하였더라면 좋을 뻔한 사람은?(14:21)
① 가인 ② 발람 ③ 세례 요한 ④ 가룟 유다

153. 예수님께서 떡을 가지사 축복하시고 떼어 제자들에게 주시며 이르시되 받으라 이것이 무엇이니라 하셨는가?(14:22)

154. 또 잔을 가지사 감사 기도하시고 그들에게 주시며 이것은 많은 사람을 위하여 흘리는 나의 피 곧 무엇이라고 하셨는가?(14:24)

155. 예수님께서 "너희에게 이르노니 내가 어디에서 난 것을 하나님의 나라에서 새것으로 마시는 날까지 다시는 마시지 아니하리라" 하셨는가?(14:25)

156. 이에 제자들이 찬미하고 어느 산으로 나아갔는가?(14:26)
① 시내 ② 헐몬 ③ 느보 ④ 감람

157. 예수님께서 제자들에게 이르시되 너희가 다 나를 버리리라 "이는 기록된 바 내가 목자를 치리니 양들이 흩어지리라" 하셨는데 이 말씀은 구약 어디에 기록 되었는가?(14:27)

참고 : 슥 13:7

---

151. 가룟 유다 152. ④ 153. 내 몸 154. 언약의 피 155. 포도나무 156. ④
157. 스 13:7

158. 예수님께서 살아난 후에 제자들보다 먼저 어디로 가신다고 하셨는가?(14:28)
① 갈릴리 ② 예루살렘 ③ 가나안 ④ 나사렛

159. "다 버릴지라도 나는 그리하지 않겠나이다" 라고 말한 제자는?(14:29)

160. 예수님께서 제자 중 하나가 닭이 몇 번 울기 전에 부인한다고 말씀하셨는가?(14:30)
① 한 번 ② 두 번 ③ 세 번 ④ 네 번

161. 예수님께서 가라사대 "내가 진실로 네게 이르노니 오늘 이 밤 닭이 두번 울기 전에 네가 몇 번 부인하리라" 라고 말씀하셨는가?(14:30)
① 한 번 ② 두 번 ③ 세 번 ④ 네 번

162. "네 마음이 심히 고민하여 죽게 되었으니 너희는 여기 머물러 깨어 있으라" 라는 예수님의 말씀을 들은 세 명의 제자는?(14:33~34)

163. "아빠 아버지여 아버지께서는 모든 것이 가능하오니 이 잔을 내게서 옮기시옵소서 그러나 나의 원대로 마시옵고 아버지의 원대로 하옵소서" 라고 예수님께서 기도한 곳은?(14:36)

참고 : 겟세마네
기드론 골짜기 건너편에 위치한 감람산에 있는 동산이다. 이 곳은 예수님께서 종종 기도하셨던 장소이다(눅 22:39).

---

158. ① 159. 베드로 160. ② 161. ③ 162. 베드로, 야고보, 요한 163. 겟세마네

164. 예수님께서 이 곳에서 위와 같은 내용으로 몇 번 기도하셨는가?(14:41)
① 한 번 ② 두 번 ③ 세 번 ④ 네 번

165. 4복음서 중 "아빠 아버지" 라는 말이 나오는 복음서는?(14:36)
① 마태 ② 마가 ③ 누가 ④ 요한

166. "이제는 자고 쉬라 그만 되었다 때가 왔도다 보라 누가 죄인의 손에 팔리우리라" 고 말씀하셨는가?(14:41)

167. 예수님을 잡으러 온 무리들을 파송한 자들 중 아닌 것은?(14:43)
① 대제사장들 ② 서기관들 ③ 장로들 ④ 백성들

168. 예수님을 팔 제자 한 사람은 예수께 나아와 무엇이라 부르며 입을 맞추었나?(14:45)

169. "너희가 강도를 잡는 것같이 검과 몽치를 가지고 나를 잡으러 나왔느냐 내가 날마다 너희와 함께 성전에 있으면서 가르쳤으되 너희가 나를 잡지 아니하였도다 그러나 이는 성경을 이루려 함이니라" 고 예수님께서 말씀 하셨는데 어느 성경을 말하는가?(14:48~49)
① 창세기 49:10 ② 이사야 53:7 ③ 시 109:4 ④ 스가랴 12:10

---

164. ③ 165. ② 166. 인자 167. ④ 168. 랍비여 169. ②

170. 한 청년이 예수님을 따라오다가 무리에게 잡히매 베 홑이불을 버리고 벗은 몸으로 도망한 기사가 나오는 복음서는?(14:51,52)
① 마태복음 ② 마가복음 ③ 누가복음 ④ 요한복음

참고 : 마가복음을 기록한 저자로 추측된다.

171. "내가 그니라 인자가 권능자의 우편에 앉은 것과 하늘 구름을 타고 오는 것을 너희가 보리라"는 예수님의 말씀은 대제사장의 어떤 질문에 대해 하신 말씀인가?(14:61)

172. 이러한 예수님의 말에 대제사장은 사형에 해당한 자로 정죄하고 어떤 사람은 침을 뱉으며 얼굴을 가리고 주먹으로 치며 누구 노릇하라 하며 하인들이 손바닥으로 쳤는가?(14:64~65)
① 선지자 ② 메시야 ③ 예언자 ④ 창조자

173. 아래의 말은 베드로가 예수님을 모른다고 부인하는 말 중 몇 번째의 말인가?(14:68)
"나는 네 말하는 것이 무엇인지 알지도 못하고 깨닫지도 못하겠노라"

참고 : 베드로의 부인
1) 첫 번째
- 대제사장의 여종 : 너도 나사렛 예수와 함께 있었도다(14:67).
- 베드로의 부인 : 나는 네 말하는 것이 무엇인지 알지도 못하고 깨닫지도 못하겠노라(14:68)

2) 두 번째
- 여종 : 이 사람은 그 도당이라(14:69)
- 베드로 부인 : 또 부인하더라(14:70)

---

170. ② 171. 네가 찬송 받을 자의 아들 그리스도냐 172. ① 173. 첫 번째

3) 세 번째
- 곁에 서 있는 사람들 : 너도 갈릴리 사람이니 참으로 그 도당이라(14:70)
- 베드로 부인 : 나는 너희의 말하는 이 사람을 알지 못하노라(14:71)

174. 베드로가 예수님께서 자기에게 하신 말씀을 기억하게 한 동물은?(14:72)
① 양　② 소　③ 닭　④ 염소

175. 새벽에 대제사장들이 즉시 장로들과 서기관들 곧 온 공회와 더불어 의논하고 예수님을 결박하여 끌고 가서 누구에게 넘겨주었나?(15:1)

176. 예수님께서 빌라도의 어떤 질문에 "네 말이 옳도다" 하셨는가?(15:2)

177. 민란을 꾸미고 이 민란 중에 살인하고 체포된 자 중에 예수님 대신에 놓임을 받은 사람은 누구인가?(15:6~7)

178. 군인들이 예수님을 무슨 이름의 뜰 안으로 끌고 들어가 희롱하였는가?(15:16)

참고 : 브라이도리온
로마 총독의 관저 또는 군대의 사령부를 의미한다(요 18:28, '관정'). 일반적으로 이곳은 안토니아 성채 내에 있었던 것으로 추측된다.

---

174. ③ 175. 빌라도 176. 네가 유대인의 왕이냐 177. 바라바
178. 브라이도리온

179. 군병들이 예수님에게 어떤 옷을 입혔는가?(15:17)

180. 시골로부터 와서 지나가는데 군인들이 억지로 같이 가게 하여 예수님의 십자가를 지게 된 사람은?(15:21)

181. 예수님의 십자가를 억지로 진 구레네 사람 시몬은 누구들의 아버지인가?(15:21)

182. 예수님을 끌고 어느 곳으로 갔나?(15:22)

183. '골고다' 라는 곳은 번역하면 무엇인가?(15:22)

참고 : 골고다
라틴어로는 갈보리이나. 해골 모양을 한 조그만 바위 언덕으로 추측된다.

184. 예수님을 몇 시에 십자가에 못박았나?(15:25)

185. 십자가 위에 있는 죄패에 무엇이라 쓰였나?(15:26)

---

179. 자색 옷 180. 구레네 사람 시몬 181. 알렉산더, 루포 182. 골고다
183. 해골 184. 제삼시 185. 유대인의 왕

186. 예수님께서 몇 시에 "엘리 엘리 라마 사박다니"라고 크게 소리 지르셨나?(15:34)

① 삼 시 ② 오 시 ③ 육 시 ④ 구 시

참고 : 유대인의 시각
제 삼시 - 유대인의 시각으로 오전 9 시경
제 육시 - 유대인의 시각으로 정오 경
제 구시 - 유대인의 시각으로 오후 3시경

187. "엘리 엘리 라마 사박다니"를 번역하면 무엇인가?(15:34)

188. 곁에 섰던 자 중 어떤 이들이 소리를 듣고 누구를 부른다고 하였는가?(15:35)

① 하나님 ② 메시야 ③ 엘리사 ④ 엘리야

189. 예수님을 향하여 섰던 백부장이 그렇게 숨지심을 보고 이 사람은 진실로 누구였다고 하였나?(15:39)

① 하나님의 아들 ② 참 메시아
③ 유대인의 왕 ④ 엘리야

190. 예수님께서 십자가에 달리시는 모습을 멀리서 바라보는 여자들 중 아닌 것은?(15:40)

① 막달라 마리아 ② 야고보와 요세의 어머니 마리아
③ 살로메 ④ 마르다

---

186. ④ 187. 나의 하나님 나의 하나님 어찌하여 나를 버리셨나이까 188. ④
189. ① 190. ④

191. 당돌히 빌라도에게 들어가 예수님의 시체를 달라고 한 사람은?(15:43)

192. 아리마대 사람 요셉은 존경받는 공회원이요 무엇을 기다리는 사람인가?(15:43)

193. 요셉이 세마포를 사서 예수를 내려다가 그것으로 싸서 바위 속에 판 무덤에 넣어 두고 돌을 굴려 무덤 문에 놓는 것을 끝까지 지켜본 여자 둘의 이름은?(15:47)

194. 안식일 지나매 가서 예수께 바르기 위하여 향품을 사다 둔 여자 중 아닌 것은?(16:1)
① 막달라 마리아 ② 마르다
③ 야고보의 어머니 마리아 ④ 살로메

195. 예수님의 부활하신 몸을 제일 먼저 본 사람은?(16:9)

196. 예수님께서 제자들에게 온 천하에 다니며 만민에게 무엇을 전파하라 하셨나?(16:15)
① 복음 ② 하나님의 나라 ③ 부활 ④ 천국

---

191. 아리마대 사람 요셉 192. 하나님의 나라 193. 막달라 마리아와 요세의 어머니 마리아 194. ② 195. 막달라 마리아 196. ①

197. 믿는 자들에게 따르는 표적 중 아닌 것은?(16:17~18)

① 내 이름으로 귀신을 쫓아내며

② 새 방언을 말하며

③ 뱀을 집어 올리며 무슨 독을 마실지라도 해를 받지 아니하며

④ 죄인들이 돌아온다.

참고 : 마가복음 특수(SMK) 자료

1) 예수의 친족들이 예수를 미쳤다고 함(3:21)
2) 스스로 자라는 씨의 비유(4:26~29)
3) 벳세다 맹인 치유(8:22~26)
4) 벗은 몸으로 도망간 청년(14:52)
5) 선교 명령(16:15~18)

198. 예수께서 하늘로 올려지사 어디에 앉으셨는가?(16:19)

199. 마가복음에 42회 나오는 표현은?

① 곧 또는 즉시 ② 종 ③ 인자 ④ 이르시되

200. 마가복음은 모두 몇 장으로 기록되었는가?

---

197. ④ 198. 하나님 우편 199. ① 200. 16장

누가복음

누가복음 개요

1. 기록자

누가

2. 기록 연대

A.D. 58~70년 사이

3. 기록 장소

가이사랴나 로마에서 기록했을 가능성이 높다.

4. 기록 대상

일반적으로는 모든 이방 기독교인들을 대상으로 할 뿐만 아니라 특별히 데오빌로를 위하여 기록하였다.

5. 핵심어 및 내용

누가복음의 핵심어는 '예수님' 과 '인자' 이다. 하나님의 성육화된 존재인 예수님은 종종 인자로 묘사된다. 예수님의 이런 인성은 마리아를 통한 그리스도의 족보와 그분의 성격 및 삶의 구체적인 모습들을 통하여서 잘 드러난다.

각 장의 내용들

1장

1. 머리말(1:1~4)
2. 세례 요한의 출생 예고(1:5~25)
3. 가브리엘 천사의 예언(1:26~38)
4. 마리아의 엘리사벳 방문(1:39~45)
5. 마리아의 찬송(1:46~56)
6. 세례 요한의 출생(1:57~66)
7. 사가랴의 예언(1:67~80)

2장

1. 예수의 출생(2:1~7)
2. 천사들이 목자들에게 전해준 기쁜 소식(2:8~20)
3. 성전에서 하나님께 드려짐(2:21~24)
4. 시므온의 찬송(2:25~35)
5. 안나의 예언(2:36~40)
6. 예루살렘 성전에 계신 소년 예수(2:41~52)

3장

1. 세례 요한의 사역(3:1~20)
2. 세례 받으심 예수(3:21~22)
3. 예수의 계보(3:23~38)

4장

1. 시험 받으신 예수(4:1~13)
2. 갈릴리로 돌아온 예수(4:14~15)
3. 나사렛에서 거절당하심(4:16~30)
4. 더러운 귀신을 쫓아내심(4:31~37)

5. 베드로의 장모를 고치심(4:38~39)
6. 병자들을 치유하심(4:40~44)

5장

1. 어획의 이적(5:1~11)
2. 나병 환자를 고치심(5:12~16)
3. 중풍병자를 고치심(5:16~26)
4. 레위를 부르심(5:27~29)
5. 바리새인과 서기관들의 질문(5:30~39)

6장

1. 안식일의 주일(6:1~11)
2. 열두 사도의 선택(6:12~19)
3. 평지 설교(6:20~26)
4. 사랑의 법(6:27~36)
5. 비판하지 말 것(6:37~45)
6. 반석 위에 지은 집(6:46~49)

7장

1. 백부장의 종을 고치심(7:1~10)
2. 과부의 아들을 다시 살리심(7:11~18)
3. 예수에 대한 세례 요한의 의문(7:19~35)
4. 마리아가 예수께 향유를 부음(7:36~40)
5. 빚진 자의 비유(7:41~50)

8장

1. 예수의 일행을 도와 준 여인들(8:1~3)
2. 씨 뿌리는 비유(8:4~15)
3. 등불의 비유(8:16~18)
4. 예수의 참 형제자매(8:19~21)
5. 폭풍을 잔잔케 하심(8:22~25)

6. 거라사에서 마귀를 쫓아내심(8:26~40)
7. 야이로의 딸과 혈루증 여자(8:41~56)

9장

1. 열두제자의 파송(9:1~6)
2. 세례 요한의 죽음(9:7~9)
3. 오천 명을 먹이신 기적(9:10~17)
4. 베드로의 신앙고백과 첫 번째 수난 예고(9:18~22)
5. 예수를 따르는 자의 각오(9:23~27)
6. 예수의 변모(9:28~36)
7. 간질병 들린 아이를 고치심(9:37~50)
8. 예루살렘으로 떠나심(9:51~56)
9. 주님을 따르려는 세 종류의 사람들(9:57~62)

10장

1. 칠십 인의 파송(10:1~16)
2. 칠십 인의 보고(10:17~240
3. 선한 사마리아 사람의 비유(10:25~37)
4. 마르다와 마리아(10:38~42)

11장

1. 기도에 대한 가르침(11:1~13)
2. 예수와 바알세불(11:14~28)
3. 예수를 보는 것이 행복함(11:29~36)
4. 바리새인들과 율법 교사들에 대한 여섯 가지 화(11:37~54)

12장

1. 하나님을 시인하는 자(12:1~12)
2. 어리석은 부자의 비유(12:13~21)
3. 의식주를 위해 염려하지 말 것(12:22~34)
4. 재림의 주를 기다림(12:35~40)

5. 충성스런 종과 불충한 종(12:41~48)
6. 분쟁과 표적에 대하여(12:49~59)

13장

1. 회개의 필요성(13:1~5)
2. 열매 맺지 못하는 무화과나무의 비유(13:6~10)
3. 안식일에 병을 고치신 예수(13:11~17)
4. 겨자씨의 비유(13:18~19)
5. 누룩의 비유(13:20~21)
6. 구원에 이르는 좁은 문(13:22~30)
7. 예루살렘에 대한 탄식(13:31~35)

14장

1. 수종 병자를 고치신 예수(14:1~6)
2. 자기를 낮추고 불쌍한 자를 대접할 것(14:7~14)
3. 큰 잔치와 청함을 받은 자(14:15~24)
4. 예수를 따르는 일의 어려움(14:25~35)

15장

1. 잃었던 양의 비유(15:1~7)
2. 잃었던 은전의 비유(15:8~10)
3. 잃었던 아들의 비유(15:11~32)

16장

1. 불의한 청지기의 비유(16:1~18)
2. 부자와 나사로(16:19~31)

17장

1. 용서하여 줄 것(17:1~4)
2. 종의 임무(17:5~10)
3. 열 명의 나병 환자(17:11~19)
4. 하나님의 나라가 임하는 시기(17:20~37)

18장

1. 끈질긴 기도의 필요성(18:1~8)
2. 바리새인의 기도와 세리의 기도(18:9~14)
3. 어린아이들을 축복하신 예수(18:15~17)
4. 부자 청년과 하나님의 나라(18:18~30)
5. 세 번째 수난 예고(18:31~34)
6. 맹인을 고치신 예수(18:35~43)

19장

1. 예수와 삭개오(19:1~10)
2. 므나의 비유(19:11~27)
3. 예루살렘 입성(19:28~40)
4. 예루살렘을 보고 우심(19:41~44)
5. 성전을 정화시킴(19:45~48)

20장

1. 예수의 권위에 대한 질문(20:1~8)
2. 흉악한 포도원 소작인의 비유(20:9~18)
3. 가이사의 것과 하나님의 것(20:19~26)
4. 부활에 대한 토론(20:27~40)
5. 다윗의 아들에 대한 질문(20:41~44)
6. 서기관들을 조심할 것(20:45~47)

21장

1. 과부의 헌금(21:1~4)
2. 종말의 징조들(21:5~26)
3. 인자의 재림(21:27~28)
4. 무화과나무의 비유(21:29~33)
5. 항상 기도하며 깨어 있을 것(21:34~38)

22장

1. 예수를 잡아 죽일 음모(22:1~6)
2. 최후의 만찬(22:7~23)
3. 봉사의 생애(22:24~30)
4. 베드로의 부인을 예언하심(22:31~38)
5. 감람산에서의 기도(22:39~46)
6. 체포되신 예수(22:47~530
7. 예수를 부인한 베드로(22:54~65)
8. 법정에 서신 예수(22:66~71)

23장

1. 빌라도와 헤롯의 심문(23:1~12)
2. 빌라도의 판결(23:13~25)
3. 십자가에 못 박히심(23:26~49)
4. 무덤에 매장되심(23:50~56)

24장

1. 예수의 부활(24:1~12)
2. 엠마오 도상의 그리스도(24:13~35)
3. 제자들에게 나타나심(24:36~52)

3. 누가복음

1. 누가복음의 수신자는 누구인가?(1:3)
   ① 데오빌로　② 가이사　③ 이방 기독교인　④ 로마인

2. 4복음서 중 데오빌로에게 보내진 복음서는?
   ① 마태　② 마가　③ 누가　④ 요한

3. 유대 왕 헤롯 때에 제사장은 어느 반열에 있는 제사장이었는가?(1:5)
   ① 말기야　② 아비야　③ 스가냐　④ 들라야

   참고 : 대상 24:10

4. 이 제사장의 이름은?(1:5)

5. 제사장 사가랴의 아내는 누구의 자손인가?(1:5)

6. 엘리사벳이 낳은 아들의 이름은?(1:13)

7. 세례 요한의 출생을 기록한 복음서는?
   ① 마태　② 마가　③ 누가　④ 요한

---

1. ① 2. ③ 3. ② 4. 사가랴 5. 아론 6. 요한 7. ③

8. 천사가 제사장 사가랴에게 세례 요한에 대하여 말한 내용 중 아닌 것은?(1:15~16)
① 큰 자가 된다.
② 포도주나 독한 술을 마시지 않는다.
③ 요단강에서 세례 때에 성령 충만함을 입는다.
④ 이스라엘 자손을 하나님께로 많이 돌아오게 한다.

9. 사가랴의 아내 엘리사벳이 아들을 낳을 것이라는 좋은 소식을 전하기 위하여 보냄을 받은 천사의 이름은?(1:19)

참고 : 성경에 나타난 천사들

가브리엘	다니엘에게 이상을 해석(단 8:16), 세례 요한 출생 예고(눅 1:19)
미가엘	바사국을 막음(단 10:13), 모세의 시체를 놓고 마귀와 다툼(유 1:9), 하늘에서 용과 싸움(계 12:7)
루시퍼	하늘에서 추락한 계명성(사 14:12).

10. 사가랴의 아내 엘리사벳이 잉태하고 몇 달 동안 숨어 지냈는가?(1:24)
① 한 달 ② 세 달 ③ 다섯 달 ④ 열 달

11. 처녀 마리아와 약혼한 요셉은 어느 자손인가?(1:27)

12. "천사가 이르되 마리아여 무서워하지 말라 네가 하나님께 은혜를 입었느니라 보라 네가 잉태하여 아들을 낳으리니 그 이름을 무엇이라 하였는가?(1:30~31)

---

8. ③ 9. 가브리엘 10. ③ 11. 다윗 12. 예수

13. 엘리사벳의 잉태와 마리아의 잉태는 몇 달의 차이인가?(1:36)

14. 다음과 같이 찬양한 사람은?(1:49~50)
"능하신 이가 큰 일을 내게 행하셨으니 그 이름이 거룩하시며 긍휼하심이 두려워 하는 자에게 대대로 이르는도다."
① 사가랴 ② 엘리사벳 ③ 마리아 ④ 가브리엘

참고 : 누가복음에 나타난 4종류의 찬양

찬 양	구절	해 설
엘리사벳의 찬양	1:42~45	성령이 오실 메시야의 어머니를 축복할 뿐 아니라 메시야가 참으로 누구인지 보게 하셨다.
마리아의 찬양	1:46~55	'마리아의 찬가' (Magnificat)로 널리 알려져 있는 노래로 구약의 사상이 깊이 배어 있는 이 찬송에는 창세기, 사무엘상하, 시편, 미가서의 구절이 반영되어 있다. 노래의 형식은 시편을 본뜨고 있다.
사가랴의 찬양	1:67~79	이 찬송은 메시야와 요한에 대한 부분으로 나누는데 전반부에서 메시야의 구원을 한번의 구출로 일어나는 모든 것이 완성이 아니라, 하나님을 보다 잘 섬기기 위한 발판으로 보았다(74절~75절). 후반부에서는 구원과 용서를 중심으로 하는 요한의 사역과 메시야 자신의 사역과 밀접하게 연관시켜 있다(77절).
시므온의 찬양	2:28~32	메시야 사역의 보편적 성격을 파악한 유대인으로 안나와 더불어 메시야를 알아보고 그 분을 증거 하였다.

15. 누가복음 1장의 마리아의 찬양과 비슷한 구약의 찬양은?
① 미리암의 노래 ② 한나의 노래 ③ 시편 23편 ④ 솔로몬의 아가

---

13. 여섯 달 14. ③ 15. ②

16. 세례 요한의 이름을 지을 때 나타난 일들을 보고 들은 사람들이 마음에 두며 가로되 이 아이가 장차 어찌 될꼬 한 이유는?(1:66)

17. "이 아이여 네가 지극히 높으신 이의 선지자라 일컬음을 받고 주 앞에 앞서 가서 그 길을 준비하여" 에서 이 아이는 누구를 말하는 것인가?(1:76)

18. 예수님의 출생 시기에 누가 영을 내려 천하로 다 호적하라 하였는가?(2:1)

참고 : 가이사 아구스도
제정 로마 시대의 최초 황제 옥타비아누스를 가리킴(B.C. 31 ~ A.D. 14).

19. 이 호적은 누가 수리아 총독 되었을 때에 첫 번 한 것인가?(2:2)

참고 : 호적령
호적령은 B.C. 4년과 A.D. 7년에 구레뇨가 수리아 총독으로 있을 때 시행되었으며 여기서는 첫 번째 경우이다.

20. 요셉은 누구의 집 족속인가?(2:4)
① 아브라함 ② 이삭 ③ 야곱 ④ 다윗

---

16. 주의 손이 그와 함께 하심으로 17. 세례 요한 18. 가이사 아구스도
19. 구레뇨 20. ④

21. 목자들이 밤에 밖에서 자기 양 떼를 지키더니 천사가 오늘날 누구의 동네에 너희를 위하여 구주가 나셨다고 말하였는가?(2:11)

22. 다음 (　　) 안에 들어갈 말은 무엇인가?(2:11)
"오늘날 다윗의 동네에 너희를 위하여 구주가 나셨으니 곧 (　　　) 주시니라"

23. 아기 예수에게 제일 먼저 와 경배한 자들은?(2:15~20)
① 헤롯 왕　② 제사장들　③ 동방 박사들　④ 목자들

24. 예루살렘에 사는 사람으로 의롭고 경건하여 이스라엘의 위로를 기다리며 성령이 그 위에 있는 자는 누구인가??(2:25)
① 사가랴　② 엘리사벳　③ 안나　④ 시므온

25. 시므온이 아기 예수님을 보고 부른 찬송 중 아닌 것은?(2:30~32)
① 내 눈이 주의 구원을 보았다.
② 이스라엘 앞에 예비하신 것이다.
③ 이방을 비추는 빛이다.
④ 주의 백성 이스라엘의 영광이다.

26. 아셀 지파 바누엘의 딸 여 선지자의 이름은?(2:36)

---

21. 다윗 22. 그리스도 23. ④ 24. ④ 25. ② 26. 안나

27. 안나 선지자가 결혼한 후 일곱 해 동안 남편과 함께 살다가 과부가 되고 몇 세에 예수님을 만났는가?(2:36~37)
① 사십 세 ② 오십 세 ③ 칠십 세 ④ 팔십사 세

28. 예수님께서 부모를 좇아 유월절을 지키기 위해 예루살렘에 올라갔을 때 나이는?(2:42)

29. 4복음서 중 예수님의 12살 때의 행적을 기록한 복음서는?
① 마태 ② 마가 ③ 누가 ④ 요한

30. 예수님을 잠시 잃고 찾다가 며칠 만에 성전에서 만났는가?(2:46)
① 하루 ② 이틀 ③ 사흘 ④ 나흘

31. 다음의 연결이 바르지 못한 것은?(3:1)
① 본디오 빌라도 - 유대총독
② 헤롯 - 갈릴리의 분봉 왕
③ 빌립 - 이두래와 드라고닛 지방의 분봉 왕
④ 디베료 가이사 - 아빌레네의 분봉 왕

참고 : 분봉 왕들
1) 디베료 가이사 - 옥타비아누스의 뒤를 이은 티베리우스의 황제(A.D. 14~37).
2) 루사니아 - 아빌레네의 분봉 왕.

32. 세례 요한이 사역을 시작하던 때는 디베료 황제가 통치한지 몇 해 되던 때인가?(3:1)
① 열해 ② 열두 해 ③ 열다섯 해 ④ 스무 해

---

27. ④ 28. 열두 살 29. ③ 30. ③ 31. ④ 32. ③

33. 세례 요한이 빈들에 있을 당시 두 대제사장의 이름은?(3:2)

34. "광야에 외치는 자의 소리가 있어 이르되 너희는 주의 길을 준비하라 그의 오실 길을 곧게 하라"는 말씀은 선지자 누구의 책에 쓰여 졌나?(3:4)

참고 : 사 40:3~5

35. 세례 요한이 "모든 육체가 하나님의 무엇 하심을 보리라" 하였는가?(3:6)
① 임재 ② 심판 ③ 구원 ④ 재창조

36. 세례 요한이 세례를 받으러 나오는 무리에게 무엇이라고 불렀는가?(3:7)

37. "회개에 합당한 열매를 맺고 속으로 아브라함이 우리 조상이라 말하지 말라 내가 너희에게 이르노니 하나님이 능히 이 돌들로도 누구의 자손이 되게 하시리라" 하셨는가?(3:8)
① 아브라함 ② 이삭 ③ 야곱 ④ 다윗

38. "이미 무엇이가 나무 뿌리에 놓였으니 좋은 열매 맺지 아니하는 나무마다 찍혀 불에 던져지리라" 하셨는가?(3:9)
① 도끼 ② 톱 ③ 낫 ④ 칼

---

33. 안나스와 가야바 34. 이사야 35. ③ 36. 독사의 자식들아 37. ① 38. ①

39. "사람에게서 강탈하지 말며 거짓으로 고발하지 말고 받는 급료를 족한 줄로 알라"는 예수님의 말씀은 누구에게 하신 말씀인가?(3:14)
① 무리 ② 백성 ③ 세리 ④ 군인

참고 : 예수님 말씀의 대상

무리	옷 두 벌 있는 자는 옷 없는 자에게 나눠 줄 것이요 먹을 것이 있는 자도 그렇게 할 것이니라.
세리	부과된 것 외에는 거두지 말라.

40. 모든 사람들이 심중에 세례 요한이 누구신가 생각하였는가?(3:15)
① 엘리야 ② 그리스도 ③ 메시야 ④ 예수

41. 세례 요한 자신은 물로 세례를 베풀거니와 나보다 능력이 많으신 이가 오시나니 그는 무엇과 무엇으로 세례를 베풀 것이라고 하였는가?(3:16)

42. 다음 ( ) 안에 들어갈 말을 무엇인가?(3:17)
"손에 ( )를 들고 자기의 타작 마당을 정하게 하사 알곡은 모아 곳간에 들이고 쭉정이는 꺼지지 않는 불에 태우시리라"

43. 분봉왕 헤롯은 그 동생의 아내 헤로디아의 일과 또 자기가 행한 모든 악한 일로 말미암아 누구에게 책망을 받았는가?(3:19)
① 요한 ② 예수님 ③ 대제사장 ④ 빌라도

44. 예수님께서 세례를 받으시고 기도하실 때에 하늘이 열리며 성령이 무엇과 같은 형체로 강림했는가?(3:22)

---

39. ④ 40. ② 41. 성령과 불 42. 키 43. ① 44. 비둘기

45. 예수님의 계보는 몇 장에 기록되어 있는가?(3:23~38)

① 1장 ② 2장 ③ 3장 ④ 4장

46. 누가복음에 기록된 족보는 누구로부터 시작하여 누구로 마치고 있는가?(3:23~38)

47. 예수님께서 광야에서 며칠 동안 성령에 이끌리시며 마귀에게 시험을 받으셨는가?(4:1~2)

① 십 일 ② 이십 일 ③ 삼십 일 ④ 사십 일

48. 마귀는 예수님을 누구로 알고 있었는가?(4:3)

49. "주 너의 하나님을 시험치 말라"는 세 번째 예수님의 말씀이 마태복음에는 몇 번째에 나타나는가?(4:12)

참고 : 마가복음에 기록된 예수님의 시험(4:3~12)/마태복음 38 번 문제 참조

출현	구분	내 용
첫 번째	마귀	네가 만일 하나님의 아들이어든 이 돌들에게 명하여 떡이 되게 하라
	예수	사람이 떡으로만 살 것이 아니라
두 번째	마귀	네가 만일 내게 절하면 다 네 것이 되리라
	예수	주 너의 하나님께 경배하고 다만 그를 섬기라
세 번째	마귀	하나님이 너를 위하여 그 사자들을 명하사 너를 지키게 하시리라 하였고 또한 저희가 손으로 너를 받들어 네 발이 돌에 부딪치지 않게 하시리라
	예수	주 너의 하나님을 시험하지 말라

45. ③ 46. 요셉부터 하나님까지 47. ④ 48. 하나님의 아들 49. 두 번째

50. 예수님께서 자라나신 곳은?(4:16)

51. 안식일에 늘 하시던 대로 회당에 들어가서 성경을 읽으려고 서서 어느 글을 읽으셨나?(4:17)

참조 : 사 61:1

52. 예수님께서 "선지자가 고향에서 환영을 받은 자가 없느니라" 하시며 말씀하신 두 선지자는?(4:24~27)

53. 엘리야 시대에 하늘이 얼마 동안 닫히어 온 땅에 큰 흉년이 들었는가?(4:25)

① 삼년 육 개월 ② 삼년 칠 개월
③ 삼년 팔 개월 ④ 삼년 구 개월

54. 온 땅에 큰 흉년이 들었을 때에 이스라엘이 많은 과부가 있었으나 엘리야는 시돈 땅에 있는 어디에 사는 한 과부에게 보냄을 받았는가?(4:25~26)

55. 엘리사 때에 이스라엘에 많은 나병환자가 있었으되 그 중에 한 사람도 깨끗함을 얻지 못하고 오직 수리아 사람 누구만 얻었다고 말하였나?(4:27)

---

50. 나사렛 51. 이사야 52. 엘리야와 엘리사 53. ① 54. 사렙다 55. 나아만

56. 예수님을 동네 밖으로 쫓아내어 그 동네가 건설된 산 낭떠러지까지 끌고 가서 밀쳐 떨어뜨리고자 했던 사람들은?(4:28~29)

57. 갈릴리 가버나움 동네에서 귀신들린 사람이 예수님을 누구인 줄 안다고 하였는가?(4:34)

58. 예수님께서 귀신을 내 쫓으신 이적들을 통해서 귀신들이 예수님을 이해한 것 중 아닌 것은?(4:31~41)
① 하나님의 거룩한 자　② 하나님의 아들
③ 나사렛 예수　④ 다윗의 자손

59. 예수님께서 무슨 일로 보내심을 입었다고 하셨는가?(4:43)

60. 배에 오르셔서 무리를 가르치셨던 곳은?(5:1)

61. 누구의 배였는가?(5:3)
① 안드레　② 시몬　③ 요한　④ 야고보

62. "우리들이 밤이 새도록 수고하였으되 잡은 것이 없지마는 말씀에 의지하여 내가 그물을 내리리이다"라고 말한 사람은?(5:5)
① 야고보　② 안드레　③ 시몬　④ 요한

---

56. 회당에 있는 자들 57. 하나님의 거룩한 자 58. ④ 59. 하나님 나라의 복음을 전하기 위해 60. 게네사렛 호숫가 61. ② 62. ③

63. 예수의 무릎 아래에 엎드려 이르되 "주여 나를 떠나소서 나는 죄인 이로소이다" 라고 말한 사람은?(5:8)

64. 시몬의 동업자들은?(5:10)

65. 어느 병자를 고치시고, "아무에게도 이르지 말고 가서 제사장에게 네 몸을 보이고 또 네가 깨끗하게 됨으로 인하여 모세가 명한 대로 예물을 드려 그들에게 입증하라" 고 하셨는가?(5:14)
① 나병 ② 열병 ③ 중풍병 ④ 혈루증

66. 예수님께서 중풍병자를 고치실 때 그들의 무엇을 보셨는가?(5:20)
① 사랑 ② 희생 ③ 믿음 ④ 봉사

67. 서기관과 바리새인들은 누가 죄를 사한다고 알고 있는가?(5:21)

68. 예수님께서 중풍병자를 고치심으로 무엇을 알게 하리라 하셨는가?(5:24)

69. 직업은 세리로 세관에 앉아 있다가 '나를 따르라' 는 예수님의 부름에 따른 사람은?(5:27)

---

63. 시몬 베드로 64. 야고보, 요한 65. ① 66. ③ 67. 하나님
68. 인자가 땅에서 죄를 사하는 권세 69. 레위

70. 바리새인과 서기관들이 세리와 죄인과 함께 먹고 마시는 것을 보고 예수님 제자들을 비방했을 때 예수님께서 하신 말씀이 아닌 것은?(5:30~32)
① 건강한 자에게는 의사가 쓸 데 없다.
② 의사는 병든 자에게라야 쓸 데 있다.
③ 의인을 부르러 온 것이다.
④ 죄인을 불러 회개시키러 왔다.

71. 새 포도주는 새 부대에 넣어야 한다는 비유는 무엇을 말하기 위한 비유인가?(5:33~39)
① 성만찬 ② 회개 ③ 세례 ④ 금식

72. 예수님께서 밀밭 사이로 지나가실 새 제자들이 이삭을 잘라 손으로 비비어 먹은 일은 바리새인들에게 어떤 문제로 나타났는가?(6:1~2)

73. 하나님의 전에 들어가서 다만 제사장 외에는 먹어서는 안 되는 진설병을 먹고 함께 한 자들에게 나누어 준 사람은?(6:3~4)
① 아브라함 ② 이삭 ③ 사울 ④ 다윗

74. 예수님께서 안식일의 주인은 누구라고 하셨는가?(6:5)
① 사람 ② 인자 ③ 하나님 ④ 메시야

75. 서기관과 바리새인들이 고발할 증거를 찾으려 하여 안식일에 어느 병자를 고치는가 엿보았나?(6:6~7)

---

70. ③ 71. ④ 72. 안식일의 문제 73. ④ 74. ② 75. 오른손 마른 사람

76. 예수님으로부터 사도라고 칭함을 받은 사람은 모두 몇 명인가?(6:13)
① 2명 ② 4명 ③ 11명 ④ 12명

77. 예수님의 제자 중 셀롯 당원이었던 사람은?(6:15)
① 빌립 ② 바돌로매 ③ 도마 ④ 시몬

78. 예수를 파는 자가 될 제자의 이름은?(6:16)
① 베드로 ② 안드레 ③ 야고보의 아들 유다 ④ 가룟 유다

79. 마태복음의 산상설교와 비슷한 말씀이 몇 장에 기록되어 있는가?(6:20~49)
① 5장 ② 6장 ③ 7장 ④ 8장

참고 : 평지 설교
누가복음에 기록된 '평지 설교'는 마태복음에 기록한 '산상설교'(마 5~7)와 같은 내용임이 틀림없다. 이렇게 볼 수 있는 증거로는 분명 누가복음의 기록이 마태복음의 기록보다 짧지만 두 복음서 모두가 복으로 시작하여 반석 위에 지은 집의 비유로 끝나고 있다는 것으로 보아 알 수 있다.

80. 예수님께서 어느 동네에서 "내가 너희에게 이르노니 이스라엘 중에서도 이만한 믿음은 만나보지 못하였노라"고 그의 믿음을 기이히 여기셨나?(7:1, 9)
① 가버나움 ② 나사렛 ③ 거라사 ④ 사마리아

81. "내가 너희에게 이르노니 이스라엘 중에서도 이만한 믿음은 만나보지 못하였노라"고 그의 믿음을 기이히 여기셨는데 그는 누구인

---

76. ④ 77. ④ 78. ④ 79. ② 80. ① 81. ②

가?(7:2, 9)

① 오십부장 ② 백부장 ③ 천부장 ④ 만부장

82. 예수님께서 성문에 가까이 이르실 때에 사람들이 한 죽은 자를 메고 나오니 한 어머니의 독자요 어머니는 과부라 그 성의 많은 사람도 그와 함께 나오거늘 주께서 과부를 보시고 불쌍히 여기사 살려 주셨는데 과부가 살던 곳은?(7:11~15)

① 여리고성 ② 가버나움 ③ 나사렛 ④ 나인성

참고 : 신약에서 죽은 자가 살아난 사람들과 기사

1) 회당장 야이로의 딸(마 9:18~25) - 예수님
2) 나인성 과부의 아들(눅 7:11~17) - 예수님
3) 나사로(요 11:38~44) - 예수님
4) 다비다(행 9:36~43) - 베드로
5) 유두고(행 20:7~12) - 바울

83. 과부의 아들을 다시 살리시는 기적을 본 사람들의 반응이 아닌 것은?(7:16)

① 두려워하며 하나님께 영광을 돌렸다.
② 큰 선지자가 우리 가운데 일어나셨다.
③ 엘리야가 다시 오셨다.
④ 하나님께서 자기 백성을 돌보셨다.

84. 복음서 중 나인성 과부의 아들을 살리신 기사가 나오는 복음서는?

① 4복음서 ② 누가복음만 ③ 공관복음 ④ 마가와 요한복음

---

82. ④ 83. ③ 84. ②

참고 : 누가복음의 특수 자료(SLK)
1) 나인성 과부의 아들을 살리심(7:11~17)
2) 18년간 불구가 된 여자를 고치심(13:10~17)
3) 수종병자를 고치심(14:1~6)
4) 10명의 나병환자를 고치심(17:11~19)

85. 세례 요한이 "오실 그이가 당신이오니이까 우리가 다른 이를 기다리오리이까?" 라고 예수님께 묻기 위해 보낸 제자의 수는?(7:19)
① 한 명 ② 두 명 ③ 세 명 ④ 네 명

86. 위의 물음에 예수님께서 세례 요한의 제자들에게 "너희가 가서 보고 들은 것을 고하라" 하신 내용들 중 아닌 것은?(7:22)
① 맹인이 보며 ② 못 걷는 사람이 걸으며
③ 중풍병자가 일어서며 ④ 가난한 자에게 복음이 전파된다.

참고 : 이외에도 '귀먹은 자가 들으며 죽은 자가 살아나며' 가 있다.

87. 예수님께서 "여자가 낳은 자 중에 누구보다 큰 자가 없도다" 라고 말씀하셨는가?(7:28)
① 아브라함 ② 모세 ③ 요한 ④ 엘리야

88. 모든 백성과 세리들은 이미 요한의 세례를 받았지만 받지 아니하고 스스로 하나님의 뜻을 저버린 사람들은?(7:29~30)
① 바리새인과 율법교사들 ② 바리새인과 사두개인들
③ 제사장과 대제사장들 ④ 백성과 유대인들

---

85. ② 86. ③ 87. ③ 88. ①

89. 예수님께서 바리새인의 집에 들어가 앉아 있을 때 한 여자가 향유를 부어 주는 자리에서 "시몬아 내가 네게 이를 말이 있다" 하시고 말씀하신 비유는?(7:40~43)
① 빚진 자의 비유
② 열매 맺지 못하는 무화과나무의 비유
③ 어리석은 부자의 비유
④ 선한 사마리아 사람의 비유

참고 : 누가복음 특수 자료(SLK)비유

번호	비 유	번호	비 유
1	두 명 빚진 자의 비유(7:41~43)	9	잃었던 아들의 비유(15:11~32)
2	선한 사마리아인의 비유(10:25~37)	10	불의한 청지기의 비유(16:1~13)
3	어리석은 부자의 비유(12:16~20)	11	부자와 나사로의 비유(16:19~31)
4	혼인잔치의 비유(12:36~38)	12	종의 의무와 비유(17:5~10)
5	지혜로운 청지기의 비유(12:42~48)	13	불의한 재판관의 비유(18:1~8)
6	열매 없는 무화과나무의 비유(13:6~9)	14	바리새인과 세리의 기도의 비유(18:9~14)
7	망대 건축과 전쟁의 비유(14:25~33)	15	므나의 비유(19:11~27)
8	잃었던 은전의 비유(15:8~10)		
*누가복음의 특수 자료는 모두 54개이다.			

90. 예수님의 일행을 도와주었던 막달라인 마리아는 몇 귀신이 들렸었는가?(8:2)
① 다섯 ② 여섯 ③ 일곱 ④ 여덟

89. ① 90. ③

91. 다음 중 예수님의 일행을 도와준 여인들이 아닌 것은?(8:2~3)
① 막달라인 마리아　② 구사의 아내 요안나
③ 수산나　④ 마르다

92. 헤롯의 청지기 구사의 아내 이름은?(8:3)
① 마리아　② 수산나　③ 요안나　④ 막달라인 마리아

93. 씨 뿌리는 비유에서 씨가 떨어진 곳이 아닌 곳은?(8:5~8)
① 길가　② 돌밭　③ 가시떨기　④ 좋은 땅

참고: 씨 뿌리는 비유

복음서	밭의 종류들				결 과
마태 13:1~23	길가	돌밭	가시떨기	좋은땅	백 배, 육십 배, 삼십 배
마가 4:1~20	길가	돌밭	가시떨기	좋은땅	삼십 배, 육십 배, 백 배
누가 8:4~15	길가	바위 위	가시떨기	좋은땅	백 배

*공관복음서에 모두 나오는 비유로 '돌밭'을 '바위 위'라고 누가복음에만 기록되었다.

94. 떨어신 씨는 무엇이라고 말씀하셨는가?(8:11)

95. 씨 뿌리는 비유의 해석이 바르게 연결되지 않은 것은?(8:12~15)
① 길가 - 말씀을 들은 자이나 마귀가 와서 구원을 얻지 못하게 하려고 마음에서 빼앗는 것.

---

91. ④ 92. ③ 93. ② 94. 하나님의 말씀 95. ④

② 바위 위 - 말씀을 기쁨으로 받으나 뿌리가 없어 잠깐 믿다가 시련을 당할 때에 배반하는 자.
③ 가시떨기 - 이생의 염려와 재물과 향락에 기운이 막혀 온전히 결실 못하는 자.
④ 좋은 땅 - 말씀을 듣는 자.

참고 : 각 복음서에 나타난 씨 뿌리는 비유의 뜻 비교

<table>
<tr><th>땅</th><th>각 복음서</th><th>비 유</th></tr>
<tr><td rowspan="3">길가</td><td>마태</td><td>약한 자가 와서 그 마음에 뿌리운 것을 빼앗나니.</td></tr>
<tr><td>마가</td><td>말씀을 들었을 때에 사탄이 즉시 와서 뿌려진 말씀을 빼앗는 것.</td></tr>
<tr><td>누가</td><td>말씀을 들은 자이나 마귀가 와서 구원을 얻지 못하게 하려고 마음에서 빼앗는 것.</td></tr>
<tr><td rowspan="3">돌발</td><td>마태</td><td>즉시 기쁨으로 받되 뿌리가 없어 잠시 견디다가, 환난이나 박해가 일어날 때에는 곧 넘어지는 자.</td></tr>
<tr><td>마가</td><td>말씀을 들을 때에 즉시 기쁨으로 받으나 그 속에 뿌리가 없어 잠깐 견디다가, 말씀을 인하여 환난이나 박해가 일어나는 때에는 곧 넘어지는 자.</td></tr>
<tr><td>누가
(바위 위)</td><td>말씀을 기쁨으로 받으나 뿌리가 없어 잠깐 믿다가 시련을 받을 때에 배반하는 자.</td></tr>
<tr><td rowspan="3">가시
떨기</td><td>마태</td><td>세상의 염려와 재물의 유혹에 말씀이 막혀 결실하지 못하는 자.</td></tr>
<tr><td>마가</td><td>세상의 염려와 재물의 유혹과 기타 욕심이 들어와 말씀을 막아 결실하지 못하는 자.</td></tr>
<tr><td>누가</td><td>이생의 염려와 재물과 향락에 기운이 막혀 온전히 결실하지 못하는 자.</td></tr>
<tr><td rowspan="3">좋은
땅</td><td>마태</td><td>말씀을 듣고 깨닫고 결실하는 자.</td></tr>
<tr><td>마가</td><td>말씀을 듣고 받아 삼십 배, 육십 배, 백 배 의 결실을 하는 자.</td></tr>
<tr><td>누가</td><td>착하고 좋은 마음으로 말씀을 듣고 지키어 인내로 결실하는 자.</td></tr>
</table>

96. 예수님께서 말씀하신 내 어머니와 내 동생들을 누구라고 말씀하셨는가?(8:21)

---

96. ②

① 혈육으로 난 자　② 하나님의 말씀을 듣고 행하는 자
③ 믿음으로 난 자　④ 거듭난 자

97. 광풍으로 인하여 제자들이 죽겠나이다 한대 예수께서 잠을 깨사 바람과 물결을 꾸짖어 잔잔케 하시고 제자들에게 무엇이라 말씀하셨는가?(8:22~25)
① 너희 믿음이 어디 있느냐 ② 기도 외에 이런 유가 나갈 수 없으니라
③ 두려워 말라　④ 믿는 자에게는 능치 못함이 없느니라

98. 거라사 인의 땅에 이르렀을 때 귀신 들린 자 하나가 예수님을 만나 무엇이라고 불렀는가?(8:28)
① 그리스도　② 메시야　③ 선지자　④ 하나님의 아들

99. 예수님께서 '네 이름이 무엇이냐' 는 물음에 귀신은 무엇이라고 대답 하였나?(8:30)

100. 왜 귀신이 군대라 하였는가?(8:30)
① 특별해서 ② 힘이 세서 ③ 수가 많아서 ④ 군사 같아서

101. 이 귀신들은 어디로 들어가기를 예수님께 구하였는가?(8:32)
① 소　② 양　③ 염소　④ 돼지

102. 거라사 인의 땅 모든 백성이 두려워하여 예수님께 무엇 하기를 구하였는가?(8:37)
① 거하길 구함 ② 떠나가길 구함 ③ 평안을 구함 ④ 구원함을 구함

---

97. ① 98. ④ 99. 군대 100. ③ 101. ④ 102. ②

103. 외딸이 죽어감으로 예수님의 발아래 엎드려 자기 집에 오시기를 간구한 사람은?(8:41)
① 백부장 ② 야이로 ③ 나인성 과부 ④ 나사로

104. 위의 사람의 직업은?(8:41)
① 세리장 ② 천부장 ③ 회당장 ④ 율법교사

105. 외딸의 나이는?(8:42)
① 열 살 ② 열한 살 ③ 열두 살 ④ 열세 살

106. 회당장 야이로의 집으로 가는 도중에 예수님의 옷가에 손을 대고 고침을 받은 여자의 병명은?(8:43)
① 혈루증 ② 나병 ③ 피부병 ④ 간질병

107. 여자는 몇 해 동안 이 병을 앓고 있었나?(8:43)
① 아홉 해 ② 열 해 ③ 열한 해 ④ 열두 해

108. 예수님께서 "내게 손을 댄 자가 누구냐" 하시니 베드로가 가로되 주여 무리가 밀려들어 미나이다 하니 예수께서 "내게 손을 댄 자가 있도다" 라고 말씀하신 이유는?(8:46~47)
① 능력이 나간 줄 알기 때문 ② 옷깃이 찢어졌기 때문
③ 옷이 벗겨졌기 때문 ④ 사람들이 놀랐기 때문

---

103. ② 104. ③ 105. ③ 106. ① 107. ④ 108. ①

109. 다음 중 회당장 야이로의 집에 함께 들어간 사람이 아닌 것은?(8:51)
① 베드로 ② 요한 ③ 안드레 ④ 아이의 부모

참고 : 야고보가 들어감.

110. 누가복음에 예수님께서 전도대를 파송하신 횟수는?(9장, 10장)
① 1 번 ② 2 번 ③ 3 번 ④ 4 번

111. 열두 제자들이 나가 각 촌에 두루 다니며 복음을 전하게 하시며 가지지 말아야 할 것을 말씀하셨는데 그 중 아닌 것은?(9:3)
① 지팡이 ② 배낭 ③ 두 벌 옷 ④ 물

참고 : 양식, 돈 다섯가지이다.

112. 제자들이 나가 각 촌에 두루 행하여 곳곳에 복음을 전하며 병을 고치니 분봉 왕 헤롯은 심히 당황하여 누가 죽은 자 가운데서 살아왔다고 하였는데 그 중 아닌 것은?(9:7~9)
① 요한 ② 엘리야 ③ 옛 선지자 ④ 엘리사

113. 오천 명을 먹이신 고을은?(9:10)
① 벳새다 ② 갈릴리 ③ 나사렛 ④ 예루살렘

114. 예수님께서 "무리가 나를 누구라고 하느냐" 고 제자들에게 물으실 때 대답한 사람 중 아닌 것은?(9:18~19)
① 세례 요한 ② 엘리야 ③ 옛 선지자 ④ 메시야

---

109. ③ 110. ② 111. ④ 112. ④ 113. ① 114. ④

115. 예수님께서 다시 제자들에게 "너희는 나를 누구라 하느냐" 고 물었을때 "하나님의 그리스도시니이다" 라고 말한 제자는?(9:20)
① 베드로 ② 안드레 ③ 요한 ④ 야고보

116. 예수님의 첫 번째 수난 예고는 몇 장에 기록되어 있는가?(9:22~27)
① 8장 ② 9장 ③ 10장 ④ 11장

참조 : 각 복음서에 나타난 예수님의 첫 번째 수난 예고
1. 마태복음 16:21~28 2. 마가복음 8:31~38 3. 누가복음 9:22~27
*예수님의 첫 번째 수난 예고가 모두 베드로의 신앙고백 후에 하셨다는 것이 특이할 만 하다.

117. 예수님께서 "인자가 많은 고난을 받고 누구들로부터 버림을 받아 죽임을 당하고 제 삼 일에 살아나야 한다" 고 말씀하셨는데 그 중 아닌 것은?(9:22)
① 장로들 ② 대제사장들 ③ 서기관들 ④ 바리새인들

118. 예수님께서 죽임을 당하고 몇 일 만에 살아나야 한다고 말씀하셨는가?(9:22)
① 일 일 ② 이 일 ③ 삼 일 ④ 사 일

119. 예수님의 용모가 변화되고 그 옷이 희어져 광채가 났던 산에 오르지 않은 사람은?(9:28~29)
① 베드로 ② 야고보 ③ 요한 ④ 안드레

120. 예수님과 함께 말한 두 사람은?(9:30)

---

115. ① 116. ② 117. ④ 118. ③ 119. ④ 120. 모세와 엘리야

121. "주여 우리가 여기 있는 것이 좋사오니 우리가 초막 셋을 짓자"라 고 말한 제자는?(9:33)
① 베드로 ② 야고보 ③ 요한 ④ 안드레

122. 다음 중 한 제자가 초막 셋을 짓자고 말한 것 중 아닌 것은?(9:33)
① 주를 위하여 ② 모세를 위하여
③ 엘리야를 위하여 ④ 우리를 위하여

123. 구름 속에서 난 소리가 아닌 것은?(9:35)
① 나는 너의 하나님이다. ② 나의 아들이다.
③ 택함을 받은 자다. ④ 너희는 그의 말을 들으라.

124. 제자들에게 내쫓아 주기를 구하였으나 그들이 능히 고치지 못한 병자는?(9:37~42)
① 저는 자 ② 귀먹은 자 ③ 귀신들린 아이 ④ 맹인

125. 제자 중에서 누가 크냐 하는 변론하는 것을 아시고 누구를 데려다가 곁에 세우고 교훈하셨는가?(9:47)
① 죄인 ② 의인 ③ 어린 아이 ④ 병자

126. 예수님께서 예루살렘을 향하여 올라가기로 굳게 결심하신 이유는?(9:51)
① 십자가에 죽으심이 가까이 와서
② 승천하실 기약이 차가매
③ 하나님의 때가 가까이 와서
④ 백성들의 요구로 인해서

---

121. ① 122. ④ 123. ① 124. ③ 125. ③ 126. ②

127. 예수님께서 예루살렘으로 향하여 가시기 위하여 한 촌에 들어가셨지만 받아들이지 않아 다른 촌으로 돌아가셨는데 이때 받아들이지 않은 사람들은?(9:52~53)
① 사마리아인 ② 바리새인 ③ 사두개인 ④ 헬라인

128. 예수님께서 예루살렘으로 향하여 가시기 위하여 사마리아 한 촌에 들어가셨지만 받아들이지 않아 불을 내려 멸하기를 요구한 제자 두 사람은?(9:54)
① 베드로, 안드레 ② 야고보, 요한
③ 도마, 마태 ④ 빌립, 바돌로매

129. 예수님을 따르려는 세 종류의 사람이 나타나는데 그 중 아닌 것은?(9:57~62)
① 어디로 가시든지 저는 따르리이다
② 나로 먼저 가서 형제와 작별하게 하소서
③ 나로 먼저 가서 내 아버지를 장사하게 허락하옵소서
④ 나로 먼저 내 가족을 작별 하게 허락하소서

130. "갈지어다 내가 너희를 보냄이 어린 양을 이리 가운데 보냄과 같도다"라고 예수님께서 어느 때에 하신 말씀인가?(10:1~3)
① 칠십 인을 보내시며 ② 열두 제자들을 보내시며
③ 네 제자들을 보내시며 ④ 제자 두세 사람을 보내시며

131. 칠십 인들이 가지지 말아야 할 것 중 아닌 것은?(10:4)
① 지팡이 ② 전대 ③ 배낭 ④ 신발

---

127. ① 128. ② 129. ② 130. ① 131. ①

132. 칠십 인을 보내시며 어느 집 어느 동네에서 하라하신 예수님의 세 가지 중 아닌 것은?(10:5~11)
① 이 집이 평안할지어다 하라
② 하나님의 나라가 너희에게 가까이 왔다 하라
③ 하나님의 나라가 가까이 온 줄을 알라 하라
④ 심판이 가까웠다 하라

133. 심판 때에 두로와 시돈이 더 견디기 쉬우며 음부에까지 낮아진다고 예수님께서 말씀하신 지역이 아닌 것은?(10:13~15)
① 고라신 ② 벳새다 ③ 소돔 ④ 가버나움

134. 예수님을 시험하여 이르되 "선생님 내가 무엇을 하여야 영생을 얻으리이까?" 라고 물은 사람은?(10:25)
① 율법교사 ② 바리새인 ③ 사두개인 ④ 제사장

135. 이러한 질문에 예수님께서 하신 비유는?(10:25~37)
① 빚진 자의 비유 ② 씨 뿌리는 비유
③ 등불의 비유 ④ 사마리아 사람의 비유

136. 강도 만난 사람을 본 사람들 중 아닌 것은?(10:31~33)
① 제사장 ② 율법교사 ③ 레위인 ④ 사마리아 사람

137. 누가 강도 만난 자의 이웃이었는가?(10:36)
① 제사장 ② 율법교사 ③ 레위인 ④ 사마리아 사람

---

132. ④ 133. ③ 134. ① 135. ④ 136. ② 137. ④

138. 강도 만난 사람을 주막 주인에게 돌보아 주기를 바라며 얼마의 비용을 주었는가?(10:35)
① 데나리온 하나 ② 데나리온 둘
③ 데나리온 셋 ④ 데나리온 넷

139. 마르다와 마리아와의 관계는?(10:38~39)
① 자매 ② 사촌 ③ 먼 친척 ④ 이웃

140. 주의 발 아래 앉아 말씀을 듣는 좋은 편을 택한 여자는?(10:42)
① 마르다 ② 마리아 ③ 요안나 ④ 야고보의 모친 마리아

141. 주기도문이 마태복음(마 6:9~13)의 기록과 다르지만 누가복음 몇 장에 기록되었는가?(11:2~4)
① 8장 ② 9장 ③ 10장 ④ 11장

참조 : 주기도문 비교

구분	마태복음(6:9~15)	누가복음(11:2~4)
1	하늘에 계신 우리 아버지여	아버지여
2	이름이 거룩히 여김을 받으시오며 나라가 임하시오며	이름이 거룩히 여김을 받으시오며 나라가 임하시오며
3	뜻이 하늘에서 이루어진 것 같이 땅에서도 이루어지이다.	없다
4	오늘 우리에게 일용할 양식을 주시옵고 우리가 우리에게 죄 지은 자를 사하여 준 것 같이 우리 죄를 사하여 주시옵고 우리를 시험에 들게 하지 마시옵고	우리에게 날마다 일용할 양식을 주시옵고 우리가 우리에게 죄 지은 모든 사람을 용서하오니 우리 죄도 사하여 주시옵고 우리를 시험에 들기하지 마시옵소서
5	다만 악에서 구하시옵소서 나라와 권세와 영광이 아버지께 영원히 있사옵나이다	없다
6	아멘	없다

138. ② 139. ① 140. ② 141. ④

142. 예수님께서 기도에 대해 가르쳐 주실 때 한 밤중에 찾아온 벗은 떡 몇 덩이를 다른 벗에게 꾸어 달라고 간청하였다고 하셨는가?(11:5~8)
① 한 덩이 ② 두 덩이 ③ 세 덩이 ④ 네 덩이

143. 예수님께서 "너희가 악할지라도 좋은 것을 자식에게 줄 줄 알거든 하물며 너희 하늘 아버지께서 구하는 자에게 무엇을 주시지 않겠느냐" 고 말씀하셨는가?(11:13)
① 재물 ② 영생 ③ 복 ④ 성령

144. 예수께서 한 말 못하게 하는 귀신을 쫓아내시는 것을 본 사람들은 귀신의 왕 누구를 힘입어 쫓아낸다 하였는가?(11:15)
① 바알 ② 바알세불 ③ 허메 ④ 쓰스

145. 귀신이 사람에게서 나갔다가 와 보니 그 집이 청소되고 수리되어 들어가지 못하자 더 악한 귀신 몇을 데리고 들어가서 그 사람의 형편이 전보다 더 심하게 했는가?(11:26)
① 여섯 ② 일곱 ③ 여덟 ④ 아홉

146. 예수님께서 "이 세대는 악한 세대라 표적을 구하되 누구의 표적 밖에는 보일 표적이 없다" 고 하셨는가?(11:29)
① 노아 ② 아브라함 ③ 모세 ④ 요나

147. 예수님께서 "요나가 니느웨 사람들에게 표적이 됨과 같이 누구도 이 세대에 그러하리라" 고 말씀하셨는가?(11:30)
① 노아 ② 모세 ③ 인자 ④ 세례 요한

---

142. ③ 143. ④ 144. ② 145. ② 146. ④ 147. ③

148. 예수님께서 심판 때에 누구와 누가 일어나 이 세대를 정죄한다고 말씀하셨는가?(11:31~32)

149. 예수님께서 "네 몸의 등불"은 무엇이라고 하셨는가?(11:34)
① 마음 ② 눈 ③ 머리 ④ 손

150. 예수님께서 점심 잡수시기 전에 손 씻지 아니하심을 보고 이상히 여기는 바리새인을 향하여 하신 세 가지 화 중 아닌 것은?(11:37~44)
① 어려운 짐을 사람에게 지우고 너희는 한 손가락도 이 짐에 대지 않는다.
② 박하와 운향과 모든 채소의 십일조는 드리되 공의와 하나님께 대한 사랑을 버렸다.
③ 회당의 높은 자리와 시장에서 문안 받는 것을 기뻐하였다.
④ 평토장한 무덤 같아서 그 위를 밟는 사람이 알지 못한다.

151. 율법교사의 세 가지 화 중 아닌 것은?(11:45~52)
① 어려운 짐을 사람에게 지우고 너희는 한 손가락도 이 짐에 대지 않는다.
② 선지자들의 무덤을 만드는도다 그들을 죽인 자도 너희 조상들이로다.
③ 지식의 열쇠를 가져가서 너희도 들어가지 않고 또 들어가고자 하는 자도 막는다.
④ 회당의 높은 자리와 시장에서 문안 받는 것을 기뻐하였다.

---

148. 남방 여왕과 니느웨 사람들 149. ② 150. ① 151. ④

참고 : 바리새인과 율법교사의 화

화	바 리 새 인	율 법 교 사
1	박하와 운향과 모든 채소의 십일조를 드리되 공의와 하나님께 대한 사랑은 버렸다.	어려운 짐을 사람에게 지우고 너희는 한 손가락도 이 짐에 대지 않는다.
2	회당의 높은 자리와 시장에서 문안 받는 것을 기뻐하였다.	선지자들의 무덤을 만드는도다 그들을 죽인 자도 너희 조상들이로다.
3	평토장한 무덤 같아서 그 위를 밟는 사람이 알지 못한다.	지식의 열쇠를 가져가서 너희도 들어가지 않고 또 들어가고자 하는 자도 막는다.

152. 예수님께서 창세 이후로 흘린 모든 선지자의 피를 이 세대가 담당하되 누구의 피에서부터 누구의 피까지라고 하셨는가?(11:51)
① 아벨에서부터 사가랴까지　② 아담으로부터 예수까지
③ 가인에서부터 세례 요한까지　④ 아브라함부터 스데반까지

153. 예수님께서 바리새인들의 무엇을 주의하라 말씀하셨는가?(12:1)

154. 참새 다섯 마리가 얼마에 팔리는가?(12:6)
① 두 데나리온　② 세 렙돈　③ 두 앗사리온　④ 두 세겔

155. "누구든지 말로 인자를 거역하면 사하심을 받으려니와 무엇을 모독하는 자는 사하심을 받지 못한다" 고 하셨는가?(12:10)

156. 예수님께서 의식주를 위하여 염려하지 말 것을 예를 들어 말씀하신 것 중 아닌 것은?(12:22~29)
① 까마귀　② 백합화　③ 들 풀　④ 개미

---

152. ① 153. 누룩 곧 외식 154. ③ 155. 성령 156. ④

157. 솔로몬의 모든 영광으로도 입은 것이 무슨 꽃 하나만큼 훌륭하지 못하다고 말씀 하셨는가?(12:27)

① 무화과 ② 합환채 ③ 백합화 ④ 포도나무

158. 예수님께서 "너희 보물 있는 곳에는 너희 무엇이 있다"고 하셨는가?(12:34)

① 마음 ② 사랑 ③ 희생 ④ 감사

159. 실로암 망대가 무너져 치어 죽은 사람은 몇 명인가?(13:4)

① 열 다섯 명 ② 열 여섯 명 ③ 열 일곱 명 ④ 열여덟 명

160. 한 사람이 포도원에 나무를 심고 와서 그 열매를 구하였으나 얻지 못한 나무는?(13:6)

① 포도나무 ② 무화과나무 ③ 종려나무 ④ 감람나무

161. 이 사람은 몇 년에 와서 실과를 구하였나?(13:7)

① 일 년 ② 이 년 ③ 삼 년 ④ 사 년

162. 귀신들려 앓으며 꼬부라져 조금도 펴지 못하는 한 여자가 예수님으로부터 고침을 받았는데 몇 해 동안 앓았는가?(13:11)

① 열 다섯 해 ② 열 여섯 해 ③ 열 일곱 해 ④ 열 여덟 해

163. 이 자를 예수님께서 누구의 딸이라고 부르셨는가?(13:16)

① 천부 ② 아브라함 ③ 죄인 ④ 사단

---

157. ③ 158. ① 159. ④ 160. ② 161. ③ 162. ④ 163. ②

164. 예수님께서 하나님의 나라를 비유한 2가지는?(13:18~21)

165. 헤롯이 당신을 죽이고자하니 여기서 떠나기를 요구한 사람들은?(13:31)
① 율법교사들 ② 바리새인들 ③ 서기관들 ④ 유대인들

166. 예수님으로부터 "저 여우"라고 불려진 사람은?(13:31~32)

167. 예수님께서 누가 예루살렘 밖에서는 죽는 법이 없다고 말씀하셨는가?(13:33)]
① 선지자 ② 아브라함 ③ 세례 요한 ④ 스데반

168. 예수님께서 안식일에 병 고쳐 주는 문제로 논쟁된 것 중 아닌 것은?(6:2, 13:14, 14:3)
① 오른손 마른 자 ② 열 여덟 해 동안 귀신들려 앓은 여자
③ 수종병 ④ 회당장 야이로의 딸

169. 예수님께서 안식일에 병 고치는 문제로 논쟁을 하지 않은 사람은?(누가복음)
① 바리새인 ② 회당장 ③ 율법교사 ④ 사두개인

참고 : 안식일 문제 논쟁자들
1. 바리새인(6:2) 2. 회당장(13:14) 3. 율법교사(14:3)

---

164. 겨자씨와 누룩 165. ② 166. 헤롯 167. ① 168. ④ 169. ④

170. 예수님께서 율법교사들과 바리새인들에게 안식일에 병 고쳐 주는 것이 합당하냐고 물으실 때 어떤 병자를 고쳐주기 전에 하신 말씀인가?(14:2)

① 나병　② 중풍병　③ 혈루증　④ 수종병

171. 혼인잔치가 말해주는 교훈은?(14:7~11)

① 봉사　② 이웃사랑　③ 겸손　④ 전도

172. 예수님께서 "큰 잔치와 청함을 받은 자"의 비유를 말씀하신 중에 사양한 이유들이 아닌 것은?(14:18~20)

① 나는 밭을 샀으매~　② 나는 소 다섯 겨리를 샀으매~
③ 나의 부모가 돌아가셨으니~　④ 나는 장가들었으니~

173. 예수님께서 제자가 되지 못하는 것들을 말씀 하셨는데 그 중 아닌 것은?(14:26~33)

① 자기 부모와 처자와 형제와 자매와 더욱이 자기 목숨까지 미워하지 아니하면
② 자기의 명예를 버리지 아니하면
③ 자기 십자가를 지고 나를 따르지 않는 자도
④ 자기의 모든 소유를 버리지 아니하면

174. 예수님께서 세리와 죄인들이 말씀을 들으러 가까이 나아오니 바리새인과 서기관들이 수군거릴 때 하신 비유가 아닌 것은?(15:11~16:13)

① 잃었던 양의 비유　② 잃었던 드라크마의 비유
③ 잃었던 아들의 비유　④ 불의한 청지기의 비유

---

170. ④ 171. ③ 172. ③ 173. ② 174. ④

175. 잃었던 드라크마의 비유에서 여인이 소유한 드라크마는 얼마였나?(15:8)

① 열　② 열 하나　③ 열 둘　④ 열 셋

176. 예수님께서 불의한 청지기의 비유에서 제자들에게 겸하여 섬길 수 없다고 말씀하신 것은?(16:13)

① 하나님과 재물　② 하나님과 주인

③ 예수님과 재물　④ 예수님과 주인

177. 바리새인들이 무엇을 좋아하는 자라고 말하고 있는가?(16:14)

① 지식　② 명예　③ 돈　④ 권세

178. 율법과 선지자는 누구의 때까지인가?(16:16)

① 모세　② 아브라함　③ 요한　④ 예수님

179. 거지 나사로가 죽어 천사들에게 받들려 누구의 품에 들어갔는가?(16:22)

① 하나님　② 예수님　③ 아담　④ 아브라함

180. 부자 형제는 몇 명이었는가?(16:28)

① 셋　② 넷　③ 다섯　④ 여섯

181. 부자가 나사로를 보내어 자신의 형제에게 증언하게 하여 이 고통 받는 곳에 오지 않게 하소서 라고 구하자 누구와 누가 있으니 그들

---

175. ① 176. ① 177. ③ 178. ③ 179. ④ 180. ③ 181. ②

에게 들으라 하셨는가?(16:29)
① 아브라함과 모세 ② 모세와 선지자들
③ 예수와 세례 요한 ④ 모세와 세례 요한

182. 예수님께서 제자들에게 만일 네 형제가 하루에 몇 번이라도 네게 죄를 짓고 몇 번 네게 돌아와 내가 회개하노라 하거든 너는 용서하라 하셨는가?(17:4)
① 세 번 ② 다섯 번 ③ 일곱 번 ④ 열 번

183. 사도들이 주께 여짜오되 우리에게 믿음을 더 하소서 하니 주께서 이르시되 무엇만한 믿음이 있었으면 이 뽕나무더러 뿌리가 뽑혀 바다에 심기어라 하였을 것이요 그것이 너희에게 순종하였으리라 하셨는가?(17:5~6)
① 겨자씨 한 알 ② 겨자씨 두 알
③ 겨자씨 세 알 ④ 겨자씨 네 알

184. 예수님께서 예루살렘으로 가실 때에 사마리아와 갈릴리 사이로 지나가시다가 한 마을에서 만난 나병환자는 모두 몇 명이였나?(17:11~12)
① 한 명 ② 세 명 ③ 다섯 명 ④ 열 명

185. 이들에게 예수님께서 가서 누구에게 너희 몸을 보이라 하셨는가?(17:14)
① 회당장 ② 대제사장 ③ 제사장들 ④ 부모

---

182. ③ 183. ① 184. ④ 185. ③

186. 가다가 모두 깨끗함을 받았지만 예수님의 발 아래 엎드리어 감사 한 자는 어느 지역 사람인가?(17:16)

① 갈릴리 사람 ② 사마리아 사람
③ 예루살렘 사람 ④ 거라사 사람

187. "하나님의 나라가 어느 때에 임하나이까" 라고 물은 사람들은?(17:20)

① 바리새인들 ② 사두개인들 ③ 율법교사들 ④ 제자들

188. 예수님께서 인자의 때를 설명하기 위하여 말씀하신 것 중 아닌 것은?(17:22~30)

① 번개 ② 노아 ③ 롯 ④ 요나

189. 예수님께서 하나님의 나라가 임하는 때를 말씀하시면서 말한 구약의 두 사람은?(17:26~29)

① 아브라함, 모세 ② 노아, 모세 ③ 노아, 롯 ④ 아담, 요나

190. 인자의 날에 무엇을 기억하라 하셨는가?(17:32)

① 롯의 처 ② 세례 요한 ③ 예수님 ④ 하나님

191. 끈질긴 기도의 필요성을 설명하기 위하여 하신 비유는?(18:1~8)

① 어리석은 부자의 비유 ② 잃었던 아들의 비유
③ 불의한 청지기의 비유 ④ 불의한 재판장의 비유

192. 자기를 의롭다고 믿고 다른 사람을 멸시하는 자들에게 예수님께서 하신 비유는?(18:9~14)

---

186. ② 187. ① 188. ④ 189. ③ 190. ① 191. ④ 192. ②

① 무화과나무의 비유 ② 바리새인과 세리의 기도 비유
③ 등불의 비유 ④ 므나의 비유

193. "하나님의 나라가 이런 자의 것이니라"에서 이런 자는 누구를 말하는가?(18:16)
① 의인 ② 죄인 ③ 세리 ④ 어린 아이

194. 예수님께 어떤 관리가 무엇을 하여야 영생을 얻느냐는 물음에 말씀 하신 계명 중 아닌 것은?(18:20)
① 탐내지 말라 ② 살인하지 말라
③ 도둑질하지 말라 ④ 간음하지 말라

참조 : 계명 5 가지
1. 간음하지 말라 2. 살인하지 말라 3. 도둑질하지 말라
4. 거짓 증언 하지 말라 5. 네 부모를 공경하라

195. 부자가 하나님의 나라에 들어가기 어렵다는 것을 설명하시기 위해 예수님께서 말씀하신 동물은?(18:25)
① 낙타 ② 양 ③ 나귀 ④ 염소

196. 여리고에 가까이 가셨을 때에 한 맹인이 지나가는 예수님을 무엇이라고 불렀는가?(18:38, 39)
① 아브라함의 자손 ② 다윗의 자손
③ 하나님의 아들 ④ 이스라엘의 하나님

---

193. ④ 194. ① 195. ① 196. ②

197. 여리고에 사는 키 작은 사람으로 세리장이요 부자는 누구인가?(19:1~2)
① 나사로 ② 니고데모 ③ 야이로 ④ 삭개오

198. 예수님께서 어떠한 사람인가 하여 보고자 무슨 나무에 올라갔는가?(19:4)
① 포도나무 ② 돌 무화과나무 ③ 감람나무 ④ 상수리나무

199. 예수님을 만난 삭개오가 누구의 것을 속여 빼앗은 일이 있으면 몇 갑절로 갚겠다고 하였는가?(19:8)
① 두 갑절 ② 세 갑절 ③ 네 갑절 ④ 다섯 갑절

200. 이렇게 고백을 한 삭개오를 향하여 오늘 구원이 이 집에 이르렀으니 이 사람도 누구의 자손이라고 말씀하셨나?(19:9)
① 하나님 ② 이스라엘 ③ 다윗 ④ 아브라함

201. 예수님께서 "인자의 온 것은 누구를 찾아 구원하려 함이라" 고 말씀하셨는가?(19:10)
① 잃어버린 자 ② 죄 있는 자 ③ 병든 자 ④ 회개하는 자

202. 므나의 비유에서 어떤 귀인은 종 몇 명을 불렀는가?(19:13)
① 세 명 ② 다섯 명 ③ 일곱 명 ④ 열 명

203. 귀인은 그 종 열을 불러 은화 몇 므나를 주며 돌아오기까지 장사하라 하였나?(19:13)
① 열 므나 ② 열하나 므나 ③ 열두 므나 ④ 열세 므나

---

197. ④ 198. ② 199. ③ 200. ④ 201. ① 202. ④ 203. ①

204. 예수님께서 예루살렘 성에 들어가실 때 아무 사람도 타보지 않은 나귀 새끼를 끌고 오도록 제자 둘을 어디에 가까이 왔을때 보내셨는가?(19:29)

205. 만일 누가 너희에게 어찌하여 푸느냐 묻거든 어떻게 말하라 하셨는가?(19:31)

206. 제자의 온 무리가 예수님께 찬송하리로다 주의 이름으로 오시는 누구라고 말하였는가?(19:38)

① 메시야　② 제사장　③ 그리스도　④ 왕

207. 제자의 온 무리들이 찬송하는 소리에 어떤 바리새인들이 예수님께 당신의 제자들을 책망하소서 할 때 이 사람들이 침묵하면 무엇들이 소리 지르리라고 말씀하셨는가?(19:40)

① 돌　② 나무　③ 새　④ 바람

208. 예수님께서 예루살렘 성을 보시고 우신 이유는?(19:42)

① 죄가 가득했기 때문　② 하나님을 믿지 않았기 때문
③ 회개하지 않았기 때문　④ 평화에 관한 일을 알지 못했기 때문

209. 예수님께서 어디에 들어가서 장사하는 사람들을 내어 쫓으셨나?(19:45)

---

204. 벳바게, 베다니 205. 주가 쓰시겠다. 206. ④ 207. ① 208. ④ 209. 성전

210. 장사하는 사람들을 내어 쫓으시며 내 집은 무엇하는 집이라 하셨는가?(19:46)
① 예배 ② 찬송 ③ 기도 ④ 봉사

참고 : 사 56:7

211. 예수님께서 날마다 성전에서 가르치실 때 죽이려 했던 자들 중 아닌 사람들은?(19:47)
① 대제사장들 ② 서기관들 ③ 백성의 지도자들 ④ 장로들

212. 하루는 예수님께서 성전에서 백성을 가르치시며 복음을 전하실새 대제사장들과 서기관들이 장로들과 함께 가까이 와서 말한 내용이 아닌 것은?(20:1~2)
① 무슨 권위로 이런 일을 하는지 ② 이 권위를 준 이가 누구인지
③ 우리에게 말하라 ④ 우리에게 알게 하라

213. 이들의 물음에 예수님께서 무엇이 하늘로서냐 사람에게로서냐고 말씀하셨는가?(20:4)
① 노아의 홍수 ② 모세의 출애굽
③ 요나의 회개 ④ 요한의 세례

214. 예수님께서 이르시되 나도 무슨 권위로 이런 일을 하는지 너희에게 이르지 아니하리라 하며 포도원 주인의 비유를 말씀하셨는데 이 포도원 주인은 모두 몇 번 농부들의 소출을 받으려고 사람을 보냈는가?(20:8~16)
① 한 번 ② 두 번 ③ 세 번 ④ 네 번

---

210. ③ 211. ④ 212. ④ 213. ④ 214. ④

215. 다음 (　　) 안에 들어갈 말은 무엇인가?(20:17)
"기록된 바 건축자들의 버린 돌이 모퉁이의 (　　)이 되었느니라"

216. 당시의 화폐인 데나리온에 형상과 글은 누구의 것이 있었는가?(20:24)
① 헤롯　② 가이사　③ 빌라도　④ 데오빌로

217. 당시에 부활이 없다고 주장하던 사람들은?(20:27)
① 사두개인　② 바리새인　③ 율법교사　④ 서기관

218. 부활이 없다고 주장하던 사람이 만일 아내를 두고 자식이 없이 죽거든 그 동생이 그 아내를 취하여 상속자를 세울지니라며 말한 형제는 몇 명이었는가?(20:28~33)
① 다섯　② 여섯　③ 일곱　④ 여덟

219. 예수님께서 그들에게 이르시되 사람들이 어찌하여 그리스도를 누구의 자손이라고 하느냐고 말씀하셨는가?(20:41)
① 하나님　② 아브라함　③ 이스라엘　④ 다윗

220. 다윗이 그리스도를 누구라고 칭하였는가?(20:44)
① 하나님의 아들　② 메시야　③ 주　④ 선지자

221. 다음은 예수님께서 어떤 사람들을 말하고 있는 것인가?(20:46)
"긴 옷을 입고 다니는 것을 원하며 시장에서 문안 받는 것과 회당

---

215. 머릿돌 216. ② 217. ① 218. ③ 219. ④ 220. ③ 221. ②

의 높은 자리와 잔치의 윗자리를 좋아하는 사람들을 삼가라"
① 바리새인들 ② 서기관들 ③ 사두개인들 ④ 장로들

222. 어떤 가난한 과부가 헌금함에 헌금 넣는 것을 보시고 "내가 참으로 너희에게 말하노니 이 가난한 과부가 다른 모든 사람보다 많이 넣었도다" 고 하셨는데 얼마를 넣었는가?(21:2~3)
① 한 렙돈 ② 두 렙돈 ③ 세 렙돈 ④ 네 렙돈

223. 종말의 경고는 몇 장에 기록되었는가?

224. 종말의 징조들이 아닌 것은?(21:8~11)
① 많은 사람들이 내 이름으로 와서 이르되 내가 그라 하며
② 난리와 소요의 소문을 들으며
③ 민족이 민족을, 나라가 나라를 대적하여 일어나겠고
④ 온 땅과 하늘이 붉어질 것이다.

225. 종말에 "사람들이 누가 구름을 타고 능력과 큰 영광으로 오는 것을 보리라" 고 예수님께서 말씀하셨는가?(21:27)
① 하나님 ② 아브라함 ③ 인자 ④ 그리스도

226. 하나님의 나라가 가까운 줄을 알게 하기 위하여 예수님께서 비유로 말씀하신 나무는?(21:29~30)
① 감람나무 ② 상수리나무 ③ 포도나무 ④ 무화과나무

---

222. ② 223. 21 장 224. ④ 225. ③ 226. ④

227. 종말에 대한 결론 부분으로 "천지는 없어지겠으나 무엇은 없어지지 아니하리라" 고 하셨는가?(21:33)

228. 대제사장들과 서기관들이 예수를 무슨 방도로 죽일까 궁리했을 때의 절기는?(22:1~2)
① 무교절 ② 초막절 ③ 오순절 ④ 수장절

229. 예수를 죽이려고 궁리하게 된 이유는?(22:2)
① 안식일을 범했기 때문 ② 죄를 사한다고 했기 때문
③ 정치적인 이유 때문 ④ 백성을 두려워했기 때문

230. 사탄이 제자들 중 누구에게 들어갔는가?(22:3)

231. 예수님께서 유월절을 준비하기 위하여 보낸 두 제자는 누구와 누구인가?(22:8)

232. 예수님께서 "내가 이제부터 하나님의 나라가 임할 때까지 어디에서 난 것을 다시 마시지 아니하리라" 하셨는가?(22:18)

233. 예수님께서 "떡을 가져 감사 기도 하시고 떼어 그들에게 주시며 이르시되 이것은 너희를 위하여 주는 내 무엇이라고" 하셨는가?(22:19)

---

227. 내 말(예수님의 말씀) 228. ① 229. ④ 230. 유다(가룟인 유다)
231. 베드로와 요한 232. 포도나무 233. 몸

234. 저녁 먹은 후에 잔도 그와 같이 하여 이르시되 "이 잔은 내 피로 세우는 무엇이니 곧 너희를 위하여 붓는 것" 이라고 하셨는가?(22:20)

235. 유월절 최후의 만찬에서 제자들의 다툼이 났는데 그 이유는?(22:24)

236. 아래 예수님의 말씀에서 너는 누구를 말하는 것인가?(22:32)
"내가 너를 위하여 네 믿음이 떨어지지 않기를 기도하였노니 너는 돌이킨 후에 네 형제를 굳게 하라"

237. 다음과 같이 말한 제자는 누구인가?(22:33)
"주여 내가 주와 함께 옥에도, 죽는 데에도 가기를 각오하였나이다"
① 베드로 ② 안드레 ③ 야고보 ④ 요한

238. 다음 (　) 안에 들어갈 말은 무엇인가?(22:42)
"아버지여 만일 아버지의 뜻이거든 이 (　)을 내게서 옮기시옵소서 그러나 내 원대로 마시옵고 아버지의 원대로 되기를 원하나이다"

① 십자가 ② 언약 ③ 잔 ④ 몸

239. 베드로가 예수님을 부인하는 말 중 아닌 것은?(22:57~60)
① 이 여자여 내가 그를 알지 못하노라

---

234. 새 언약 235. 누가 크냐 236. 시몬(시몬 베드로) 237. ① 238. ③ 239. ②

② 이 여자여 나는 저의 제자가 아니다.
③ 이 사람아 나는 아니로라
④ 이 사람아 나는 네가 하는 말을 알지 못하노라

240. 예수님을 공회로 끌어 들여 무슨 말을 끝으로 더 이상 증거를 요구하지 않았는가?(22:70~71)
① 그리스도냐 ② 메시아냐
③ 하나님이냐 ④ 하나님의 아들이냐

241. 빌라도에게 끌고 가서 고발한 내용 중 아닌 것은?(23:1~2)
① 하나님의 아들이라 하고 ② 가이사에게 세 바치는 것을 금하고
③ 자칭 왕 그리스도라 하고 ④ 백성을 미혹한다.

242. 빌라도가 심문하면서 예수님에게 처음으로 물은 말은?(23:3)

243. 당시의 갈릴리는 누구의 관할 지역이었나?(23:6~7)
① 빌라도 ② 헤롯 안디바 ③ 가이사아구스도 ④ 헤롯

244. 민란과 살인으로 말미암아 옥에 갇힌 자로 예수님 대신에 놓임을 받은 사람은?(23:19)

245. 예수를 끌고 갈 때에 시골로서 오는 것을 붙들어 십자가를 지워 예수를 따르게 하였는데 그의 이름은?(23:26)

---

240. ④ 241. ① 242. 네가 유대인의 왕이냐 243. ④ 244. 바라바
245. 구레네 사람 시몬

246. 예수님께서 달리신 십자가에 무엇이라고 쓴 패가 있었는가?(23:38)

247. 누가복음에서 예수님의 십자가 위에서의 외침이 아닌 것은?(23:34~46)
① 나와 함께 낙원에 있으리라
② 아버지여 저들을 사하여 주옵소서
③ 내 영혼을 아버지 손에 부탁하나이다
④ 다 이루었다.

참고 : 요한복음 138번 문제

248. 십자가상에서 예수님께서 숨진 모습과 그 된 일을 보고 백부장이 하나님께 영광 돌리며 무엇이라고 하였는가?(23:47)

249. 이 사람은 누구인가?(23:50~52)
- 하나님의 나라를 기다리는 자입니다.
- 공회 의원으로 선하고 의로운 사람입니다.
- 유대인의 동네 아리마대 사람입니다.
- 빌라도에게 가서 예수의 시체를 달라 하였습니다.

250. 예수님의 빈 무덤을 본 여자 중 아닌 사람은?(24:10)
① 막달라 마리아 ② 마르다
③ 요안나 ④ 야고보의 모친 마리아

246. 유대인의 왕 247. ④ 248. 이 사람은 정녕 의인이었도다 249. 요셉 250. ②

251. 무덤에 달려가서 구부려 들여다보니 세마포만 보이는 지라 그 된 일을 놀랍게 여기며 집으로 돌아간 제자는?(24:12)

① 베드로　② 야고보　③ 요한　④ 안드레

참고 : 요한복음에는 다른 제자도 보았다고 기록하고 있다(20:8).

252. 예루살렘과 엠마오의 거리는?(24:13)

① 십 리　② 십오 리　③ 이십 리　④ 이십오 리

253. 예루살렘에서 엠마오로 가는 두 사람 중 한 사람의 이름은?(24:18)

254. 예수님께서 엠마오로 가는 두 사람에게 어디에 쓰여진 자기에 관한 것을 자세히 설명하신 것 중 아닌 것은?(24:27)

① 모세의 글　② 예언서에 쓴 글

③ 선지자의 글　④ 성경에 쓴 글

255. 다음 (　) 안에 들어갈 말 중 아닌 것은?(24:44)

"내가 너희와 함께 있을 때에 너희에게 말한 바 곧 (　)과 (　)과 (　)에 나를 가리켜 기록된 모든 것이 이루어져야 하리라 한 말이 이것이라"

① 모세의 율법　② 선지자의 글　③ 성경에 쓴 글　④ 시편

256. "그의 이름으로 죄 사함을 받게 하는 회개가 어디에서 시작하여 모

---

251. ① 252. ④ 253. 글로바 254. ② 255. ③ 256. ③

든 족속에게 전파될 것이 기록되었다고" 말씀하셨는가?(24:47)
① 시온 ② 나사렛 ③ 예루살렘 ④ 이스라엘

257. 예수께서 손을 들어 축복하시고 하늘로 올려지신 곳은?(24:50)

258. 누가복음은 모두 몇 장으로 기록되었는가?

257. 베다니 258. 24 장

터키의 에베소지역에 있는 누가의 묘

요 한 복 음

요한복음 개요

1. 기록자

요한

2. 기록 연대

A.D. 85~96년 사이

3. 기록 장소

아마도 에베소에서 기록했을 것이다.

4. 기록 대상

이방 기독교인들과 모든 기독교인들을 위해서 기록했다.

5. 핵심어 및 내용

요한복음의 핵심어는 '말씀'과 '생명'과 '믿음'이다. 예수님은 미리 계셨고, 인간이 된 영원한 말씀이시다. 영원한 '생명'을 얻기 위해서는 예수님의 이름을 믿어야 한다. 이 예수님은 항상 하나님과 함께 계시며 참으로 자신이 하나님이시다.

각 장의 내용들

1장

1. 영원한 말씀(1:1~5)
2. 말씀의 성육신(1:6~18)
3. 자신에 대한 증언(1:19~28)
4. 예수에 대한 증언(1:29~34)
5. 안드레와 베드로(1:35~42)
6. 빌립과 나다나엘(1:43~51)

2장

1. 가나의 혼인 잔치(2:1~11)
2. 성전 정화(2:12~25)

3장

1. 니고데모와 대화(3:1~21)
2. 세례 요한의 마지막 증언(3:22~36)

4장

1. 사마리아 여자와의 대화(4:1~38)
2. 사마리아 전도(4:39~42)
3. 왕의 신하의 아들을 고치심(4:43~54)

5장

1. 베데스다 못가의 병자(5:1~16)
2. 아버지와 아들(5:17~23)
3. 아들과 심판(5:24~38)
4. 아들에 대한 성경의 증거(5:39~47)

6장

1. 오천 명을 먹이심(6:1~15)
2. 물 위를 걸으심(6:16~21)

3. 가버나움에서의 가르침(6:22~30)
4. 생명의 떡(6:31~65)
5. 베드로의 신앙고백(6:66~71)

7장

1. 두 번째 예루살렘 방문(7:1~53)

8장

1. 간음한 여자를 용서하심(8:1~11)
2. 세상의 빛(8:12~20)
3. 죽음의 예고(8:21~30)
4. 아브라함의 참 자손(8:31~47)
5. 아브라함이 나기 전부터 계심(8:48~59)

9장

1. 맹인을 고치심(9:1~41)

10장

1. 선한 목자(10:1~42)

11장

1. 나사로의 죽음(11:1~16)
2. 예수와 마르다와의 대화(11:17~27)
3. 예수와 마리아와의 대화(11:28~37)
4. 나사로를 살리심(11:38~44)
5. 예수를 죽일 음모(11:45~57)

12장

1. 예수께 향유를 부은 마리아(12:1~11)
2. 예루살렘 입성(12:12~19)
3. 예수를 찾아온 이방인들(12:20~50)

13장

1. 제자들의 발을 씻기심(13:1~20)

2. 가룟 유다의 배반을 예언하심(13:21~30)

3. 새 계명(13:31~35)

4. 베드로의 부인을 예언하심(13:36~38)

14장

1. 길이요 진리요 생명이신 예수(14:1~15)

2. 성령의 약속(14:16~31)

15장

1. 참 포도나무(15:1~17)

2. 세상의 마음(15:18~27)

16장

1. 장차 올 박해에 대한 경고(16:1~3)

2. 성령이 하시는 일(16:4~15)

3. 근심 후의 기쁨(16:16~24)

4. 환난 후의 승리(16:25~33)

17장

1. 자신을 위한 기도(17:1~5)

2. 제자를 위한 기도(17:6~19)

3. 온 교회를 위한 기도(17:20~26)

18장

1. 체포되신 예수(18:1~14)

2. 예수를 부인한 베드로(18:15~18)

3. 대제사장 앞에 서신 예수(18:19~27)

4. 빌라도의 심문(18:28~38)

5. 사형 언도를 받으심(18:39~40)

19장

1. 빌라도의 판결(19:1~15)

2. 십자가에 못 박히심(19:16~30)

3. 창으로 찔림을 당하신 예수(19:31~37)
4. 무덤에 장사되심(19:38~42)

20장

1. 빈 무덤(20:1~10)
2. 막달라 마리아에게 나타나심(20:11~18)
3. 제자들에게 나타나심(20:19~29)
4. 저작 목적(20:30~31)

21장

1. 일곱 제자들에게 나타나심(21:1~14)
2. 베드로의 사명(21:15~19)
3. 예수의 사랑하는 제자(21:20~25)

4. 요한복음

1. 태초에 무엇이 계신다고 기록하고 있는가?(1:1)

2. 이 말씀은 곧 무엇이라고 말하고 있는가?(1:1)
   ① 하나님 ② 인자 ③ 그리스도 ④ 예수

3. 예수님의 '성육신'의 사실을 기록한 복음서는?(1:1~18)
   ① 마태 ② 마가 ③ 누가 ④ 요한

4. 무엇이 사람들의 빛이라고 기록하고 있는가?(1:4)
   ① 말씀 ② 생명 ③ 성령 ④ 인자

5. 하나님께로 보내심을 받은 사람으로 빛에 대하여 증언하러 온 자는?(1:6~8)

6. 다음 ( ) 안에 들어갈 말은 무엇인가?(1:17)
   "율법은 모세로 말미암아 주어진 것이요 ( )와 ( )는 예수 그리스도로 말미암아 온 것이라"

7. 유대인들이 예루살렘에서 제사장들과 레위인들을 요한에게 보내어 네가 누구냐 물을 때에 요한의 증언 중 아닌 것은?(1:19~22)
   ① 나는 그리스도가 아니라 ② 나는 엘리야가 아니라
   ③ 나는 선지자가 아니라 ④ 나는 메시야가 아니라

---

1. 말씀 2. ① 3. ④ 4. ② 5. 요한 6. 은혜, 진리 7. ④

8. 이러한 물음을 하도록 요한에게 보낸 사람은?(1:24)
① 유대인들 ② 바리새인들 ③ 서기관들 ④ 대제사장들

9. 요한이 세례 베풀던 강은?(1:28)

10. 다음 ( ) 안에 들어갈 말은 무엇인가?(1:29)
"요한이 예수께서 자기에게 나아오심을 보고 이르되 보라 세상 죄를 지고 가는 ( )이로다"

11. 요한은 하나님의 아들이심을 알지 못하였지만 무엇으로 아는 증거를 삼았는가?(1:33~34)

12. 요한의 제자였으나 나중에 예수님의 제자가 된 사람은?(1:35~40)
① 베드로 ② 야고보 ③ 안드레 ④ 빌립

13. "랍비"를 번역하면 무슨 뜻인가?(1:38)

14. 12 제자 중 예수님을 제일 먼저 따랐던 사람은?(1:40~41)
① 베드로 ② 안드레 ③ 야고보 ④ 요한

참고 : 안드레
그는 예수님을 제일 먼저 좇은 사람으로 형제인 시몬에게 메시야를 전하였고, 요한도 세례 요한의 제자였다.

---

8. ② 9. 요단 강 10. 하나님의 어린 양 11. 성령 12. ③ 13. 선생 14. ②

15. "메시야"를 번역하면 무슨 뜻인가?(1:41)

16. 요한의 아들 시몬이 예수님으로부터 명명 받은 이름은?(1:42)

17. "게바"를 번역하면 무슨 뜻인가?(1:42)

18. "모세가 율법에 기록하였고 여러 선지자가 기록한 그 이를 우리가 만났으니 요셉의 아들 나사렛 예수니라"고 말한 사람은?(1:45)
① 요한 ② 베드로 ③ 안드레 ④ 빌립

19. "나사렛에서 무슨 선한 것이 날 수 있느냐"고 말한 사람은?(1:46)

20. 나다나엘에게 "와서 보라"고 말한 제자는?(1:46)
① 베드로 ② 요한 ③ 안드레 ④ 빌립

21. 예수님은 "보라 이는 참으로 이스라엘 사람이라 그 속에 간사한 것이 없도다"라고 말하였는데 "이는" 누구를 말하는 것인가?(1:47)

22. 나다나엘이 어떻게 나를 아시나이까 예수님께 물으니 무슨 나무아래 있을 때에 보았다고 말씀하셨나?(1:48)
① 감람나무 ② 포도나무 ③ 무화과나무 ④ 상수리나무

23. 요한복음 1장에 "번역하면"이 3번 나오는데 이에 속하지 않은 것은?(1:38, 41, 42)
① 랍비 ② 메시야 ③ 게바 ④ 임마누엘

---

15. 그리스도 16. 게바 17. 베드로 18. ④ 19. 나다나엘 20. ④ 21. 나다나엘 22. ③ 23. ④

24. 예수님께서 처음 표적을 행하신 곳은?(2:11)
① 갈릴리 가나 ② 나사렛 ③ 가버나움 ④ 사마리아

참조 : 요한복음에만 나오는 주요기사

번호	기 사	번호	기 사
1	가나의 혼인 잔치(2:1~11)	9	나사로를 살리심(11:1~46)
2	니고데모와의 대화(3:1~15)	10	예수님을 찾아온 이방인(12:20~36)
3	세례 요한의 마지막 증언(3:22~36)	11	세족(13:1~11)
4	사마리아 여자와의 대화(4:1~26)	12	고별사(14장~16장)
5	베데스다 못가 병자의 치유(5:2~18)	13	포도나무(15:1~8)
6	간음한 여자 용서(8:1~11)	14	예수님의 속옷 제비뽑기(19:23~24)
7	날 때부터 맹인 된 자 치유(9:1~11)	15	대제사장적 기도(17 장)
8	선한 목자(10:1~18)	16	'나는 ~ 이다' 의 표현.

25. 예수님의 성전을 깨끗하게 하신 기사는 몇 장에 기록되었는가?(2:13~22)
① 1장 ② 2장 ③ 3장 ④ 4장

참고 : 마21장, 막 11장, 눅 19장

26. 4복음서 중 예수님께서 유월절을 세 번 시낸 것으로 기록한 복음서는?(2:13, 6:4, 11:55)
① 마태 ② 마가 ③ 누가 ④ 요한

27. 예수님께서 성전을 깨끗하게 하는 모습을 본 제자들이 "주의 전을 사모하는 열심이 나를 삼키리라"는 구약 어느 책에 기록한 말씀을 기억하였는가?(2:17)
① 예레미야 ② 이사야 ③ 시편 ④ 잠언

참고 : 시편 69:9

---

24. ① 25. ② 26. ④ 27. ③

28. 유대인들이 예수님께 "네가 이런 일을 행하니 무슨 표적을 우리에게 보이겠느냐"라고 물었을 때 이 성전을 헐라 며칠 동안에 일으킨다고 말씀하셨는가?(2:19)
① 하루 ② 이틀 ③ 사흘 ④ 나흘

29. 당시의 성전은 몇 년 동안 지었나?(2:20)
① 사십사 년 ② 사십오 년 ③ 사십육 년 ④ 사십칠 년

참고 : 헤롯 성전
헤롯 왕이 유대인의 환심을 사고자 건축한 것이다.

30. 예수님께서 "내가 삼 일 동안에 일으키겠다"는 것은 무엇을 가리켜 하신 말씀인가?(2:20~21)

31. 바리새인이며 유대인의 지도자로 밤에 예수님을 찾아와 대화를 나눈 사람은?(3:1~2)

32. 사람이 거듭나지 아니하면 무엇을 볼 수 없다고 예수님께서 말씀하셨는가?(3:3)
① 하나님의 나라 ② 메시야 ③ 인자 ④ 하나님

33. 니고데모가 예수님에게 한 물음 중 아닌 것은?(3:4, 9)
① 사람이 늙으면 어떻게 날 수 있사옵니까?
② 두 번째 모태에 들어갔다가 날 수 있사옵니까?

---

28. ③ 29. ③ 30. 성전된 예수님의 육체 31. 니고데모 32. ① 33. ④

③ 어찌 그러한 일이 있을 수 있나이까?
④ 당신은 하나님께로서 오신 선생인 줄 아나이다.

참고 : 예수님에 대한 니고데모의 선 지식
1. 당신은 하나님께로서 오신 선생인 줄 아나이다(3:2).
2. 당신의 행하시는 이 표적을 아무라도 할 수 없음이니이다(3:2).

34. 예수님께서 사람이 무엇과 무엇으로 나지 아니하면 하나님의 나라에 들어갈 수 없다고 하셨나?(3:5)

35. 하늘에서 내려온 자 곧 누구 외에는 하늘에 올라간 자가 없다고 말씀하셨는가?(3:13)
① 에녹　② 인자　③ 엘리야　④ 요한

36. 누가 광야에서 뱀을 든 것 같이 인자도 들려야 한다고 말씀하셨는가?(3:14)

37. 예수님께서 니고데모에게 거듭남을 가르친 세 가지 비유가 아닌 것은?(3:3~14)
① 홍해　② 출생　③ 바람 부는 것　④ 구리 뱀

38. "하나님이 세상을 이처럼 사랑하사 독생자를 주셨으니 이는 그를 믿는 자마다 멸망하지 않고 무엇을 얻게 하려 하심" 이라고 말씀하셨는가?(3:16)
① 면류관　② 천국　③ 영생　④ 상

---

34. 물과 성령 35. ② 36. 모세 37. ① 38. ③

39. 하나님께서 그의 아들을 세상에 보내신 이유는?(3:17)
① 세상을 심판하려 ② 세상을 정죄하려
③ 세상이 평화를 얻게 하려 ④ 세상이 구원을 받게 하려

40. 예수님께서 사마리아 여자와 만난 시간은?(4:6)
① 다섯 시쯤 ② 여섯 시쯤 ③ 일곱 시쯤 ④ 여덟 시쯤

41. 물 길러 온 사마리아 여자는 이 우물이 조상 누가 주었다고 예수님에게 말하였는가?(4:12)
① 아브라함 ② 이삭 ③ 야곱 ④ 모세

42. 사마리아 여자가 예수님에게 누구보다 더 크냐고 물었는가?(4:12)
① 아브라함 ② 모세 ③ 다윗 ④ 야곱

43. 사마리아 여자의 남편은 모두 몇 명이었는가?(4:18)
① 네 명 ② 다섯 명 ③ 여섯 명 ④ 일곱 명

44. 예수님께서 구원은 누구에서 난다고 말씀하셨는가?(4:22)
① 죄인 ② 유대인 ③ 바리새인 ④ 이방인

45. 다음 ( ) 안에 들어갈 말은 무엇인가?(4:24)
"하나님은 영이시니 예배하는 자가 ( )과 ( )으로 예배할지니라"

46. 예수님께서 처음으로 자신이 그리스도이심을 누구에게 말씀하셨는가?(4:25~26)

---

39. ④ 40. ② 41. ③ 42. ④ 43. ③ 44. ② 45. 영, 진리 46. 사마리아 여자

47. 여자가 물동이를 버려두고 동네에 들어가서 사람들에게 예수님을 누구라 하였는가?(4:28~29)

① 그리스도　② 왕　③ 선지자　④ 메시야

48. 예수님께서 사마리아를 떠나 갈릴리로 가시며 친히 증언 하시기를 "누가 고향에서는 높임을 받지 못한다" 고 하셨는가?(4:43~44)

① 메시야　② 그리스도　③ 인자　④ 선지자

49. 예수님께서 갈릴리로 오신 후 행하신 두 번째 표적은?(4:46~54)

① 가나의 혼인 잔치　② 왕의 신하의 아들을 고치심

③ 오천 명을 먹이심　④ 베데스다 못가의 병자를 고치심

참고 : 요한복음의 이적

번호	이　적	번호	이　적
1	가나의 혼인 잔치(2:1~11)	5	물 위를 걸으심(6:16~21)
2	왕의 신하의 아들을 고치심(3:36~54)	6	날 때부터 맹인 된 사람 고치심(9:1~11)
3	베데스다 못가의 병자 치유(5:2~18)	7	나사로를 살리심(11:1~46)
4	오천 명을 먹이심(6:1~13)	8	물고기 153마리 잡음(21:11)

50. 예루살렘 양문 곁에 히브리 말로 불려지고 있는 못의 이름은?(5:2)

51. 베데스다 못가에서 예수님으로부터 고침을 받은 병자는 몇 년 동안 앓았는가?(5:5)

① 서른다섯 해　② 서른여섯 해　③ 서른일곱 해　④ 서른여덟 해

47. ①　48. ④　49. ②　50. 베데스다　51. ④

52. 유대인들이 예수님을 죽이고자 하는 이유 중 아닌 것은?(5:18)
① 안식일을 범하심 ② 하나님을 친 아버지라 하심
③ 왕이라 하심 ④ 하나님과 동등으로 삼으심

53. 예수님의 말씀을 듣고 또 나 보내신 이를 믿는 자에게 있게 되는 것 중 아닌 것은?(5:24)
① 영생을 얻는다. ② 심판에 이르지 않는다.
③ 사망에서 생명으로 옮겨진다. ④ 하나님의 아들이 된다.

54. 다음 ( ) 안에 들어갈 말은 무엇인가?(5:29)
"선한 일을 행한 자는 ( )의 부활로, 악한 일을 행한 자는 ( )의 부활로 나오리라"

55. 예수님께서 자신이 하나님의 아들 되심의 증언 중 아닌 것은?(5:33~39)
① 선지자들의 증언 ② 그 행하신 역사의 증언
③ 아버지의 증언 ④ 성경의 증언

참고 : 증언 5가지
1. 요한의 증언(5:33) 2. 그 행하신 역사의 증언(5:36) 3. 아버지의 증언(5:37)
4. 성경의 증언(5:39) 5. 모세의 증언(5:46)

56. 오천 명을 먹이시는 기사는 몇 장에 기록되어 있는가?
① 4장 ② 5장 ③ 6장 ④ 7장

57. 예수님께서 오천 명을 먹이실 때 유대인의 무슨 명절이 가까웠었나?(6:4)

---

52. ③ 53. ④ 54. 생명, 심판 55. ① 56. ③ 57. 유월절

58. 예수님께서 "우리가 어디서 떡을 사서 이 사람들을 먹이겠느냐" 고 하신 이유는 제자 누구를 시험하고자 하심이었는가?(6:5~6)
① 베드로　② 안드레　③ 요한　④ 빌립

59. 빌립이 대답하되 각 사람으로 조금씩 받게 할지라도 얼마의 떡이 부족하다고 말하였는가?(6:7)
① 이백 데나리온　② 삼백 데나리온
③ 사백 데나리온　④ 오백 데나리온

참고 : 데나리온
신약 시대에 가장 널리 통용되던 은화로 중량은 3.8g이다. 한 데나리온은 노동자의 하루 품삯인데 이백 데나리온은 노동자의 약 8개월분의 품삯에 해당한다.

60. 다음과 같이 말한 제자는?(6:8~9)
"여기 한 아이가 있어 보리떡 다섯 개와 물고기 두 마리를 가지고 있나이다. 그러나 그것이 이 많은 사람에게 얼마나 되겠사옵니까?"

61. 오천 명이 먹고 남은 조각은 모두 몇 바구니였는가?(6:13)
① 열 바구니　② 열 한 바구니　③ 열 두 바구니　④ 열 세 바구니

62. 사람들이 예수님께서 행하신 표적을 보고 누구라고 하였는가?(6:14)

63. 사람들은 예수님을 억지로 잡아 누구를 삼으려 하였는가?(6:15)

---

58. ④ 59. ① 60. 안드레 61. ③ 62. 선지자 63. 임금

64. 가버나움에서 무리를 가르치실 때 하나님의 일이 무엇이라고 말씀하셨는가?(6:29)

65. 요한복음 6장에 예수님께서 자신이 하늘에서 내려 온 무엇이라고 하셨는가?(6:35, 48)

66. 다음 (　　) 안에 들어갈 말은 무엇인가?(6:68)
"주여 (　　)이 주께 있사오니 우리가 누구에게로 가오리이까"
① 생명의 떡　② 영생수　③ 영생의 말씀　④ 성령

67. 위의 말은 누가 한 말인가?(6:68)
① 베드로　② 안드레　③ 야고보　④ 요한

68. 다음 예수님의 말씀 중 "한 사람"은 누구를 말씀하시는 것인가?(6:70)
"내가 너희 열둘을 택하지 아니하였느냐 그러나 너희 중의 한 사람은 마귀니라"

69. 요한복음은 예수님께서 공생애를 시작하신 후 예루살렘을 몇 번 올라가신 것으로 기록하고 있는가?
① 두 번　② 세 번　③ 네 번　④ 다섯 번

참조 : 예수님의 예루살렘 4번 가신 기사
1. 성전을 깨끗하게 하신 유월절(2:13) 2. 초막절(7:2) 3. 수전절(10:22~39)
4. 예루살렘 입성(12:12, 13)

---

64. 하나님께서 보내신 이를 믿는 것 65. 생명의 떡 66. ③ 67. ①
68. 가룟 시몬의 아들 유다(가룟 유다) 69. ③

70. 예수님께서 어느 절기에 두 번째 예루살렘을 방문하셨는가?(7:2)
① 유월절　② 초막절　③ 수전절　④ 나팔절

71. 예수님께서 세상이 자신을 미워하는 이유가 무엇이라고 하셨는가?(7:7)
① 세상의 일들을 악하다 증언함 때문　② 죄를 사하심 때문
③ 사단의 권세를 물리쳤기 때문　④ 화평을 주기 때문

72. 다음 예수님의 말씀은 믿는 자들이 받을 무엇을 가리켜 하신 말씀인가?(7:37~39)
"누구든지 목마르거든 내게로 와서 마시라 나를 믿는 자는 성경에 이름과 같이 그 배에서 생수의 강이 흘러나리라"

① 영생　② 성령　③ 말씀　④ 축복

73. "성경에 이르기를 그리스도는 다윗의 씨로 또 다윗의 살던 마을 어디에서 나온다"고 무리들은 말하였는가?(7:42)
① 갈릴리　② 나사렛　③ 베들레헴　④ 예루살렘

참고 : 삼하 7:12, 미 5:2

74. 대제사장들과 바리새인들이 그 아랫사람들과 예수님에 대해 쟁론하고 있을 때에 예수님을 변호한 사람은?(7:45~53)

---

70. ② 71. ① 72. ② 73. ③ 74. 니고데모

75. 서기관과 바리새인들이 고발할 조건을 얻고자 하여 예수님을 시험 한 일은 어느 때에 있었는가?(8:3~6)
① 왕의 신하의 아들을 고치실 때 ② 음행한 여자를 용서 하실 때
③ 베데스다 못가의 병자 고치실 때 ④ 맹인을 고치실 때

76. 아래의 말씀은 예수님이 누구에게 하신 말씀인가?(8:11)
"나도 너를 정죄하지 아니하노니 가서 다시는 죄를 범하지 말라"
① 사마리아 여자 ② 혈루증 여자
③ 막달라 마리아 ④ 음행한 여자

77. 바리새인들이 예수님께서 세상의 빛인 증언이 참되지 않다고 말할 때 예수님께서 말씀하신 증언 중 아닌 것은?(8:12~19)
① 자신의 증언 ② 율법의 증언
③ 아버지의 증언 ④ 성경의 증언

78. 예수님께서 자기를 믿은 유대인들에게 이르시되 "너희가 내 말에 거하면 참으로 내 제자가 되고 진리를 알지니 진리가 너희를 어떻게 하리라" 고 말씀하셨는가?(8:31~32)
① 자유롭게 ② 참 되게 ③ 평안하게 ④ 믿게

79. 마귀에게 난 자의 특징에 해당하지 않는 것은?(8:44)
① 처음부터 살인한 자
② 진리가 그 속에 없으므로 점차 진리가 있게 된다.
③ 거짓말을 할 때마다 제 것으로 말한다.
④ 거짓말쟁이요 거짓의 아비다.

---

75. ② 76. ④ 77. ④ 78. ① 79. ②

80. 예수님께서 날 때부터 맹인 된 자가 태어난 이유를 무엇이라고 하였는가?(9:3)
① 자신의 죄 ② 부모의 죄
③ 믿음의 시련 ④ 하나님의 하시는 일을 나타내고자 함

81. "실로암"을 번역하면 무슨 뜻인가?(9:7)

82. 예수님께서 맹인의 눈에 진흙을 발라 고치신 날은 무슨 요일인가?(9:14)
① 수요일 ② 금요일 ③ 안식일 ④ 일요일

83. 예수님으로부터 고침을 받은 맹인의 부모가 유대인들의 무엇을 무서워하여 말을 하지 못하였는가?(9:22)
① 출교 ② 이주 ③ 추방 ④ 핍박

84. 예수님을 선한 목자로 몇 장에 기록하였는가?
① 10장 ② 11장 ③ 12장 ④ 13장

85. 수전절은 어느 세절이었는가?(10:22)
① 봄 ② 여름 ③ 가을 ④ 겨울

86. 예수님의 발에 향유를 붓고 자기의 머리털로 닦은 자는 누구인가?(11:2)
① 사마리아 여자 ② 나사로의 누이동생 마리아
③ 막달라 마리아 ④ 글로바의 아내 마리아

---

80. ④ 81. 보냄을 받았다. 82. ③ 83. ① 84. ① 85. ④ 86. ②

87. 나사로가 병들었다 함을 들으시고 그 계시던 곳에 며칠 더 유하셨는가?(11:6)

① 하루　② 이틀　③ 사흘　④ 나흘

88. 예수님께서 죽은 나사로의 집에 가자고 하였을 때 "우리도 주와 함께 죽으러 가자" 고 한 제자는?(11:15~16)

① 베드로　② 요한　③ 안드레　④ 도마

참조 : 디두모

도마는(아람어 디두모) 헬라어로 쌍둥이라는 뜻이다.

89. 나사로가 무덤에 있은 지 이미 며칠이 되었는가?(11:17)

① 하루　② 이틀　③ 사흘　④ 나흘

90. 베다니는 예루살렘에서 거리가 얼마쯤 되는가?(11:18)

① 한 오 리　② 한 십 리　③ 한 십오 리　④ 한 이십 리

91. 예수님께서 나사로를 살리신 사건은 무엇을 증거하는 표적이었나?(11:25)

참조 : 예수님께서 죽은 자를 살리신 세 기사들

1. 야이로의 딸(마 9:23~26, 막 5:35~43, 눅 8:49~56)
2. 나인성 과부의 아들(눅 7:11~17)
3. 나사로(요 11:1~46)

---

87. ② 88. ④ 89. ④ 90. ① 91. 부활과 생명 되심의 증거

92. 다음과 같이 말한 사람은?(11:27)
"주는 그리스도시요 세상에 오시는 하나님의 아들이신 줄 내가 믿나이다"
① 베드로 ② 마르다 ③ 마리아 ④ 도마

93. 예수님께서 나사로를 살리시던 해의 대제사장은 누구인가?(11:49)

94. 예수님을 죽이는 것은 민족 전체가 망하지 않게 되는 유익이 된다고 말한 사람은?(11:49~50)
① 안나스 ② 바리새인들
③ 사두개인들 ④ 대제사장 가야바

95. 예수님께서 다시 유대인 가운데 드러나게 다니지 아니하시고 떠난 기록은 몇 장에 나오는가?
① 9장 ② 10장 ③ 11장 ④ 12장

참조 : 요한복음의 2구분
1구분 : 1장 ~ 12장 - 모든 사람을 중심으로 기록 함.
2구분 : 13장 ~ 21장 - 제자들을 중심으로 기록함.

96. 마리아가 예수님에게 부은 향유의 값은?(12:5)
① 일백 데나리온 ② 이백 데나리온
③ 삼백 데나리온 ④ 사백 데나리온

---

92. ② 93. 가야바 94. ④ 95. ③ 96. ③

97. 어찌하여 이 향유를 팔아 가난한 자들에게 주지 아니하였느냐고 말한 제자는?(12:4, 5)
① 베드로 ② 안드레 ③ 빌립 ④ 가룟 유다

98. 명절에 온 무리가 예수님께서 예루살렘으로 오신 다는 것을 듣고 무슨 나무 가지를 가지고 맞으러 나갔는가?(12:12~13)
① 무화과나무 ② 종려나무 ③ 포도나무 ④ 감람나무

99. 예수님께서 예루살렘에 입성하실 때 무리들의 외치는 소리 중 아닌 것은?(12:13)
① 호산나 찬송하리로다 ② 주의 이름으로 오시는 이
③ 이스라엘 왕이시여 ④ 약속의 메시야여

100. 명절에 예배하러 올라온 사람 중에 빌립에게 가서 예수님을 뵈옵고자 한다고 말한 사람은?(12:20~21)
① 로마인 ② 유대인 ③ 헬라인 ④ 사마리아인

101. 다음 ( ) 안에 들어갈 말은 무엇인가?(12:24)
"내가 진실로 진실로 너희에게 이르노니 한 알의 ( )이 땅에 떨어져 죽지 아니하면 한 알 그대로 있고 죽으면 많은 열매를 맺느니라"

102. 마귀가 예수를 팔려는 생각을 제자 누구에게 넣었는가?(13:2)

---

97. ④ 98. ② 99. ④ 100. ③ 101. 밀 102. 가룟 유다

103. 예수님께서 제자들의 발을 씻기실 때 내 발은 절대로 씻을 수 없다
고 말한 제자는?(13:8)
① 요한 ② 베드로 ③ 가룟 유다 ④ 안드레

104. 예수님께서 제자들에게 주신 새 계명의 핵심 내용은?(13:34)

105. 주를 위하여 목숨을 버리겠다고 말한 제자는?(13:37)
① 베드로 ② 요한 ③ 안드레 ④ 야고보

106. 예수님께서 베드로에게 닭 울기 전에 몇 번 부인한다고 말씀하셨
는가?(13:38)
① 한 번 ② 두 번 ③ 세 번 ④ 네 번

107. 예수님께서 제자들의 발을 씻기신 기사가 나오는 복음서는?
① 마태 ② 마가 ③ 누가 ④ 요한

참조 : 요 13:1~11

108. "내가 어디로 가는지 그 길을 너희가 아느니라"는 예수님의 말씀
에 "주여 주께서 어디로 가시는지 우리가 알지는 못하거늘 그 길을
어찌 알겠사옵나이까"라고 말한 제자는?(14:4~5)

109. 다음은 예수님께서 누구에게 한 말씀인가?(14:9)
"내가 이렇게 오래 너희와 함께 있으되 네가 나를 알지 못하느냐 나
를 본 자는 아버지를 보았거늘 어찌하여 아버지를 보이라 하느냐"

---

103. ② 104. 서로 사랑하라 105. ① 106. ③ 107. ④ 108. 도마 109. 빌립

110. 예수님께서 제자들을 향하여 너희가 나를 사랑하면 나의 무엇을 지킨다고 말씀하셨는가?(14:15)
① 말씀 ② 계명 ③ 율법 ④ 법

111. 예수님께서 아버지께 구하여 무엇을 너희에게 주사 영원토록 너희와 함께 있게 하시겠다고 말씀하셨는가?(14:16)

112. 제자들에게 모든 것을 가르치고 예수님께서 말한 모든 것을 누가 생각나게 하신다고 하셨는가?(14:26)
① 성부 ② 성자 ③ 성령 ④ 영

113. 예수님께서 참 포도나무 되신다는 기사는 몇 장에 기록되었는가?
① 12장 ② 13장 ③ 14장 ④ 15장

114. 포도나무의 농부는 누구를 말하는 것인가?(15:1)
① 하나님 ② 예수님 ③ 성령님 ④ 이스라엘

115. 포도나무의 비유에서 예수님께서 제자들을 예수님의 누구라 하셨는가?(15:15)
① 종 ② 친구 ③ 제자 ④ 형제

116. 아버지께로서 나오시는 무엇이 오실 때에 나를 증언하실 것이라고 말씀하셨는가?(15:26)

---

110. ② 111. 보혜사 112. ③ 113. ④ 114. ① 115. ② 116. 진리의 성령

117. 보혜사 성령이 오셔서 세상을 책망하시는 일 중 아닌 것은?(16:8)
① 죄에 대하여 ② 의에 대하여
③ 심판에 대하여 ④ 믿음에 대하여

118. 각 책망의 내용을 설명한 것 중 틀린 것은?(16:9~11)
① 죄에 대하여라 함은 그들이 나를 믿지 아니함이요
② 의에 대하여라 함은 내가 아버지께로 가니 너희가 다시 나를 보지 못함이요
③ 심판에 대하여라 함은 이 세상 임금이 심판을 받았음이라
④ 믿음에 대하여라 함은 나를 믿지 아니함이라

119. 예수님의 기도는 몇 장에 기록되어 있는가?
① 15장 ② 16장 ③ 17장 ④ 18장

120. 예수님의 기도 내용 중 "유일하신 참 하나님과 그의 보내신 자 예수 그리스도를 아는 것" 이 무엇이라고 하셨는가?(17:3)
① 믿음 ② 영생 ③ 은혜 ④ 축복

121. 예수님께서 배반 당하시고 잡히실 때 검으로 대제사장의 종을 쳐서 오른편 귀를 베어버린 제자는?(18:10)

122. 예수님의 제자로부터 오른편 귀를 베이게 된 대제사장의 종의 이름은?(18:10)

---

117. ④ 118. ④ 119. ③ 120. ② 121. 베드로 122. 말고

123. 예수님을 잡아 결박하여 먼저 누구에게 끌고 갔는가?(18:12~13)

124. 유대인들에게 한 사람이 백성을 위하여 죽는 것이 유익하다고 권고하던 자는?(18:14)

125. 요한복음에 의하면 예수님께서 잡혀간 뒤를 따라갔던 제자의 수는?(18:15)

126. 빌라도가 예수님에게 물은 질문 중 아닌 것은?(18:33, 37, 38)
① 네가 유대인의 왕이냐 ② 네가 그리스도냐
③ 네가 왕이 아니냐 ④ 진리가 무엇이냐
참고 : 네가 무엇을 하였느냐(35)

127. 어느 절기에 죄인 한 사람을 놓아 주는 전례가 있었는가?(18:39)
① 초막절 ② 칠칠절 ③ 수장절 ④ 유월절

128. 예수님 대신에 누구를 놓아 달라고 요구 하였는가?(18:40)

129. 빌라도가 예수님을 심문하여 얻은 결과는?(19:6)

130. 유대인들이 말한 예수님의 처형 이유는 무엇인가?(19:7)
① 장로들의 전통 무시 ② 율법 무시
③ 하나님의 아들이라 함 ④ 죄를 사함

131. 빌라도가 유대인들에게 예수를 누구라고 하며 십자가에 못 박도록

---

123. 안나스 124. 가야바 125. 2명 126. ② 127. ④ 128. 바라바
129. 죄를 찾지 못하였다. 130. ③ 131. 보라 너희 왕이로다

넘겨 주었는가?(19:14)

132. 빌라도가 예수님을 왕이라고 했을 때 대제사장들은 누구 외에는 우리에게 왕이 없다고 하였는가?(19:15)
① 헤롯 ② 가야바 ③ 가이사 ④ 안나스

133. "해골"은 히브리말로 무엇인가?(19:17)

134. "나사렛 예수 유대인의 왕"이라는 패를 써서 십자가 위에 붙인 사람은?(19:19)

135. 이 패에 쓰여진 말 중 아닌 것은?(19:20)
① 히브리 ② 로마 ③ 헬라 ④ 아람

136. 유대인의 제사장들이 빌라도에게 "유대인의 왕이라" 쓰지 말고 어떻게 쓰라 하였는가?(19:21)
① 자칭 유대인의 왕이라 ② 자칭 하나님의 아들이라
③ 자칭 그리스도라 ④ 자칭 메시아라

137. 예수님의 옷을 나누고 그 옷을 제비 뽑는다는 것은 구약의 어느 성경에 나오는가?(19:24)
① 이사야 ② 예레미야 ③ 시편 ④ 미가

138. 예수님의 십자가 곁에 서 있던 여자 중 아닌 것은?(19:25)
① 예수의 어머니 ② 엘리사벳
③ 글로바의 아내 마리아 ④ 막달라 마리아

---

132. ③ 133. 골고다 134. 빌라도 135. ④ 136. ① 137. ③ 138. ②

참조 : 예수님의 십자가상의 일곱 말씀(일명: 가상칠언)

순서	말 씀	본문	대상	의 미
1	아버지 저들을 사하여 주옵소서 자기들이 하는 것을 알지 못함이니이다.	눅 23:34	성부	원수들에 대한 용서
2	내가 진실로 네게 이르노니 오늘 네가 나와 함께 낙원에 있으리라	눅 23:43	한 강도	회개하는 자에게 천국이 주어진다.
3	여자여 보소서 아들이니이다… 보라 네 어머니라	요 19:26,27	모친과 사도 요한	인간의 도리를 존중
4	엘리 엘리 라마 사박다니… 나의 하나님 나의 하나님 어찌하여 나를 버리셨나이까	마 27:46 막 15:34	하나님	우리의 죄를 위해 버림 받으심
5	내가 목마르다.	요 19:28	자신	육체적인 갈등
6	다 이루었다.	요 19:30	하나님과 사탄	죄의 빚을 다 갚으셨다는 승리의 외침
7	아버지, 내 영혼을 아버지 손에 부탁하나이다.	눅 23:46	성부	하나님과의 교제 회복

139. 빌라도에게 가서 예수님의 시체를 가져가기를 구한 사람은?(19:38)

140. 예수님의 장례를 위하여 몰약과 침향 섞은 것을 백 리트라쯤 가지고 온 사람은?(19:39)

참고 : 리트라는 약 327g 이다.

141. 안식 후 첫날 이른 아침에 아직 어두울 때에 무덤에 나와 돌이 무덤에서 옮겨 간 것을 본 여자는?(20:1)
① 예수의 어머니 ② 이모
③ 글로바의 아내 마리아 ④ 막달라 마리아

139. 아리마대 사람 요셉 140. 니고데모 141. ④

142. 예수님께서 부활하신 모습을 처음 누구에게 보이셨는가?(20:15~18)

143. 히브리말 "랍오니"의 뜻은 무엇인가?(20:16)

144. 부활하신 예수님께서 제자들이 유대인들을 두려워하여 문들을 닫고 모인 곳에 오사 처음으로 하신 말씀은?(20:19)
① 두려워 말라 ② 너희에게 평강이 있을 지어다.
③ 놀라지 말라 ④ 성령을 받으라

145. "이 말씀을 하시고 저희를 향하여 숨을 내쉬며 무슨 말씀을 하셨는가?(20:22)

146. 내가 그 손의 못 자국을 보며 내 손가락을 그 못 자국에 넣으며 내 손을 그 옆구리에 넣어 보지 않고는 믿지 아니하겠노라" 고 말한 제자는?(20:24~25)

147. "나의 주님이시요 나의 하나님이시니이다" 라고 고백한 제자는?(20:28)
① 베드로 ② 요한 ③ 도마 ④ 안드레

---

142. 마리아(막달라 마리아) 143. 선생님 144. ② 145. 성령을 받으라
146. 도마(디두모라 하는 도마) 147. ③

148. 4복음서 중 특별히 기록한 목적을 명시한 복음서는?(20:31)
① 마태 ② 마가 ③ 누가 ④ 요한

149. 요한복음을 기록한 목적은?(20:31)

150. 디베랴 호수에서 부활하신 예수님을 만난 제자의 수는?(21:1~2)
① 5명 ② 6명 ③ 7명 ④ 8명

151. 부활하신 예수님께서 제자들이 날이 새어갈 때까지 고기를 잡았으나 한 마리도 잡지 못하고 있을 때 그물을 배 오른편에 던지라 하여 따르고 잡은 고기의 수는?(21:11)
① 백 쉰 세 마리 ② 백 쉰 네 마리
③ 백 쉰 다섯 마리 ④ 백 쉰 여섯 마리

152. 일곱 제자들에게 나타나신 것이 예수님께서 죽은 자 가운데서 살아나신 후에 제자들에게 몇 번째 나타나신 것인가?(21:14)
① 두 번째 ② 세 번째 ③ 네 번째 ④ 다섯 번째

153. 예수님께서 조반을 먹은 후 "네가 나를 사랑하느냐" 고 세 번이나 누구에게 물으셨는가?(21:15~17)

---

148. ④ 149. 예수께서 하나님의 아들 그리스도이심을 믿게 하려 함이요 또 너희로 믿고 그 이름을 힘입어 생명을 얻게 하려 함이다. 150. ③ 151. ①
152. ② 153. 베드로

154. 예수님께서 베드로에게 하신 말씀이 아닌 것은?(21:15~17)
① 내 어린 양을 먹이라　② 내 양을 치라
③ 내 양을 가르치라　④ 내 양을 먹이라

155. 다음의 예수님 말씀의 뜻은?(21:18~19)
"내가 진실로 진실로 네게 이르노니 네가 젊어서는 스스로 띠 띠고 원하는 곳으로 다녔거니와 늙어서는 네 팔을 벌리리니 남이 네게 띠 띠우고 원하지 아니하는 곳으로 데려가리라"

156. 공관복음에 "주는 그리스도시요 하나님의 아들"이라고 고백한 두 사람은?
(마 16:16, 요 11:24~27)

157. 요한복음은 모두 몇 장으로 기록되었는가?

---

154. ③ 155. 베드로가 어떠한 죽음으로 하나님께 영광을 돌릴 것을 가르치는 것이다. 156. 베드로, 마르다　157. 21장

사도 요한 기념교회

예수님이 가장 사랑하시는 제자 요한은 노년에 예수님의 모친 마리아를 모시면서 에베소에서 살았다고 한다. 이곳은 또한 사도요한이 복음서를 기술하고 또 생을 마감한 무덤이 있는 곳이기도 하다. 이를 기념하여 사도요한의 무덤 위에 서기 4세기경 처음으로 나무로 된 교회가 지어졌으나 비잔틴 제국의 유스티니아누스 황제(577-565 AD)시대에 재건되어 오늘날의 형태로 남겨지게 되었단다. 흔히 성요한 교회라고도 불리우고 있다.
7, 8세기에 사도요한 교회는 20개의 타워와 3개의 문으로 이루어진 성벽으로 둘러싸이게 되었다고 하는데, 현재 우리들이 이용하는 곳은 주 성문으로, 나머지 두개의 문은 각각 동쪽과 서쪽에 나 있다. 요한 교회 앞에 세워진 정문의 돌들은 박해 시절 사자들의 먹이가 된 기독교도들의 넋을 달래기 위해 에베소의 원형경기장의 돌을 가져다가 로마의 기독교 박해를 되새기는 뜻으로 기독교 공인 후에 세웠다고 하는데 일명 순교의 문이라고 한다.

사도행전

사도행전 개요

1. 기록자
누가

2. 기록 연대
A.D. 61~63년 사이

3. 기록 장소
가이사랴나 로마에서 기록했을 가능성이 높다.

4. 기록 대상
일반적으로는 모든 이방 기독교인들을 대상으로 한다. 그러나 특별히 데오빌로를 위하여 기록하였다.

5. 핵심어 및 내용

사도행전의 핵심어는 '성령'과 '성장'이다. 사도행전에서 '성령님'에 대한 언급이 30회 이상이나 된다. 성령님은 신자들을 인도하시고 보호하시며 위로하실 뿐만 아니라, 신자들에게 확신과 힘을 주신다. 또한 사도행전은 교회의 수와 힘과 지적능력이 어떻게 성장해 나가는지를 개괄적으로 잘 설명하고 있다.

각 장의 내용들

1장

1. 부활 후의 사역(1:1~5)
2. 승천하심(1:6~11)
3. 다락방에서의 합심기도(1:12~26)

2장

1. 오순절 날의 역사(2:1~13)
2. 베드로의 설교(2:14~41)
3. 초대 교회의 생활(2:42~47)

3장

1. 걷지 못하는 자를 고침(3:1~10)
2. 베드로의 설교(3:11~26)

4장

1. 베드로와 요한이 잡힘(4:1~12)
2. 베드로와 요한이 풀려남(4:13~22)
3. 찬양과 기도 속에 하나됨(4:23~31)
4. 성도들의 공동생활(4:32~37)

5장

1. 아나니아와 삽비라의 죽음(5:1~16)
2. 지도자들과의 두 번째 충돌(5:17~42)

6장

1. 일곱 집사의 선택(6:1~7)
2. 스데반의 잡힘(6:8~15)

7장

1. 스데반의 설교(7:1~53)
2. 스데반의 순교(7:54~60)

8장

1. 사울의 교회 박해(8:1~3)
2. 사마리아의 전도(8:4~25)
3. 에디오피아 내시의 회심(8:26~40)

9장

1. 사울의 회심(9:1~18)
2. 다메섹 전도(9:19~22)
3. 예루살렘으로의 도피(9:23~31)
4. 애니아를 고침(9:32~35)
5. 다비다를 살림(9:36~43)

10장

1. 고넬료의 환상(10:1~8)
2. 베드로의 환상(10:9~16)
3. 가이사랴에서 고넬료를 만남(10:17~33)
4. 베드로의 설교(10:34~43)
5. 이방인들에게 성령이 강림하심(10:44~48)

11장

1. 유대 그리스도인의 책망(11:1~18)
2. 안디옥 교회 설립(11:19~30)

12장

1. 야고보의 순교와 베드로의 투옥(12:1~19)
2. 헤롯의 죽음(12:20~25)

13장

1. 바나바와 바울을 부름(13:1~3)
2. 구브로 전도(13:4~13)
3. 비시디아 안디옥 전도(13:14~43)
4. 유대인들의 반대(13:44~52)

14장

1. 이고니온 전도(14:1~7)

2. 루스드라 전도(14:8~20)
3. 제 1차 전도 여행 후 안디옥 귀환(14:21~28)

15장

1. 이방 교회의 문제와 예루살렘의 총회(15:1~35)
2. 바울의 제 2차 전도 여행(15:36~41)

16장

1. 마게도냐 전도(16:1~10)
2. 루디아가 믿게 됨(16:11~18)
3. 빌립보 옥에 갇힘(16:19~24)
4. 빌립보 간수의 회심(16:25~40)

17장

1. 데살로니가 전도(17:1~9)
2. 베뢰아 전도(17:10~15)
3. 아덴 전도(17:16~21)
4. 바울의 설교(17:22~34)

18장

1. 고린도와 에베소의 전도(18:1~17)
2. 바울의 제 3차 전도 여행(18:23)
3. 에베소의 아볼로(18:24~28)

19장

1. 에베소의 바울(19:1~22)
2. 데메드리오 사건(19:23~41)

20장

1. 마게도냐와 아가야 방문(20:1~5)
2. 드로아의 바울(20:6~12)
3. 밀레도를 향한 여행(20:13~16)
4. 에베소의 장로와 이별함(20:17~38)

21장

1. 예루살렘 귀환에 대한 경고(21:1~16)
2. 예루살렘에 도착(21:17~26)
3. 유대인들에게 붙잡힘(21:27~36)
4. 바울의 변명(21:37~22:5)

22장

1. 회심에 대한 바울의 간증(22:6~16)
2. 주께서 이방인들에게 바울을 보내심(22:17~29)
3. 공회 앞에 선 바울(22:30~23:11)

23장

1. 바울을 죽이려는 유대인의 맹세(23:12~22)
2. 가이사랴로 호송(23:23~35)

24장

1. 벨릭스 앞에 선 바울(24:1~27)

25장

1. 베스도 앞에 선 바울(25:1~9)
2. 가이사에게 호소함(25:10~12)
3. 아그립바와 베스도 앞에 선 바울(25:13~27)

26장

1. 아그립바 앞에 선 바울(26:1~11)
2. 바울의 회심 간증(26:12~23)
3. 그리스도인이 되기를 권함(26:24~32)

27장

1. 바울의 로마 항해(27:1~13)
2. 폭풍을 만남(27:14~38)
3. 구원받음(27:39~44)

28장

1. 멜리데의 바울(28:1~15)
2. 로마에서의 바울(28:16~31)

5. 사도행전

1. 사도행전은 누구에게 쓴 글인가?(1:1)

2. 예수님께서 부활하셔서 며칠 동안 저희에게 보이시며 하나님 나라의 일을 말씀하셨는가?(1:3)
   ① 삼십 일　② 삼십오 일　③ 사십 일　④ 사십오 일

3. 어디를 떠나지 말고 내게 들은 바 아버지의 약속한 것을 기다리라고 말씀하셨는가?(1:4)
   ① 베들레헴　② 갈릴리　③ 예루살렘　④ 나사렛

4. 예수님께서 요한은 물로 세례를 베풀었으나 너희는 몇 날이 못 되어 무엇으로 세례를 받으리라 하셨는가?(1:5)

5. 다음 (　　) 안에 들어갈 말은 무엇인가?(1:8)
   "오직 성령이 너희에게 임하시면 너희가 권능을 받고 예루살렘과 온 유대와 사마리아와 땅끝까지 이르러 내 (　　)이 되리라"

6. 마음을 같이하여 전혀 기도에 힘쓴 사람은 모두 몇 명인가?(1:14~15)
   ① 약 백이십 명　② 약 백이십오 명
   ③ 약 백삼십 명　④ 약 백사십 명

---

1. 데오빌로 2. ③ 3. ③ 4. 성령 5. 증인 6.①

7. 성령이 다윗의 입을 통하여 예수 잡는 자들의 길잡이는 누구를 가리키는 것으로 미리 말씀하신 성경이 응하였으니 마땅하다고 하였는가?(1:16)

8. 불의의 삯으로 밭을 사고 후에 몸이 곤두박질하여 배가 터져 창자가 다 흘러나와 죽은 사람은?(1:18)

9. "아겔다마"라는 뜻은?(1:19)

10. '유다의 직분을 타인이 취하게 하소서' 라는 말씀은 구약의 어느 책에 기록되었는가?(1:20)
   ① 시편 ② 잠언 ③ 이사야 ④ 예레미야

   참고 : 시 109:8

11. 예수님의 사도가 되기 위한 조건은?(1:21,22)

12. 유다를 대신하여 세움을 받은 두 사람은?(1:23)

13. 동일인이 아닌 이름은?(1:23)
   ① 바사바 ② 유스도 ③ 요셉 ④ 맛디아

14. 제비뽑아 열한 사도의 수에 들어간 사람은?(1:26)

---

7. 유다(가룟 유다) 8. 유다(가룟 유다) 9. 피밭 10. ①
11. 항상 우리와 함께 다니던 사람 12. 요셉, 맛디아 13. ④ 14. 맛디아

15. 어느 절기에 다 성령의 충만을 받고 성령이 말하게 하심을 따라 다른 언어들로 말하기를 시작하였는가?(2:4)

① 유월절　② 사순절　③ 오순절　④ 칠칠절

16. 베드로는 성령이 임할 것이라고 말씀하신 것이 선지자 누구를 통하여 말씀한 것이라고 하였는가?(2:16)

① 에스겔　② 다니엘　③ 호세아　④ 요엘

참고 : 욜 2:28이하

17. 하나님의 영이 임하여 나타나는 현상 중 아닌 것은?(2:17)

① 어린이가 말을 하며　② 자녀들은 예언할 것이요

③ 젊은이들은 환상을 보고　④ 늙은이들은 꿈을 꾼다.

18. 하나님의 영으로 땅에 베푸시겠다는 징조 중 아닌 것은?(2:19)

① 물　② 피　③ 불　④ 연기

19. 예수님을 가리켜 "내가 항상 내 앞에 계신 주를 뵈었음이여 나로 요동하지 않게 하기 위하여 그가 내 우편에 계시도다"라고 노래한 사람은?(2:25)

① 다윗　② 이사야　③ 에스겔　④ 요엘

참고 : 시 16:8 이하

20. 베드로는 다윗을 가리켜 무엇이라고 불렀는가?(2:30)

① 왕　② 제사장　③ 선지자　④ 메시야

---

15. ③ 16. ④ 17. ① 18.① 19. ① 20. ③

21. 베드로가 말하기를 "너희가 십자가에 못 박은 이 예수를 하나님이 무엇이 되게 하셨다" 고 하였는가?(2:36)

22. 베드로의 말을 듣고 마음에 찔려하는 무리들에게 "회개하여 각각 예수 그리스도의 이름으로 세례를 받고 죄 사함을 받으라 그리하면 무엇의 선물로 받으리니" 하였는가?(2:37~38)

23. 베드로의 처음 설교를 듣고 세례를 받으매 이 날의 신도의 수가 얼마나 더 하였는가?(2:41)

① 이천 명 ② 삼천 명 ③ 사천 명 ④ 오천 명

참고 : 사도행전의 설교문들

베드로의설교

1. 오순절(2:14~36) 2. 성전 행각에서(3:12~26)
3. 대제사장 앞에서(4:8~12) 4. 이방선교(고넬료)(10:34~43)

바울의 설교

1. 비시디아 안디옥에서(13:16~41) 2. 아덴 아레오바고에서(17:16~31)
3. 예루살렘의 유대인 앞에서(22:1~12) 4.공회에서(23:1~6)
5. 아그립바와 베스도 앞에서(26:2~23)

24. 초대 교회의 생활 모습 중 아닌 것은?(2:42~47)

① 사도의 가르침을 받음 ② 서로 교제함
③ 떡을 뗌 ④ 봉사하기를 힘씀

25. 베드로와 요한이 기도 시간에 성전에 올라갈새 나면서 못 걷게 된 이를 보고 고쳐준 시간은?(3:1~2)

① 제 육 시 ② 제 칠 시 ③ 제 팔 시 ④ 제 구 시

---

21. 주와 그리스도 22. 성령 23. ② 24. ④ 25. ④

26. 사도행전에 나타난 베드로의 정기적인 기도 시간은?(3:1, 10:9)

27. 이 못 걷게 된 이는 날마다 성전 어디에 있던 자인가?(3:2)

① 미문 ② 동문 ③ 서문 ④ 북문

28. 베드로가 "은과 금은 내게 없거니와 내게 있는 이것을 네게 주노니 누구의 이름으로 일어나 걸으라" 하였는가?(3:6)

① 나사렛 예수 ② 예수 그리스도

③ 그리스도 ④ 나사렛 예수 그리스도

참고 : 베드로와 사울의 이적

베드로	1. 성전 미문의 못 걷게 된 이를 고침(3:7)
	2. 그의 그림자라도 덮기를 바라는 침상에 누운 병자들(5:15,16)
	3. 애니아의 중풍병을 고침(9:32~35)
	4. 다비다를 살림(9:36~40)
바울	1. 마술사 엘루마의 눈을 멀게 함(13:8~12)
	2. 루스드라의 못 걷게 된 이를 고침(14:8~10)
	3. 귀신 들린 여종을 고침(16:16~18)
	4. 에베소의 사람들이 바울의 손수건이나 앞치마를 병자에게 얹음으로 병과 악귀가 떠남(19:10~12)
	5. 유두고를 살림(20:7~12)
	6. 보블리오의 부친열병과 이질을 고침(28:7~10)

29. 베드로의 두 번째 설교는 어디에서 하였는가?(3:11)

① 마가의 다락방 ② 회막

③ 솔로몬의 행각 ④ 예루살렘 성

---

26. 구 시, 육 시 27. ① 28. ④ 29. ③

30. 베드로의 두 번째 설교 중에 "하나님이 모든 누구의 입을 의탁하사 자기의 그리스도께서 고난 받으실 일을 미리 알게 하신 것을 이와 같이 이루셨다" 고 말하는가?(3:18)
① 선지자 ② 모세 ③ 조상 ④ 사무엘

31. 아래의 말을 누가 했다고 베드로는 말하는가?(3:22)
"주 하나님이 너희를 위하여 너희 형제 가운데서 나 같은 선지자 하나를 세울 것이니 너희가 무엇이든지 그 모든 말을 들을 것이라"

① 느헤미야 ② 다윗 ③ 모세 ④ 말라기

참고 : 신 18:15

32. 베드로의 두 번째 설교 중에서 인용한 구약의 세 인물이 아닌 것은?(3:22~26)
① 사무엘 ② 모세 ③ 아브라함 ④ 다윗

33. 아래의 말은 베드로가 한 것으로 누구를 말하는 것인가?(4:11)
"너희 건축자들의 버린 돌로서 집 모퉁이의 머릿돌이 되었느니라"

참고 : 시 118:22

34. 구브로에서 난 레위족 사람으로 밭을 팔아 값을 사도들의 발 앞에 둔 자의 이름은?(4:36,37)

참고 : 바벨론으로 이거할 때
본래의 이름은 요셉으로 사도들이 바나바라고 불렀고 번역하면 위로의 아들이라는 뜻이다.

---

30. ① 31. ③ 32. ④ 33. 예수 34. 요셉

35. 성령을 속이고 땅 값 얼마를 감춘 것으로 인하여 베드로에게 책망을 받고 죽은 부부는?(5:1~11)

참고 : 아나니아의 동명이인

1. 삽비라의 남편 - 성령을 속여 베드로에게 책망 받고 죽음(5:10,11)
2. 다메섹에 사는 제자 - 사울에게 안수하여 눈을 뜨게 함(9:10~18)
3. 유대인의 대제사장 - 공회 앞에서 바울을 심문하고 바울의 입을 치라고 명령한 당시의 대제사장(23:2)

36. 병든 사람들을 메고 거리에 나가 침대와 요 위에 누이고 누가 지날 때에 혹 그의 그림자라도 덮이기를 바랐는가?(5:15)

① 베드로 ② 요한 ③ 누가 ④ 바나바

37. 바리새인이며 율법교사로 모든 백성에게 존경을 받을 뿐 아니라 사도들을 변호하였던 사람은?(5:34)

38. 누가 일어나서 스스로 선전하매 사람이 약 400명이나 따르더니 그가 죽임을 당하매 따르던 모든 사람들이 다 흩어져 없어졌는가?(5:36)

39. 호적할 때에 누가 일어나 백성을 꾀어 따르게 하다가 그도 망한즉 따르던 모든 사람들이 흩어졌는가?(5:37)

---

35. 아나니아와 삽비라 36. ① 37. 가말리엘 38. 드다 39. 갈릴리의 유다

40. 일곱 집사를 선택하게 된 이유는 무엇인가?(6:1)
① 헬라파 유대인들의 과부들이 구제에서 빠지므로 히브리파 사람을 원망하여
② 구제하는 일에 있어서 더욱 질서 있게 하기 위하여
③ 복음의 전파로 세워진 교회들의 교육과 관리하도록 하기 위하여
④ 예루살렘 교회의 질서유지를 위하여

41. 일곱 집사들의 자격 요건 중 아닌 것은?(6:3)
① 성령이 충만한 자 ② 지혜가 충만한 자
③ 칭찬 받는 자 ④ 봉사가 많은 자

42. 열두 사도들은 무엇하기 위하여 일곱 집사를 선택하였는가?(6:4)
① 구제하기 위하여 ② 기도와 말씀 사역에 힘쓰기 위하여
③ 봉사하기 위하여 ④ 선교 여행하기 위하여

43. 일곱 집사의 이름을 모두 쓰시오(6:5).

44. 공회에 서게 되는 스데반의 고소 내용 중 아닌 것은?(6:13~14)
① 거룩한 곳과 율법을 거슬러 말하였다.
② 나사렛 예수가 이 곳을 헌다고 말하였다.
③ 하나님이 예수를 주가 되게 하셨다.
④ 모세가 준 규례를 고치겠다.

---

40. ① 41. ④ 42. ②
43. 스데반, 빌립, 브로고로, 니가노르, 디몬, 바메나, 니골라 44. ③

45. 스데반의 설교(변론)와 순교가 기록된 장은?
① 5장 ② 6장 ③ 7장 ④ 8장

46. 스데반의 변명에 나오는 사람 중 아닌 것은?(7:1~53)
① 노아 ② 아브라함 ③ 요셉 ④ 모세

47. 예수님께서 승천하여 하나님 우편에 서신 모습을 처음으로 본 사람은?(7:55)

48. 스데반을 성 밖으로 내치고 돌로 칠새 증인들이 옷을 벗어 청년 누구의 발 앞에 두었는가?(7:58)

49. 스데반이 돌에 맞아 죽어가면서 한 마지막 말은?(7:60)
① 주 예수여 내 영혼을 받으시옵소서
② 나를 받으소서
③ 주여 이 죄를 그들에게 돌리지 마옵소서
④ 주여 저들을 용서하소서

50. 복음이 예루살렘에만 머물지 않고 유대와 사마리아와 땅 끝까지 흩어져 전하게 되는 직접적인 원인은 무엇인가?(8:1)
① 스데반의 순교 ② 예루살렘 교회의 큰 박해
③ 예수님의 지상 명령 ④ 베드로의 설교

---

45. ③ 46. ① 47. 스데반 48. 사울 49. ③ 50. ②

51. 사마리아와 성에 내려가 그리스도를 백성에게 전파한 사람은?(8:5)
① 베드로 ② 요한 ③ 안드레 ④ 빌립

52. 사마리아 성에 사는 사람으로 마술을 행하여 백성을 놀라게 하며 자칭 "큰 자"의 이름은?(8:9)

53. 예루살렘에 있는 사도들이 베드로와 요한을 사마리아로 보낸 이유는?(8:14)
① 박해가 있으므로 ② 가뭄이 극진함으로
③ 박해를 피하기 위하여 ④ 하나님의 말씀을 받았다 하여

54. 예루살렘에 있는 사도들은 사마리아도 하나님의 말씀을 받았다함을 듣고 보낸 사도 두 사람의 이름은?(8:14)

55. 사도들의 안수로 성령 받는 것을 보고 돈을 드려 사려 했던 사람은?(8:18~19)

56. 성령을 돈으로 사려했던 시몬은 누구에게 책망을 받았는가?(8:20)
① 베드로 ② 요한 ③ 빌립 ④ 안드레

57. 주의 사자의 지시로 예루살렘에서 가사로 내려가는 길에서 에디오피아 내시를 만나 성경을 깨닫게 하고 세례를 준 사람은?(8:26,27,32,38)
① 베드로 ② 요한 ③ 빌립 ④ 안드레

58. 당시 에디오피아 여왕의 이름은?(8:27)

---

51. ④ 52. 시몬 53. ④ 54. 베드로와 요한 55. 시몬 56. ① 57. ③ 58. 간다게

59. 에디오피아 내시가 선지자 누구의 글을 읽고 있었나?(8:28)
① 사무엘 ② 느헤미야 ③ 이사야 ④ 다니엘

참고 : 사 53:7~8

60. 선지자의 글은 누구를 가리키고 있는 것이라고 빌립은 말하였는가?(8:34~35)
① 하나님 ② 예수 ③ 성령 ④ 아브라함

61. 사울의 회심 기사는 몇 장에 나오는가?
① 6장 ② 7장 ③ 8장 ④ 9장

62. 다메섹에 가까이 이르러 부활하신 예수님의 소리를 들은 사람은?(9:4)

63. 사울은 눈을 떴으나 몇 일 동안 보지 못하였나?(9:8~9)
① 하루 ② 이틀 ③ 사흘 ④ 나흘

64. 다메섹에 사는 제자로 주께는 환상 중에 불러 보지 못하는 사울을 안수하여 보게 하라는 지시를 받은 사람은?(9:10~12)

65. 안수하기를 두려워하는 아나니아에게 주께서 이 사람은 누구에게 내 이름을 전하기 위해 택한 나의 그릇이라 하면서 말한 것 중 아닌 것은?(9:15)
① 유대인 ② 이방인 ③ 임금들 ④ 이스라엘 자손들

---

59. ③ 60. ② 61. ④ 62. 사울 63. ③ 64. 아나니아 65. ①

66. 사울이 처음으로 "예수가 하나님의 아들이심"을 전파한 곳은?(9:20)
① 다메섹 ② 예루살렘 ③ 갈릴리 ④ 사마리아

67. 유대인들이 사울을 죽이려고 공모하자 그의 제자들이 밤에 사울을 광주리에 담아 어느 성에서 달아내려 피하게 하였는가?(9:25)
① 예루살렘 ② 다메섹 ③ 가이사랴 ④ 두로

68. 사울이 예루살렘에 가서 제자들을 사귀고자 하나 다 두려워하여 그가 제자 됨을 믿지 않았을 때 누가 사울을 데리고 사도들에게 갔는가?(9:26~27)

69. 사울에 대한 바나바의 변론 중 아닌 것은?(9:27)
① 어떻게 주를 본 것
② 어떻게 예수의 이름으로 담대히 말하던 것
③ 어떻게 눈을 뜬 것
④ 주께서 그에게 말씀하신 일

70. 베드로가 사방으로 두루 다니다가 룻다에 사는 중풍병자 누구를 고쳤는가?(9:32~33)
① 시몬 ② 애니아 ③ 다비다 ④ 고넬료

71. 이 중풍병자는 누운 지 몇 해 되었나?(9:33)
① 다섯 해 ② 여섯 해 ③ 일곱 해 ④ 여덟 해

---

66. ① 67. ② 68. 바나바 69. ③ 70. ② 71. ④

72. 욥바에 사는 여제자로 선행과 구제하는 일이 심히 많은 중에 죽었으나 베드로를 통해 다시 살게 된 여인의 이름은?(9:36~42)

참조 : "다비다"의 이름을 번역하면 "도르가"다.

73. 가이사랴에 사는 이달리야의 군대 백부장으로 하나님을 경외하며 백성을 많이 구제하고 항상 하나님께 기도하는 자로 베드로를 청한 사람은?(10:1~2)

74. 고넬료가 환상을 본 시간은?(10:3)
① 제 칠 시쯤 ② 제 팔 시쯤 ③ 제 구 시쯤 ④ 제 열 시쯤

75. 베드로는 누구의 집에 있을 때 속된 짐승의 환상을 보았는가?(10:6)
① 룻다 애니아 ② 무두장이 시몬
③ 가이사랴 고넬료 ④ 구브로 요셉

76. 베드로가 환상을 본 시간은?(10:9)
① 제 육 시 ② 제 칠 시 ③ 제 팔 시 ④ 제 구 시

77. 베드로가 환상 중에 본 것 중 아닌 것은?(10:12)
① 각종 네 발 가진 짐승 ② 기는 것
③ 공중에 나는 것 ④ 물 속에 있는 것

78. 하늘로서의 소리가 몇 번 있은 후 그 그릇이 하늘로 올리워 갔는가?(10:16)
① 한 번 ② 두 번 ③ 세 번 ④ 네 번

---

72. 다비다 73. 고넬료 74. ③ 75. ② 76. ① 77. ④ 78. ③

79. 베드로가 본 환상은 무엇을 상징하는가?(10:28)
① 이방인에게 복음 전파 ② 모세의 율법 폐지
③ 장로들의 전통 계승 ④ 유대인의 복음 거부

80. 베드로가 누구의 집에서 설교한 후 아래와 같이 말하였는가?(10:34~35)
"내가 참으로 하나님은 사람의 외모를 보지 아니하시고 각 나라 중 하나님을 경외하며 의를 행하는 사람은 다 받으시는 줄 깨달았도다"

81. 고넬료 가정에 성령이 임할 때 베드로가 생각난 주의 말씀은?(11:16)

82. 유대 그리스도인들이 베드로의 말을 듣고 잠잠하여 하나님께 영광을 돌려 이르되 그러면 하나님께서 이방인들에게도 무엇 얻는 회개를 주셨다고 하였나?(11:18)
① 구원 ② 자비 ③ 생명 ④ 은혜

83. 안디옥에 있는 헬라인에게 주 예수를 전파하니 수다한 사람이 믿고 주께 돌아오는 소문을 예루살렘 교회가 듣고 누구를 보냈는가?(11:20~22)
① 야고보 ② 베드로 ③ 빌립 ④ 바나바

84. 다음은 누구를 말하는 것인가?(11:22,24,25,26)
• 착한 사람이요, 성령과 믿음이 충만한 자라 합니다.
• 안디옥으로 보냄을 받은 사람입니다.
• 사울을 찾으러 다소에 갔습니다.
• 안디옥에서 일 년간 무리를 가르쳤습니다.

---

79. ① 80. 고넬료 81. 요한은 물로 세례를 베풀었으나 너희는 성령으로 세례를 받으리라 82. ③ 83. ④ 84. 바나바

85. 바나바와 사울은 안디옥에서 몇 년간 무리를 가르쳤는가?(11:26)
① 일 년　　② 이 년　　③ 삼 년　　④ 사 년

86. 제자들이 어디에서 비로소 그리스도인이라 일컬음을 받았는가?(11:26)
① 사마리아　　② 갈릴리　　③ 예루살렘　　④ 안디옥

87. 한 사람이 일어나 성령으로 말하되 천하에 큰 흉년이 들리라 예언한 사람은?(11:28)

88. 87번 문제의 예언이 누구 때에 이루어졌는가?(11:28)

참고 : 글라우디오
로마의 제 4대 황제로 A.D. 41~47년 까지 통치하였는데 그의 시대에 큰 흉년이 네 번이나 있었는데, A.D. 44~47년 사이에는 팔레스타인에 큰 흉년이 있었다.

89. 예수님의 제자들 중 가장 먼저 순교한 사람은?(12:1,2)
① 베드로　　② 요한　　③ 야고보　　④ 안드레

90. 베드로가 잡혀 옥에 갇힐 때의 절기는?(12:3)
① 무교절　　② 유월절　　③ 초막절　　④ 오순절

91. 옥에 갇혀 있을 때 주의 사자의 도움으로 벗어난 베드로가 먼저 누구의 집에 갔는가?(12:12)

---

85. ① 86. ④ 87. 아가보 88. 글라우디오 89. ③ 90. ①
91. 마가 요한의 어머니 마리아의 집

92. 베드로가 문을 두드린대 영접하러 왔다가 베드로의 음성인 줄 알고 기뻐하여 문을 미처 열지 못하고 달려 들어가 베드로가 대문 밖에 섰더라고 말한 여자아이의 이름은?(12:13~14)

93. 헤롯 왕의 침소를 맡은 신하의 이름은?(12:20)

94. 영광을 하나님께 돌리지 아니하는 고로 주의 사자가 곧 치니 벌레에게 먹혀 죽은 왕은?(12:23)

95. 사울이 예루살렘을 두 번째 방문한 이유는?(12:25)
① 이방인에 대한 선교보고를 하기 위해
② 이방인의 대한 선교 후원을 위해
③ 예루살렘에 부조를 전하기 위해
④ 사도들을 만나기 위해

96. 안디옥 교회의 선지자들과 교사들 중 아닌 사람은?(13:1)
① 바나바 ② 사울 ③ 루기오 ④ 빌립

참고 : 안디옥의 선지자와 교사
1. 바나바 2. 니게르라 하는 시므온 3. 구레네 사람 루기오
4. 분봉왕 헤롯의 젖동생 마나엔 5. 사울

---

92. 로데 93. 블라스도 94. 헤롯 95. ③ 96. ④

97. 이방 선교를 위한 중심지는 어디인가?(13:1)
① 사마리아 ② 가이사랴 ③ 버가 ④ 안디옥

98. 바나바와 바울이 구브로 전도 중 바보에 이르러 유대인 거짓 선지자인 마술사 누구를 만났는가?(13:6)

99. 지혜 있는 사람으로 바나바와 바울을 불러 하나님의 말씀을 듣고자 한 총독은?(13:7)

100. 바나바와 바울을 대적하여 총독으로 믿지 못하게 힘쓰다 맹인이 된 자는?(13:8~11)

101. 바울 일행이 버가에 이르렀을 때 일행을 떠나 예루살렘으로 돌아간 자는?(13:13)

102. 비시디아 안디옥에서 바울의 설교 중 선지자 누구에게까지 하나님께서 사사를 주셨다고 말하였나?(13:20)
① 사무엘 ② 예레미야 ③ 세례 요한 ④ 사울

103. 하나님께서 누구를 만나니 "내 마음에 맞는 사람이라 내 뜻을 다 이루리라" 하셨다고 바울은 말하고 있는가?(13:22)
① 사울 ② 다윗 ③ 솔로몬 ④ 예수

---

97. ④ 98. 바예수 99. 서기오 바울 100. 엘루마 101. 요한 102. ① 103. ②

104. 바울과 바나바가 이방인에게 복음을 전할 것을 선언한 곳은?(13:46)
① 버가 ② 이고니온 ③ 비시디아 안디옥 ④ 루스드라

105. 바울의 1차 선교여행이 바르게 된 것은?(13장, 14장)
① 예루살렘 - 가이사랴 - 미항 - 가우디 섬 - 멜리데 섬 - 압비오 - 삼곤 - 로마
② 안디옥 - 구브로 - 바보 - 버가 - 비시디아 안디옥 - 이고니온 - 루스드라 - 더베 - 이고니온 - 비시디아 안디옥 - 밤빌리아 - 버가 - 수리아안디옥
③ 수리아 안디옥 - 길리기아 - 루스드라 - 드로아 - 빌립보 - 데살로니가 - 베뢰아 - 아덴 - 고린도 - 겐그레아 - 에베소 - 가이사랴 - 수리아안디옥
④ 안디옥 - 에베소 - 헬라 - 빌립보 - 드로아 - 밀레도 - 가이사랴 - 예루살렘

참고 : 바울의 선교 여행
위의 ①은 로마 여행, ②는 1차 선교 여행, ③은 2차 선교여행, ④는 3차 선교 여행지이다.

106. 루스드라에서 바울에게 고침을 받은 사람의 병명은?(14:8)
① 중풍병자 ② 나병환자 ③ 맹인 ④ 걷지 못한 자

107. 루스드라에서 무리들이 바나바와 바울을 신들이 사람의 형상으로 우리 가운데 내려오셨다고 하며 각각 무엇이라고 불렀는가?(14:11~12)

---

104. ③ 105. ② 106. ④ 107. 바나바 - 제우스, 바울 - 헤르메스

108. 루스드라에서 바나바와 바울이 옷을 찢고 무리 가운데 들어가서 소리 지른 이유는?(14:13~14)
① 바나바와 바울을 제우스와 헤르메스라 하여
② 예수를 믿지 않음으로
③ 제우스 신당의 제사장이 함께 제사하고자 하여
④ 이적을 보이라 하여

109. 루스드라에서 전도하는 바울에게 안디옥과 이고니온에서 온 어떤 사람들이 돌로 쳐서 죽은 줄로 알고 시외로 끌어 내쳤는가?(14:19)
① 로마인들 ② 유대인들 ③ 루스드라인들 ④ 이고니온인들

110. 이방 교회의 문제와 예루살렘의 회의가 기록된 장은?
① 14장 ② 15장 ③ 16장 ④ 17장

111. 이방 교회의 문제로 의논할 때 "이방인 중에서 하나님께 돌아오는 자들을 괴롭게 하지 말고 다만 우상의 더러운 것과 음행과 목매어 죽인 것과 피를 멀리하라고 편지하는 것이 옳다"고 말한 사람은?(15:13~20)
① 바나바 ② 바울 ③ 베드로 ④ 야보고

112. 야고보가 하나님이 처음으로 이방인 중에서 자기 이름을 위할 백성을 취하시려고 그들을 돌보신 것을 누가 말하였다고 하였는가?(15:14)

---

108. ③ 109. ② 110. ② 111. ④ 112. 시므온

113. 사도와 장로와 온 교회가 사람을 택하여 바울과 바나바와 함께 안디옥으로 보내기로 선출된 두 사람은?(15:22)

114. 예루살렘 회의에서 결의된 내용 중 아닌 것은?(15:29)
① 우상의 제물을 멀리하라
② 할례를 행하라
③ 피와 목매어 죽인 것을 멀리하라
④ 음행을 멀리하라

115. 주의 말씀을 전한 각 성으로 다시 가서 형제들이 어떠한가 방문하기 전에 바나바와 바울이 다투게 되는데 그 이유는?(15:36~41)

116. 바울과 바나바가 함께 2차 전도여행을 떠나지 못한 이유는?(15:39)
① 성격 차이　② 예루살렘 교회의 결정
③ 재정 문제　④ 바울이 마가의 동행 반대

117. 바울은 누구를 택한 후에 형제들에게 주의 은혜에 부탁함을 받고 수리아와 길리기아로 떠났는가?(15:40)
① 마가　② 실라　③ 빌립　④ 디모데

118. 더베와 루스드라에 디모데라 하는 제자가 있는데 그 어머니는 믿는 유대 여자요 아버지는 어느 사람인가?(16:1)
① 로마인　② 사마리아인　③ 헬라인　④ 유대인

---

113. 바사바라 하는 유다, 실라 114. ② 115. 마가라 하는 요한을 데리고 가는 문제 116. ④ 117. ② 118. ③

119. 바울이 디모데에게 할례를 행한 이유는?(16:3)
① 유대인이 되게 하려고
② 모세의 율법을 지키기 위해
③ 신앙고백이 되게 하려고
④ 사람들이 그의 아버지가 헬라인인 줄 알기 때문에

120. 바울이 무시아 앞에 이르러 어디로 가고자 애쓰되 예수의 영이 허락하지 않았는가?(16:7)
① 더베 ② 루스드라 ③ 이고니온 ④ 비두니아

121. 드로아에서 바울이 환상을 보았는데 그 가운데 나타나 도와 달라고 한 사람은 어느 지역 사람인가?(16:9)
① 마게도냐 ② 빌립보 ③ 안디옥 ④ 루스드라

122. 로마의 식민지며 마게도냐 지방의 첫 성은?(16:12)
① 빌립보 ② 에베소 ③ 고린도 ④ 드로아

123. 두아디라 시에 자색 옷감 장사로서 바울에게 기도처를 마련해 준 여자는?(16:13~15)

124. 바울과 실라가 감옥에 갇힌 곳은?(16:12~24)
① 에베소 ② 안디옥 ③ 빌립보 ④ 고린도

125. 갑자기 큰 지진이 나서 옥터가 움직이고 문이 곧 다 열리며 모든 사

---

119. ④ 120. ④ 121. ① 122. ① 123. 루디아 124. ③ 125. ①

람의 매인 것이 다 벗어지는 일이 어디서 일어났는가?(16:26)
① 빌립보 ② 에베소 ③ 안디옥 ④ 데살로니가

126. "주 예수를 믿으라 그리하면 너와 네 집이 구원을 받으리라"는 말씀은 몇 장에 나오는가?
① 13장 ② 14장 ③ 15장 ④ 16장

127. 바울이 빌립보 감옥에 있을 때 어디 사람이라고 말하였는가?(16:37)
① 유대 ② 로마 ③ 그리스 ④ 헬라

128. 바울이 자기의 관례대로 데살로니가에서 얼마 동안 성경을 가지고 강론하였는가?(17:2)
① 두 안식일 ② 세 안식일 ③ 네 안식일 ④ 다섯 안식일

129. 천하를 어지럽게 하는 바울의 일행을 집에 들였다고 하여 데살로니가에 살고 있는 유대인들에게 고통을 당한 자는?(17:6~7)

130. 데살로니가에 있는 사람보다 더 너그러워서 간절한 마음으로 말씀을 받고 이것이 그러한가 하여 날마다 성경을 상고한 사람들이 사는 지역은?(17:11)
① 에베소 ② 빌립보 ③ 안디옥 ④ 베뢰아

131. 바울이 온 성에 우상이 가득한 것을 보고 마음에 격분해 한 곳은?(17:16)
① 고린도 ② 데살로니가 ③ 아덴 ④ 마게도냐

---

126. ④ 127. ② 128. ② 129. 야손 130. ④ 131. ③

132. 바울을 아덴에서 변론한 철학자들의 이름은?(17:18)

참고 : 에피쿠로스와 스토아

1. 에피쿠로스 - B.C.300년 에피쿠로스로부터 시작된 '쾌락지상주의' 를 부르짖는 학파로 초창기에는 정신적인 쾌락을 추구하였으나, 바울 시대에 이르러서는 감각적인 쾌락쪽으로 기울어졌다.
2. 스토아 - B.C.300년 제노로부터 시작된 학파로서 인간과 자연을 선으로 이끄는 '위대한 이성' 에 순응하여 살도록 가르쳤다. 도덕적으로는 금욕주의자들이었다.

133. 아덴에서 바울은 어느 가운데 서서 범사에 종교심이 많다고 하였는가?(17:22)

참고 : 아레오바고

아테네의 종교 · 도덕에 관한 문제를 강론하고 재판하던 장소.

134. 아덴에서 복음을 받아들인 아레오바고의 관리와 여자의 이름은?(17:34)

135. 바울은 아덴의 사람들이 범사에 무엇이 많다고 하였는가?(17:22)
① 형제애 ② 애국심 ③ 종교심 ④ 인류애

136. 모든 유대인들을 로마에서 떠나라고 명한 사람은?(18:2)
① 글라우디오 ② 티베리우스 ③ 가이사 ④ 헤롯

137. 아굴라에 대한 설명 중 아닌 것은?(18:2, 3)
① 본도에서 난 유대인 ② 바울을 고린도에서 만남
③ 아내는 브리스길라 ④ 그의 직업은 자색옷감

---

132. 에피쿠로스, 스토아 133. 아레오바고 134. 디오누시오, 다마리 135. ③ 136. ① 137. ④

138. 집이 회당 옆에 있는 고린도인으로 하나님을 공경하며 바울에게 집을 제공한 사람은?(18:7)
① 아굴라　② 루디아　③ 디오누시오　④ 디도 유스도

139. 고린도에 사는 회당장으로 온 집안과 더불어 주를 믿으며 바울에게 세례를 받은 사람은?(18:8)

140. 바울은 고린도에 얼마 동안 머물며 하나님의 말씀을 가르쳤는가?(18:11)

141. 유대인들이 바울을 고소한 소송을 각 민족의 자치적인 문제로 여겨 기각한 아가야의 총독은?(18:12~17)
① 갈리오　② 글라우디오　③ 벨릭스　④ 아그립바

142. 바울이 일찌이 서원이 있었으므로 머리를 깎은 곳은?(18:18)

143. 알렉산드리아에서 난 유대인으로 언변이 좋고 성경에 능통한자는?(18:24)

144. 바울이 에베소 어느 곳에서 두 해 동안 날마다 강론하였는가?(19:9,10)

---

138. ④　139. 그리스보　140. 1년 6개월　141. ①　142. 겐그레아　143. 아볼로
144. 두란노 서원

참고 : 두란노 서원
에베소의 철학 강연 장소로 수사 학자인 트란누스의 이름을 딴 것이다.
다른 사본을 보면 바울이 여기에서 오전 11시~오후 4시까지 강의했다고 한다.

145. 바울의 몸에서 손수건이나 앞치마를 가져다가 병든 사람에게 얹으면 그 병이 떠나고 악귀도 나간 곳은?(19:12)
① 데살로니가 ② 고린도 ③ 에베소 ④ 안디옥

146. 에베소에 있던 일로 바울이 전하는 예수를 빙자하여 귀신을 쫓아내려고 한 일곱 아들들을 둔 유대의 한 제사장 아버지는?(19:13~14)

147. 에베소에서 마술을 행하던 많은 사람이 그 책을 모아 가지고 와서 모든 사람 앞에서 불사르니 그 책 값을 계산한 즉 얼마나 되었는가?(19:19)
① 은 삼만 ② 은 오만 ③ 은 칠만 ④ 은 십만

148. 에베소에서 아데미의 신상모형을 만들어 생업을 삼고 있었는데 바울이 사람의 손으로 만드는 것들은 신이 아니라 하여 생업을 못하게 되자 바울과 같이 다니는 가이오와 아리스다고를 잡아 연극장으로 끌고 간 사람은?(19:24~29)

149. 아시아까지 바울과 함께 가는 자들로 그들이 먼저 드로아에서 바울을 기다린 일행들 중 아닌 사람은?(20:4~5)
① 소바더 ② 아리스다고 ③ 가이오 ④ 데메드리오

참고 : 바울의 일행들
1. 소바더 2. 아리스다고 3. 세군도 4. 가이오 5. 디모데 6. 두기고 7. 드로비모

---

145. ③ 146. 스게와 147. ② 148. 데메드리오 149. ④

150. 위의 일행들은 모두 네 지역의 사람들인데 그 중 아닌 것은?(20:4)

① 베뢰아 사람 ② 데살로니가 사람

③ 데베 사람 ④ 유럽 사람

참고 : 바울 일행들의 지역

1. 베뢰아 사람 - 소바더
2. 데살로니가 사람 - 아리스다고, 세군도
3. 더베 사람 - 가이오, 디모데
4. 아시아 사람 - 두기고, 드로비모

151. 드로아에서 바울이 강론 중에 창에 걸터앉아 깊이 졸다가 삼층에서 떨어져 죽었으나 바울에 의해 살아난 청년은?(20:7~12)

152. 바울이 에베소의 장로들과 이별한 곳은?(20:17~38)

① 드로아 ② 앗소 ③ 기오 ④ 밀레도

153. 아래의 바울의 고백은 몇 장에 기록되어 있는가?

"내가 달려갈 길과 주 예수께 받은 사명 곧 하나님의 은혜의 복음 증언하는 일을 마치려 함에는 나의 생명조차 조금도 귀한 것으로 여기지 아니하노라"

① 19장 ② 20장 ③ 21장 ④ 22장

154. 바울은 에베소의 장로들과 헤어지기 앞서 밤낮 쉬지 않고 눈물로 각 사람에게 몇 년 동안 훈계한 것을 기억하라고 하였나?(20:31)

① 일 년 ② 이 년 ③ 삼 년 ④ 사 년

---

150. ④ 151. 유두고 152. ④ 153. ② 154. ③

155. 처녀로 예언하는 딸 넷을 두고 가이사랴에 살고 있는 일곱 집사중 한 사람은?(21:8~9)
① 빌립 ② 브로고로 ③ 니가노르 ④ 니골라

156. "바울의 띠를 가져다가 자기 수족을 잡아매고 말하기를 성령이 말씀하시되 예루살렘에서 유대인들이 이같이 이 띠 임자를 결박하여 이방인의 손에 넘겨주리라"고 예언한 유대로부터 내려온 선지자는?(21:10~11)

157. 예루살렘에 도착한 바울은 야고보와 장로들에게 이방 가운데서 하신 일을 낱낱이 말하니 모두가 하나님께 영광을 돌렸지만 이방에 있는 모든 유대인을 가르칠 때 어떻게 가르쳤냐고 말한 것 중 아닌 것은?(21:17~21)
① 모세를 배반하라 ② 할례를 행하지 말라
③ 관습을 지키지 말라 ④ 율법을 지키지 말라

158. 이러한 오해를 풀기 위하여 야고보가 바울에게 서원한 네 사람과 무엇 하기를 요구하였는가?(21:24)
① 금식하라 ② 결례를 행하고 네 사람 머리 깎는 비용을 대라
③ 기도하라 ④ 변론하라

159. 바울이 헬라인을 데리고 성전에 들어가서 이 거룩한 곳을 더럽혔다고 오해한 것은 전에 에베소 사람 누구와 함께 성내에 있음을 보고 바울이 그를 성전에 데리고 들어간 줄로 생각하였는가?(21:28~29)

---

155. ① 156. 아가보 157. ④ 158. ② 159. 드로비모

160. 바울이 예루살렘에서 붙들려 영내로 들어가다가 천부장에게 백성에게 말할 것을 허락 받고 층대 위에 서서 어느 말로 하였는가?(21:40)
① 히브리　② 헬라　③ 아람　④ 갈릴리

161. 바울 스스로가 자신을 설명한 내용 중 아닌 것은?(22:3)
① 나는 유대인으로 길리기아 다소에서 났다.
② 나는 예루살렘 성에서 자랐다.
③ 나는 가말리엘의 문하에서 율법의 엄한 교훈을 받았다.
④ 나는 로마의 시민권을 가진 자다.

참고 : 하나님께 대하여 열심이 있는자다

162. 바울이 자신의 이력을 말한 장은?

163. 바울의 3번 회심 기사가 나온 장들은?

164. 회심에 대한 바울의 간증에서 주님 누구시니이까? 라는 질문에 어떤 말을 들었다고 하였는가?(22:8)

165. 바울은 누가 피를 흘릴 때에 곁에 서서 찬성하고 그 죽이는 사람들의 옷을 지켰다고 말하였는가?(22:20)
① 세례 요한　② 스데반　③ 야고보　④ 베드로

---

160. ①　161. ④　162. 22장　163. 9장, 22장, 26장
164. 나는 네가 박해하는 나사렛 예수라　165. ②

166. 천부장이 바울을 데리고 영내로 들어가 채찍질하며 심문하려 할 때 바울이 어느 시민임을 밝히자 결박한 것을 인하여 두려워하였는가?(22:24~29)

① 갈릴리　② 헬라　③ 히브리　④ 로마

167. 바울이 로마 시민권을 몇 번 행사하였는가?(22:24~29, 25:1~12)

168. 바울이 "회칠한 담이여 하나님이 너를 치시리로다 네가 나를 율법대로 심판한다고 앉아서 율법을 어기고 나를 치라 하느냐"는 말은 누구를 향하여 한 말인가?(23:2~3)

① 가야바　② 안나스　③ 아나니아　④ 사가랴

169. 공회에서 바울의 무엇에 대한 말로 인하여 바리새인과 사두개인의 다툼이 일어났는가?(23:6)

① 천사　② 영　③ 부활　④ 육

170. 사두개인들이 없다고 한 것 중 아닌 것은?(23:8)

① 부활　② 천사　③ 영　④ 혼

171. 그 날 밤에 주께서 바울 곁에 서서 이르시되 "담대하라 네가 예루살렘에서 나의 일을 증언한 것 같이 어디에서도 증언하여야 하리라"고 말하였는가?(23:11)

---

166. ④ 167. 2번 168. ③ 169. ③ 170. ④ 171. 로마

172. 유대인들이 당을 지어 맹세하되 바울을 죽이기 전에는 먹지도 아니하고 마시지 않겠다고 동맹한 자의 수는?(23:12~13)
① 삼십여 명 ② 사십여 명 ③ 오십여 명 ④ 육십여 명

173. 천부장이 바울을 가이사랴에 호송하기 위하여 백부장 둘을 불러 준비한 병력 중 아닌 것은?(23:23)
① 보병 이백 명 ② 기병 칠십 명 ③ 해병 삼십 명 ④ 창병 이백 명

174. 바울을 잡고 있는 천부장의 이름은?(23:26)

175. 천부장 글라우디오 루시아는 바울을 총독 누구에게 보내려고 편지까지 썼는가?(23:25~26)
① 벨릭스 ② 베스도 ③ 가이사 ④ 아그립바

176. 벨릭스 총독 앞에서 바울을 고소하려고 대제사장 아나니아가 어떤 장로들과 한 변호사 누구와 함께 내려왔는가?(24:1)

177. 총독 벨릭스에게 바울을 고소한 내용 중 아닌 것은?(24:5~6)
① 천하에 흩어진 유대인을 다 소요하게 하는 자다.
② 나사렛 이단의 우두머리다.
③ 성전을 더럽게 하려 한다.
④ 백성을 미혹케 한다.

---

172. ② 173. ③ 174. 글라우디오 루시아 175. ① 176. 더둘로 177. ④

178. 바울을 불러 그리스도 예수 믿는 도를 들은 유대 여자 벨릭스의 아내는?(24:24)

참고 : 드루실라

벨릭스의 세 번째 부인으로, 헤롯 아그립바 1세의 딸이며 25장 13절에 나오는 아그립바 2세의 누이이다. 그녀는 15세 때에 에메사의 왕 '아지주스' 와 혼인하였지만 그를 버리고 벨릭스에게로 갔다.

179. 바울의 강론으로 벨릭스가 두려워하여 지금은 가라 한 내용 3가지 중 아닌 것은?(24:25)

① 의 ② 절제 ③ 심판 ④ 부활

180. 총독 벨릭스의 소임을 이어 받은 사람은?(24:27)

참고 : 벨릭스와 베스도

1. 벨릭스 - A.D.59, 60년에 로마로 소환되었다. 그는 유대인들과 시리아인들 사이에 있었던 폭동을 효과적으로 진압하지 못한 것에 대한 문책으로 파면되었다.
2. 베스도 : A.D.59년에 유대 총독이 되었지만 2년 뒤에 죽었다.

181. 바울이 베스도 앞에서 내가 도무지 죄를 범하지 아니하였다고 스스로 변명하기 위하여 예를 든 내용 중 아닌 것은?(25:8)

① 로마 ② 율법 ③ 성전 ④ 가이사

182. 베스도가 아그립바 왕에게 사건의 내용을 말하면서 어떤 문제로 고발하는 것뿐이라고 말하였는가?(25:19)

---

178. 드루실라 179. ④ 180. 보르기오 베스도 181. ① 182. 오직 자기들의 종교와 또는 예수라 하는 이가 죽은 것을 살았다고 바울이 주장하는 그 일에 관한 문제(종교와 예수 부활의 문제)

183. 바울이 다메섹으로 가는 도중에 하늘로부터 소리를 들었을 때에 어느 말로 들었다고 하였는가?(26:14)

① 헬라 ② 히브리 ③ 아람 ④ 갈릴리

184. 아그립바왕 앞에서의 바울의 변명을 듣고 베스도가 크게 소리내어 이르되 네 많은 무엇이 너를 미치게 한다고 하였는가?(26:24)

① 철학 ② 신학 ③ 학문 ④ 경험

185. 바울의 로마 항해를 맡은 아구스도대의 백부장은?(27:1)

참고 : 아구스도 대

황제와 황제의 지방 주둔군 사이의 연락을 담당하도록 파견된 연락 장교단인 듯하다. 그러나 '아구스도' 라는 명칭은 흔히 외인부대에 부여된 명예로운 칭호였다.

186. 바울이 로마에 들어가기까지 배를 몇 번 바꿔 탔는가?(27:2, 6, 28:11)

① 두 번 ② 세 번 ③ 네 번 ④ 다섯 번

참고 : 바울이 탄 배의 이름들

- 첫 번째 - 아드라뭇데노
- 두 번째 - 알렉산드리아
- 세 번째 - 다른 알렉산드리아(배의 머리 장식 : 디오스구로)

187. 바울이 항해하기가 위태롭다고 백부장에게 말한 곳은?(27:8~12)

188. 바울을 태운 배가 만난 광풍의 이름은?(27:14)

---

183. ② 184. ③ 185. 율리오 186. ② 187. 미항 188. 유라굴로

189. 바울이 탄 배가 파선하여 며칠 동안 바다에 표류하였는가?(27:27)
① 열하루 ② 열이틀 ③ 열사흘 ④ 열나흘

190. 이 배에는 모두 몇 명이 탔는가?(27:37)
① 일백칠십육 명 ② 이백칠십육 명
② 삼백칠십육 명 ④ 사백칠십육 명

191. 바울이 탄 배의 모든 사람들이 다 상륙하여 구원을 얻은 섬은?(28:1)

192. 멜리데 섬에서 제일 높은 사람은?(28:7)

193. 보블리오 아버지의 병명은?(28:8)

194. 다른 알렉산드리아호의 머리장식 기호는?(28:11)

195. 바울은 사도행전 마지막에 구약 선지자 누구를 인용하였는가?(28:25)

196. 바울은 로마의 자기 셋집에 몇 해를 유하며 하나님의 나라를 전파하고 주 예수 그리스도에 관한 것을 가르쳤는가?(28:30~31)
① 한 해 ② 두 해 ③ 세 해 ④ 네 해

197. 사도행전은 모두 몇 장으로 기록되었는가?

---

189. ④ 190. ② 191. 멜리데 192. 보블리오 193. 열병과 이질 194. 디오스구로 195. 이사야 196. ② 197. 28장

로 마 서

로마서 개요

1. 기록자

사도바울

2. 기록 연대

A.D. 56~58년 사이

3. 기록 장소

그리스에 있는 고린도시

4. 기록 대상

유대인과 이방인을 포함해서 로마에 있는 모든 기독교인

5. 핵심어 및 내용

로마서의 핵심어는 '죄' 와 '구원' 과 '믿음' 이다. 사도 바울은 우리가 범죄한 결과로 하나님과의 관계가 파괴되었고, 오직 하나님의 아들이신 예수 그리스도를 믿어야만 구원을 받아서 이 깨어진 관계를 다시 회복할 수 있다고 분명하게 설명한다.

각 장의 내용들

1장

1. 저자에 대한 소개(1:1)
2. 복음과 그리스도(1:2~5)
3. 수신자에 대한 소개(1:6~7)
4. 로마 사람에 대한 바울의 관심(1:8~15)
5. 복음의 성격과 내용의 요약(1:16~17)
6. 이방인의 죄(1:18~32)

2장

1. 심판에 대한 하나님의 원칙(2:1~16)
2. 유대인과 율법(2:17~29)

3장

1. 유대인의 유익(3:1~8)
2. 모든 인류가 죄 아래 있음(3:9~20)
3. 믿음으로 말미암는 의(3:21~31)

4장

1. 아브라함의 칭의(4:1~12)
2. 믿음을 통해 실현된 약속(4:13~25)

5장

1. 칭의의 결과(5:1~11)
2. 구원의 근거(5:12~21)

6장

1. 죄가 은혜를 더하지 못함(6:1~14)
2. 죄의 종과 의의 종(6:15~23)

7장

1. 율법과 죄(7:1~6)
2. 내재하는 죄의 문제(7:7~12)
3. 두 자아의 투쟁(7:13~25)

8장

1. 성령 안에서의 삶(8:1~27)
2. 끊을 수 없는 사랑(8:28~39)

9장

1. 이스라엘에 대한 바울의 관심(9:1~5)
2. 이삭의 선택(9:6~9)
3. 야곱의 선택(9:10~13)
4. 바로를 강퍅게 하심(9:14~18)
5. 토기장이이신 하나님(9:19~24)
6. 구속 사역의 확장과 제한에 대한 증거(9:25~29)
7. 이스라엘의 의가 전가됨(9:30~33)

10장

1. 하나님의 의에 대한 이스라엘의 무지(10:1~3)
2. 그리스도를 믿음으로 말미암는 의(10:4~15)
3. 거부된 복음(10:16~21)

11장

1. 바울 시대의 이스라엘 상황(11:1~10)
2. 이스라엘의 실패로 인한 축복과 풍성(11:11~15)
3. 이방인에 대한 경고(11:16~21)
4. 하나님의 인자와 엄위(11:22~24)
5. 이스라엘의 구원(11:25~27)
6. 모든 사람에 대한 하나님의 긍휼(11:28~32)
7. 하나님에 대한 찬양(11:33~36)

12장

1. 몸과 마음의 헌신(12:1~2)
2. 은사 사용에서의 겸손(12:3~8)
3. 그리스도인의 자세(12:9~21)

13장

1. 권세에 대한 복종(13:1~7)
2. 사랑으로 행할 것(13:8~14)

14장

1. 음식과 날에 대한 다른 의견들(14:1~6)
2. 형제를 판단하지 말 것(14:7~12)
3. 거치는 것을 제거함(14:13~23)

15장

1. 약한 자를 도울 것(15:1~3)
2. 하나님께 영광을 돌릴 것(15:4~6)
3. 그리스도의 사역(15:7~13)
4. 바울이 담대히 쓴 이유(15:14~16)
5. 그의 사역 원칙(15:17~21)
6. 그의 여행 계획(15:22~29)
7. 기도의 요청(15:30~33)

16장

1. 뵈뵈의 천거(16:1~2)
2. 바울의 문안(16:3~16)
3. 거짓 선생에 대한 경고(16:17~20)
4. 바울의 동역자들의 인사(16:21~23)
5. 결론적 찬양(16:25~27)

6. 로 마 서

1. 예수 그리스도의 종 바울은 사도로 부르심을 받아 무엇을 위하여 택정함을 입었다고 하는가?(1:1)

2. 하나님이 선지자들을 통하여 그의 아들에 관하여 성경에 미리 약속하신 것이 무엇이라고 하였는가?(1:2)

3. 바울이 여러 번 로마에 가고자 한 이유는?(1:13~15)

4. 바울이 말한 빚진 자들 중 아닌 것은?(1:14)
① 헬라인 ② 야만인 ③ 어리석은 자 ④ 부한 자

5. 모든 믿는 자에게 구원을 주시는 하나님의 능력이 되는 것은?(1:16)
① 회개 ② 세례 ③ 복음 ④ 믿음

6. "복음에는 하나님의 의가 나타나서 믿음으로 믿음에 이르게 하나니 기록된 바 오직 의인은 무엇으로 말미암아 살리라 함과 같다" 고 하였는가?(1:17)
① 복음 ② 행함 ③ 의 ④ 믿음

---

1. 하나님의 복음 2. 복음 3. 복음 전하기 위하여 4. ④ 5. ③ 6. ④

7. 이방인들이 하나님을 모른다고 핑계하지 못하는 이유는 하나님의 영원하신 능력과 신성이 어디에 분명히 보여 알려졌다고 하였는가?(1:20)
① 마음　② 만물　③ 말씀　④ 양심

8. 이방인들은 썩어지지 아니하는 하나님의 영광을 무엇으로 바꾸었는가?(1:23)

9. 이방인의 죄는 무엇인가?(1:25)
① 모세의 율법을 지키지 않는 죄
② 예수를 믿지 않은 죄
③ 선지자들의 증거를 믿지 않은 죄
④ 피조물을 조물주보다 더 경배하고 섬기는 죄

10. 심판에 대한 하나님의 원칙 중 아닌 것은?(2:1~16)
① 진리대로　② 행한대로　③ 이성으로　④ 본성으로

11. 율법이 없는 이방인은 무엇으로 심판을 받는가?(2:14~15)
① 자기 양심　② 일반적인 선　③ 복음　④ 율법

12. 유대인들이 율법을 범함으로 하나님의 무엇이 이방인 중에 모독을 받는다하였는가?(2:24)
① 진리　② 의　③ 영광　④ 이름

---

7. ② 8. 우상 9. ④ 10. ③ 11. ① 12. ④

13. 유대인의 첫째 유익은?(3:2)
① 말씀을 맡음 ② 할례를 받음
③ 율법을 받음 ④ 하나님의 백성 됨

14. 신약 성경에 "의인은 없나니 하나도 없으며"라는 말씀이 들어 있는 장과 절은?

15. 모든 인류가 죄 아래 있음을 말하는 가운데 하나도 없는 것을 말한 것 중 아닌 것은?(3:10~12)
① 의인 ② 하나님을 찾는 자
③ 깨닫는 자 ④ 하나님을 아는자

16. 율법의 행위로 그의 앞에 의롭다 하심을 얻을 육체가 없나니 율법으로는 무엇을 깨닫는다고 말하는가?(3:20)
① 죄 ② 영광 ③ 은혜 ④ 사랑

17. 로마서의 중심 사상이 들어있는 장은?
① 2장 ② 3장 ③ 4장 ④ 5장

참고 : 중심 사상 (3:23~24)
"모든 사람이 죄를 범하였으매 하나님의 영광에 이르지 못하더니 그리스도 예수 안에 있는 속량으로 말미암아 하나님의 은혜로 값 없이 의롭다 하심을 얻은 자 되었느니라"

---

13. ① 14. 롬 3:10 15. ④ 16. ① 17. ②

18. 아브라함은 무엇으로 의롭다하심을 얻었는가?(4:3)
① 행위로 ② 율법을 지킴으로
③ 순종으로 ④ 하나님을 믿음으로

19. 아브라함이나 그 후손에게 무엇이 되리라 하신 언약은 율법으로 말미암은 것이 아니요 오직 믿음의 의로 말미암은 것이라고 하였는가?(4:13)
① 복의 근원 ② 믿음의 조상
③ 세상의 상속자 ④ 하나님의 백성

20. 우리가 의롭다 하심은 무엇으로 얻었는가?(5:1)
① 율법 ② 행위 ③ 믿음 ④ 선행

21. 우리가 환난 중에도 즐거워하는 것은 환난이 무엇들을 이루는 줄 앎이라고 하였는데 그 중 아닌 것은?(5:3~4)
① 환난은 인내를 ② 인내는 연단을
③ 연단은 소망을 ④ 소망은 천국을

22. "우리가 아직 죄인 되었을 때에 그리스도께서 우리를 위하여 죽으심으로 하나님께서 우리에 대한 자기의 무엇을 확증" 하셨는가?(5:8)
① 구속 ② 사랑 ③ 은혜 ④ 예정

23. 사망이 모든 사람에게 이르게 된 이유는?(5:12)
① 죄를 지어서 ② 우상을 섬김으로
③ 악을 행함으로 ④ 복음을 거절함으로

---

18. ④ 19. ③ 20. ③ 21. ④ 22. ② 23. ①

24. 오실 자의 모형은 누구인가?(5:14)
① 세례 요한　② 아브라함　③ 모세　④ 아담

25. “한 사람의 순종하지 아니함으로 많은 사람이 죄인된 것 같이 한 사람이 순종하심으로 많은 사람이 무엇이 되리라” 하였는가?(5:19)

26. 죄가 우리를 주장하지 못하는 이유는 우리가 법 아래 있지 아니하고 무엇 아래에 있기 때문인가?(6:14)
① 사랑　② 은혜　③ 복음　④ 약속

27. 다음 (　　) 안에 들어갈 말은 무엇인가?(6:23)
“죄의 삯은 (　　) 이요 하나님의 은사는 (　　) 우리 주 안에 있는 (　　)이니라”

28. 율법이 사람의 살 동안만 주관하는 것을 알게 하기 위하여 설명한 것은?(7:1~6)

29. “오호라 나는 곤고한 사람이로다 이 사망의 몸에서 누가 나를 건져 내랴” 라고 바울이 탄식과 같은 고백을 하게 된 이유는?(7:13~25)

---

24. ④ 25. 의인 26. ② 27. 사망, 그리스도 예수, 영생 28. 남편의 생전의 법과 사후의 법에 의한 여인의 모습 29. 바울의 마음 속에 선과 악이 투쟁하고 있었기 때문

30. 성령 안에 있는 삶이 무엇인가 하는 것을 말하고 있는 장은?
① 7장 ② 8장 ③ 9장 ④ 10장

31. 육신의 생각은 무엇인가?(8:6)
① 음욕 ② 사망 ③ 평안 ④ 죄

32. 누구든지 누구의 영이 없으면 그리스도의 사람이 아니라 했나?(8:9)
① 예수 ② 그리스도 ③ 성령 ④ 하나님

33. 육신대로 살면 반드시 죽을 것이로되 무엇으로써 몸의 행실을 죽이면 산다고 하였는가?(8:13)
① 말씀 ② 율법 ③ 영 ④ 양심

34. 너희가 양자의 영을 받았으므로 하나님을 어떻게 부르짖는다고 하였는가?(8:15)

35. 다음 ( ) 안에 들어갈 말은 무엇인가?(8:18)
"생각하건대 현재의 ( )은 장차 우리에게 나타날 영광과 비교할 수 없도다"

① 기쁨 ② 고난 ③ 질고 ④ 은혜

36. 8장에 나타난 3가지의 탄식이 아닌 것은?(8:22, 23, 26)
① 피조물 ② 우리 ③ 성령 ④ 그리스도

---

30. ② 31. ② 32. ② 33. ③ 34. 아빠 아버지 35. ② 36. ④

37. 하나님께서 미리 아신 자들로 또한 그 아들의 형상을 본받게 하기 위하여 하시는 일 중 아닌 것은?(8:29~30)

① 부르심 ② 의롭다 하심
③ 영화롭게 하심 ④ 천국 백성 되게 하심

38. 이스라엘 사람들이 갖고 있는 것 중 아닌 것은?(9:4)

① 양자 됨 ② 영광 ③ 언약 ④ 복음

참고 : 율법, 예배, 약속 등을 갖고 있다.

39. 하나님께서 바로를 세우신 이유는?(9:17)

40. 하나님의 절대 주권을 설명하기 위하여 한 비유는?(9:21)

① 감람나무 ② 포도나무 ③ 토기장이 ④ 모퉁이 돌

41. 구속의 확장을 말하기 위하여 예로 들은 구약은?(9:25)

① 이사야 ② 예레미야 ③ 호세아 ④ 미가

참고 : 호 2:23

42. "이스라엘 자손의 수가 비록 바다의 모래 같을지라도 남은 자만 구원 얻는다는 것"을 알게 하기 위하여 들은 구약은?(9:27)

① 시편 ② 이사야 ③ 오냐 ④ 하박국

---

37. ④ 38. ④ 39. 내 능력을 보이고 내 이름이 온 땅에 전파되게 하려 40. ③
41. ③ 42. ②

참고 : 사 10:22 이하

43. 의를 따르지 아니한 이방인들이 의를 얻었으니 곧 무엇에서 난 의인가?(9:30)
① 말씀 ② 행위 ③ 순종 ④ 믿음

44. "보라 내가 걸림돌과 거치는 바위를 어디에 두노니 그를 믿는 자는 부끄러움을 당하지 아니하리라" 함과 같다고 하였는가?(9:33)
① 이스라엘 ② 예루살렘 ③ 시온 ④ 모퉁이

참고 : 사 28:16

45. 바울이 이스라엘에 대한 증언 중 아닌 것은?(10:2,3)
① 하나님께 열심히 있으나 올바른 지식을 따른 것이 아님
② 하나님의 의를 모르고 자기 의를 세우려 함
③ 하나님의 의를 복종하지 않음
④ 율법을 완성하려 함

46. 모든 믿는 자에게 의를 이루기 위하여 누가 율법의 마침이 되었는가?(10:4)

47. 다음 ( ) 안의 들어갈 말은 무엇인가?(10:10)
"사람이 마음으로 믿어 ( )에 이르고 입으로 시인하여 ( )에 이르느니라"

48. 누구든지 주의 이름을 부르는 자는 무엇을 받는다 하였는가?(10:13)

---

43. ④ 44. ③ 45. ④ 46. 그리스도 47. 의, 구원 48. ④

① 영생 ② 은혜 ③ 의 ④ 구원

49. 들음에서 나는 것이 무엇이라고 하였는가?(10:17)
① 사랑 ② 복 ③ 믿음 ④ 순종

50. 들음은 무엇으로 나는가?(10:17)

51. 나는 누구인가?(11:1)
- 나는 이스라엘인이다.
- 나는 아브라함의 씨에서 난 자다.
- 나는 베냐민 지파다.

52. 하나님이 그 미리 아신 자기 백성을 버리지 아니하셨나니 너희가 성경이 누구를 가리켜 말한 것을 알지 못하느냐고 하였는가?(11:2)
① 노아 ② 엘리야 ③ 엘리사 ④ 에스겔

53. 이스라엘을 하나님께 고발한 사람은?(11:2)

54. 엘리야 때에 바알에게 무릎을 꿇지 아니한 사람 몇 명을 남겨 두었다고 말씀하셨는가?(11:4)
① 오천 명 ② 육천 명 ③ 칠천 명 ④ 팔천 명

55. 구원이 이방인에게 이른 것은 이스라엘로 무엇이 나게 하는가?(11:11)
① 기쁨 ② 시기 ③ 열심 ④ 무지

---

49. ③ 50. 그리스도의 말씀 51. 바울 52. ② 53. 엘리야 54. ③ 55. ②

56. 이방인을 무슨 나무로 비유했는가?(11:17)
① 감람나무　　② 참 감람나무
③ 돌 감람나무　　④ 포도나무

57. 다음 (　　) 안에 공통으로 들어가는 말은 무엇인가?(11:36)
"이는 만물이 (　　)에게서 나오고 (　　)로 말미암고 (　　)에게로 돌아감이라 그에게 영광이 세세에 있을지어다 아멘"

58. 너희 몸을 하나님이 기뻐하시는 거룩한 산 제물로 드리라 이는 너희가 드릴 무엇이라고 하였는가?(12:1)

59. 로마서에 나타난 은사 중 아닌 것은?(12:6~8)
① 섬기는 일　　② 가르치는 일
③ 위로하는 일　　④ 사랑하는 일

참고 : 그 외 구제하는 일, 다스리는 일, 긍휼을 베푸는 일
1. 로마서의 은사(12:6~8) - 예언, 섬기는 일, 가르침, 위로, 구제, 다스림, 긍휼(모두 7가지)
2. 고린도전서의 은사(12:7~11) - 지혜, 지식, 믿음, 병고침, 능력, 예언, 영들 분별, 방언, 방언 통역(모두 9가지)

60. 원수에 대한 그리스도인의 자세는?(12:19)
① 원수 갚음　　② 하나님께 맡김
③ 권면　　④ 피함

---

56. ③ 57. 주 58. 영적 예배 59. ④ 60. ②

61. 그리스도인의 자세로 마지막으로 악에게 지지 말고 무엇으로 악을 이기라 하였는가(12:21)
① 인내　　② 사랑　　③ 선　　④ 말씀

62. 권세에 대한 복종이 몇 장에 기록되었는가?
① 13장　　② 14장　　③ 15장　　④16장

63. 율법을 다 이루는 자는?(13:8)
① 남을 사랑하는 자　　② 복음을 지키는 자
③ 그리스도를 믿는 자　　④ 율법을 지키는 자

64. 바울은 피차 무엇의 빚 외에는 아무에게든지 아무 빚도 지지 말라 하였는가?(13:8)
① 기도　　② 사랑　　③ 복음　　④ 구제

65. 율법의 완성은 무엇인가?(13:10)
① 믿음　　② 사랑　　③ 온유　　④ 자비

66. 다음 (　　) 안에 공통으로 들어가는 말은 무엇인가?(14:8)
"우리가 살아도 (　　)를 위하여 살고 죽어도 (　　)를 위하여 죽나니 그러므로 사나 죽으나 우리가 (　　)의 것이로다"

67. 하나님의 나라는 먹는 것과 마시는 것이 아니요 오직 성령 안에 있는 무엇이라고 말하는 것 중 아닌 것은?(14:17)
① 의　　② 평강　　③ 희락　　④ 절제

---

61. ③ 62. ① 63.① 64. ② 65. ② 66. 주 67. ④

68. 믿음으로 따라 하지 아니하는 것은 다 무엇인가?(14:23)
① 죄 ② 사망 ③ 악 ④ 살인

69. 바울은 누구를 위하여 그리스도 예수의 일꾼이 되었다고 말하는가?(15:16)
① 유대인 ② 로마인 ③ 헬라인 ④ 이방인

70. 바울은 어디에서 어디까지 그리스도의 복음을 편만하게 전하였다고 말하는가?(15:19)

71. 바울이 그리스도의 이름을 부르는 곳에는 복음을 전하지 않기로 힘쓴 이유는?(15:20)

72. 바울이 로마를 거쳐 어디로 가서 복음을 전하기를 원하였는가?(15:23)
① 헬라 ② 아시아 ③ 유럽 ④ 서바나

73. 예루살렘 성도 중 가난한 자들을 위하여 기쁘게 얼마를 연보한 사람들은?(15:26)

---

68. ① 69. ④ 70. 예루살렘으로부터 일루리곤까지 71. 남의 터 위에 건축하지 아니하려 함이다 72. ④ 73. 마게도냐와 아가야

74. 사도 바울이 형제들에게 권한 것은?(15:30)
① 헌금 ② 기도 ③ 봉사 ④ 구제

75. 겐그레아 교회의 일꾼으로 바울로부터 추천을 받은 자매는?(16:1)
① 삽비라 ② 뵈뵈 ③ 루디아 ④ 다비다

76. 바울의 동역자로 자기들의 목까지도 내어 놓은 사람들은?(16:3~4)

77. 아시아에서 그리스도께 처음 맺은 열매인 사람은?(16:5)
① 뵈뵈 ② 루디아 ③ 에배네도 ④ 우르바노

78. 바울이 자신의 어머니라고 소개한 사람은?(16:13)

79. 비 울의 친척 중 아닌 것은?(16:21)
① 누기오 ② 야손 ③ 소시바더 ④ 디보네

80. 로마서를 기록한 자는?(16:22)
① 바나바 ② 더디오 ③ 실라 ④ 디모데

---

74. ② 75. ② 76. 브리스가와 아굴라 77. ③ 78. 루포의 어머니 79. ④ 80. ②

81. 당시의 성의 재무관은?(16:23)

① 누기오 ② 더디오 ③ 에라스도 ④ 구아도

82. 로마서에서 아멘으로 끝나는 장들은?

83. 로마서는 모두 몇 장으로 기록되었는가?

---

81. ③ 82. 11장, 15장, 16장 83. 16장

고린도전서

고린도전서 개요

1. 기록자

   사도 바울

2. 기록 연대

   A.D. 55~57년 사이

3. 기록 장소

   에베소

4. 기록 대상

   고린도시에 있는 성도들

5. 핵심어 및 내용

고린도전서의 핵심어는 '회개'와 '연합'이다. 바울은 사랑하는 마음과 단호한 태도로 회개하고, 죄악에서 벗어나 바른 삶을 살라고 고린도교회 성도들을 권면한다. 또한 고린도교회가 추구해야할 아름다운 모습은 예수 그리스도 안에서 하나가 되는 일이다. 한 몸이 되었을 때 서로 사랑하고, 섬기며 세워줄 수 있을 뿐만 아니라 그들 각각 속에 거하시는 동일한 성령님께서 주시는 힘을 의지하여 악의 세력을 이길 수 있게 된다.

각 장의 내용들

1장

1. 인사(1:1~3)
2. 감사(1:4~9)
3. 교회 내의 분쟁(1:10~12)
4. 바울의 태도(1:13~17)
5. 어리석은 십자가의 도(1:18~31)

2장

1. 하나님의 은사인 지혜(2:1~16)

3장

1. 영적 성장을 방해하는 육의 생각(3:1~4)
2. 동역자인 그리스도 인(3:5~9)
3. 반석이신 그리스도(3:10~15)
4. 하나님의 성전인 성도(3:16~23)

4장

1. 진정한 판단(4:1~5)
2. 적용과 결론(4:6~21)

5장

1. 음행의 사건(5:1~13)

6장

1. 그리스도인과 법정(6:1~8)
2. 신자들의 순결(6:9~20)

7장

1. 일반적 교훈(7:1~7)
2. 독신 생활에 대한 교훈(7:8~9)
3. 이혼에 대한 교훈(7:10~24)

4. 처녀의 결혼에 대한 교훈(7:25~38)
5. 과부의 재혼에 대한 교훈(7:39~40)

8장

1. 우상의 제물에 관한 일반적인 원칙(8:1~13)

9장

1. 바울의 사도직(9:1~6)
2. 사도의 권리와 의무(9:7~18)
3. 모든 이들을 위한 모든 것들(9:19~27)

10장

1. 고린도 교회에 대한 경고와 적용(10:1~11:1)

11장

1. 여인들이 수건을 쓰는 문제(11:2~16)
2. 성찬의 문제(11:17~34)

12장

1. 신령한 은사에 대한 이해(12:1~3)
2. 은사의 종류(12:4~11)
3. 다양한 은사의 통일성(12:12~26)
4. 특별한 은사(12:27~31)

13장

1. 사랑의 필요성(13:1~3)
2. 사랑의 특성(13:4~7)
3. 사랑의 영원성(13:8~13)

14장

1. 방언에 대한 예언의 우월성(14:1~25)
2. 신령한 은사의 사용에 관한 규칙(14:26~36)
3. 결론(14:37~40)

15장

1. 부활의 확실성(15:1~34)
2. 부활의 성격(15:35~37)
3. 결론(15:38)

16장

1. 성도를 위한 헌금(16:1~14)
2. 바울의 계획(16:15~20)
3. 문안과 축도(16:21~24)

7. 고린도전서

1. 고린도 교회에 바울과 함께 인사하고 있는 형제는?(1:1)
   ① 소스데네 ② 그리스보 ③ 가이오 ④ 스데바나

2. 고린도 교회에 있었던 분파 중 아닌 것은?(1:12)
   ① 바울 파 ② 아볼로 파 ③ 게바 파 ④ 요한 파

참고 : 4분파들

바울 파	고린도교회의 설립자인 바울을 통하여 개종한 신자들
아볼로 파	성경에 능통하고 웅변적인 아볼로를 따르는 신자들
게바 파	수제자인 베드로의 권위를 배경으로 하여 모인 신자들
그리스도 파	부활하신 그리스도를 직접 목격한 증언을 중시하는 신자들

3. 고린도에서 바울로부터 세례를 받은 자 중 아닌 사람은?(1:14~16)
   ① 그리스보 ② 글로에 ③ 가이오 ④ 스데바나

4. 무엇의 도가 멸망하는 자들에게는 미련한 것이요 구원을 받는 우리에게는 하나님의 능력이라 하였는가?(1:18)
   ① 지혜 ② 복음 ③ 율법 ④ 십자가

5. 유대인은 표적을 구하고 헬라인은 지혜를 찾으나 바울은 무엇을 전한다고 하였는가?(1:22~23)

---

1. ① 2. ④ 3. ② 4. ④ 5. 십자가에 못 박힌 그리스도

6. 예수는 하나님으로부터 나와서 우리에게 되신 것 중 아닌 것은?(1:30)
① 지혜　② 의로움　③ 거룩함　④ 인자하심

참고 : 구원함도 되셨다.

7. 바울은 예수 그리스도와 그가 무엇 하신 것 외에는 아무것도 알지 아니하기로 작정하였다고 하였는가?(2:2)
① 부활하신 것　② 십자가에 못 박히신 것
③ 승천하신 것　④ 하나님의 아들 되신 것

8. 다음 (　) 안에 공통으로 들어가는 말은 무엇인가?(2:11)
"사람의 일을 사람의 속에 있는 (　) 외에 누가 알리요 이와 같이 하나님의 일도 하나님 (　) 외에는 아무도 알지 못하느니라"

① 마음　② 영　③ 양심　④ 말씀

9. 고린도 교회가 육신에 속한 자라고 책망을 받은 이유는?(3:1~4)
① 금욕주의　② 성적 타락
③ 이기주의　④ 시기와 분쟁이 있어서

10. 나는 심었고 아볼로는 물을 주었으되 오직 자라게 하신 이는 누구라 하였나?(3:6)

11. 다음 (　) 안에 공통으로 들어갈 말은 무엇인가?(3:9)
"우리는 (　)의 동역자들이요 너희는 (　)의 밭이요 (　)의 집이니라"

---

6. ④ 7. ② 8. ② 9. ④ 10. 하나님 11. 하나님

12. 바울이 하나님의 은혜에 따라 내가 지혜로운 누구와 같이 터를 닦아 두었다고 말하였는가?(3:10)

13. 바울이 닦아둔 터는 곧 무엇이라고 하였는가?(3:11)
① 성전 ② 예수 그리스도 ③ 신자 ④ 복음

14. 바울은 하나님의 성령이 너희 안에 계시는 것과 너희가 하나님의 무엇인 것을 알지 못하느냐고 하였는가?(3:16)
① 집 ② 의인 ③ 성전 ④ 아들

15. 맡은 자들에게 구할 것은 무엇인가?(4:2)
① 기도 ② 사랑 ③ 충성 ④ 봉사

16. 바울이 고린도 교인들에게 "나를 본받는 자가 되라" 고 한 말이 기록된 두 장은?

17. 바울이 고린도에 보낸 사랑하고 신실한 아들은 누구인가?(4:17)

18. 디모데가 해야 할 일은?(4:17)

19. 고린도 교회가 지니고 있는 문제점 중 아닌 것은?
① 분쟁 ② 소송 ③ 이단 ④ 결혼

---

12. 건축자 13. ② 14. ③ 15. ③ 16. 4장, 11장 17. 디모데 18. 교회에서 가르치는 것을 생각나게 하는 일 19. ③

참고 : 고린도 교회의 문제들
그리스도인들이 실생활에서 부딪히는 문제점들을 다루는 실용적인 편지로써 영적 은사 남용, 성만찬, 우상 제물, 부활의 불신 등이 있다.

20. 5장 누룩의 비유는 무엇을 설명하기 위한 것인가?(5:6~8)

21. 자기 몸에 범하는 죄는?(6:18)
① 음행 ② 탐심 ③ 교만 ④ 시기

22. 이혼에 대한 교훈은 몇 장에 기록하고 있는가?
① 7장 ② 8장 ③ 9장 ④ 10장

23. 남편과 아내가 분방하지 말 것을 말하고 있지만 합의상 얼마 동안 분방할 수 있는 경우는?(7:5)
① 기도할 틈을 얻기 위하여 ② 선교하기 위하여
③ 봉사하기 위하여 ④ 말씀듣기 위하여

24. 독신 생활에 대한 교훈은?(7:9)

25. 이혼에 대한 교훈 중 아닌 것은?(7:10~12)
① 서로 갈라서지 말고 버리지 말라 ② 이혼증서를 주어라
③ 남편과 다시 화합하든지 ④ 그대로 지내든지

---

20. 음행 21. ① 22. ① 23. ① 24. 절제할 수 없으면 결혼하라 25. ②

26. 바울이 주의 명령과 자신의 의견과 구분하여 말한 문제는?(7:10~12)

27. 바울은 우상의 제물에 대한 교훈을 말하면서 "지식은 교만하게 하며 무엇은 덕을 세운다"고 하였는가?(8:1)
① 사랑 ② 겸손 ③ 무지 ④ 희생

28. 우상의 제물을 먹는 문제에 있어 바울은 만약 음식이 내 형제를 실족하게 한다면 영원히 무엇을 먹지 아니하여 형제를 실족하지 않게 한다고 하였나?(8:13)
① 제물 ② 식물 ③ 고기 ④ 양식

29. 바울이 사도됨을 주장한 장은?
① 6장 ② 7장 ③ 8장 ④ 9장

30. 바울의 사도됨을 의심한 교회는?(9:1~18)
① 에베소 교회 ② 빌립보 교회 ③ 고린도 교회 ④ 안디옥 교회

31. 바울이 부득불 해야 할 일이고 전하지 아니하면 화가 있을 것이라고 말한 것은?(9:16)
① 영 ② 그리스도 ③ 복음 ④ 천국

32. 더 많은 사람을 얻기 위하여 바울이 한 것 중 아닌 것은?(9:19~22)
① 유대인과 같이 된 것 ② 율법 아래 있는 자 같이 된 것
③ 약한 자와 같이 된 것 ④ 사도가 된 것

---

26. 이혼의 문제 27. ① 28. ③ 29. ④ 30. ③ 31. ③ 32. ④

33. 바울은 이스라엘 백성이 무엇하다가 하루에 이만삼천 명이 죽었다고 말하였는가?(10:8)

① 음행 ② 우상 숭배 ③ 분쟁 ④ 원망

참고 : 바알브올의 사건
이 사건은 민수기 25:1~9에 나오는 사건으로 이스라엘 백성이 모압의 신들에게 절하며 모압 여자들과 간음하다가 하나님의 심판으로 2만 4천 명이 죽게 된 사건이다.

34. 이방인의 제사하는 것은 무슨 의미인가?(10:20)

① 귀신과 교제 ② 부모 공경
③ 형제 우애 ④ 미풍양속

35. 바울은 너희가 먹든지 마시든지 무엇을 하든지 다 누구를 위하여 하라 하였는가?(10:31)

① 복음을 위하여 ② 그리스도의 영광을 위하여
③ 주의 자녀를 위하여 ④ 하나님의 영광을 위하여

36. 거치는 자가 되지 말라고 하면서 예로 든 것 중 아닌 것은?(10:32)

① 유대인에게나 ② 헬라인에게나
③ 이방인에게나 ④ 하나님의 교회에

37. 바울이 여인들의 수건을 쓰는 문제를 논하면서 말한 것이 아닌 것

---

33. ① 34. ① 35. ④ 36. ③ 37. ④

은?(11:1~16)

① 남자의 머리는 그리스도　② 여자의 머리는 남자
③ 그리스도의 머리는 하나님　④ 자녀의 머리는 부모

38. 성찬에 임할 때 주의 몸을 분변하지 못하고 먹고 마시는 자는 자기의 무엇을 먹고 마시는 것이라고 하였는가?(11:29)

① 몸　② 피　③ 물　④ 죄

39. 무엇으로 아니하고는 누구든지 예수를 주시라 할 수 없다고 말하고 있는가?(12:3)

① 하나님　② 성령　③ 영　④ 말씀

40. 은사의 종류는 몇 장에 기록되어 있는가?

① 10장　② 11장　③ 12장　④ 13장

41. 다음 서로의 연결 중 바르지 않은 것은?(12:4~7)

① 은사는 여러 가지나 성령은 같고
② 직분은 여러 가지나 주는 같으며
③ 사역은 여러 가지나 하나님은 같으니
④ 성령의 나타남은 능력이 같게 하며

참고 : 각 사람에게 성령을 나타내심은 유익하게 하려 하심이라.

---

38. ④ 39. ② 40. ③ 41. ④

42. 고린도서에 나타난 성령의 은사 9가지 중 아닌 것은?(12:4~11)

① 지혜의 말씀　② 병 고치는 은사
③ 말씀을 해석 함　④ 영들 분별함

참고 : 성령의 은사 9가지

1. 지혜의 말씀 2. 지식의 말씀 3. 믿음 4. 병 고치는 은사 5. 능력 행함
6. 예언함 7. 영들 분별함 8. 각종 방언 말함 9. 방언들 통역함

43. 한 성령으로 세례를 받아 한 몸이 된 것을 설명하기 위하여 들은 지체 중 아닌 것은?(12:13)

① 유대인　② 로마인　③ 헬라인　④ 종

44. 바울은 더욱 큰 은사를 사모하라면서 무엇을 말하는가?(12:31~13:13)

① 사랑　② 믿음　③ 예언　④ 구제

45. 사랑에 대하여 한 장 전체를 설명하고 있는 장은?

① 10장　② 11장　③ 12장　④ 13장

46. 언제까지나 떨어지지 않고 폐하지 않는 것은?(13:8)

① 예언　② 방언　③ 지식　④ 사랑

---

42. ③ 43. ② 44. ④ 45. ④ 46. ④

47. 모일 때에 각각 찬송시도, 가르치는 말씀도, 계시도, 방언도, 통역함도 모두 무엇을 세우기 위하여 하라고 말하는가?(14:26)

① 그리스도 ② 말씀 ③ 덕 ④ 성전

48. 방언의 은사 사용에 관한 규칙 중 아닌 것은?(14:27~28)

① 다섯 사람이 넘지 않아야 한다.

② 차례를 따라 해야 한다.

③ 한 사람이 통역해야 한다.

④ 통역하는 자가 없거든 교회에서 잠잠하라

49. 예언의 은사 사용에 관한 규칙 중 아닌 것은?(14:29~33)

① 둘이나 셋이나 말해야 한다.

② 다른 이들은 분별해야 한다.

③ 다른 이에게 계시가 있으면 먼저 하던 자는 잠잠하라

④ 권면 받기 위하여 둘, 셋씩 한다.

50. 부활에 대해 몇 장에 기록하고 있는가?

① 13장 ② 14장 ③ 15장 ④ 16장

51. 그리스도께서 성경대로 사흘 만에 다시 사신 모습을 몇 명의 형제에게 일시에 보이셨는가?(15:4~6)

① 사백여 명 ② 오백여 명 ③ 육백여 명 ④ 칠백여 명

---

47. ③ 48. ① 49. ④ 50. ③ 51. ②

52. 바울 자신을 비유하여 말한 것 중 아닌 것은?(15:8~9)
① 맨 나중에 만삭되지 못하여 난 자
② 사도 중에 가장 작은 자
③ 사도라 칭함 받기에 감당하지 못한 자
④ 성도 중에 지극히 작은 자보다 더 작은자

참고 : 엡 3:8
성도 중에 지극히 작은 자보다 더 작은 자.

53. 그리스도께서 죽은 자 가운데서 다시 살아나사 잠자는 자들의 무엇이 되셨는가?(15:20)

54. 부활의 순서에서 누가 첫 번째가 되는가?(15:23)

55. 바울이 말한 육체의 종류가 아닌 것은?(15:39)
① 사람의 육체 ② 짐승의 육체 ③ 새의 육체 ④ 육축의 육체

참고 : 물고기의 육체를 포함하여 4가지다.

56. 다음 ( ) 안에 들어갈 말은 무엇인가?(15:55~56)
"사망아 너의 승리가 어디 있느냐 사망아 네가 쏘는 것이 어디 있느냐 사망이 쏘는 것은 ( )요 죄의 권능은 ( )이라"

---
52. ④ 53. 첫 열매 54. 그리스도 55. ④ 56. 죄, 율법

57. 부활의 3종류를 모두 쓰시오(15장)

58. 바울이 예루살렘 교회의 구제를 위하여 연보를 권면한 교회 중 아닌 것은?(16:1~9)
① 고린도 교회 ② 갈라디아 교회
③ 마게도냐 교회 ④ 에베소 교회

59. 너희는 조심하여 그로 두려움이 없이 너희 가운데 있게 하라고 누구를 고린도 교회에 부탁하였는가?(16:10)
① 아굴라 ② 아볼로 ③ 디모데 ④ 가이오

60. 아가야의 첫 열매는?(16:15)
① 에베네도의 집 ② 그리스보의 집
③ 스데바나의 집 ④ 가이오의 집

61. 고린도 교회의 부족한 것을 채워준 자 즉, 바울의 부족한 것을 채워준 사람들 중 아닌 사람은?(16:17)
① 스데바나 ② 브드나도 ③ 아가이고 ④ 그리스보

---

57. 그리스도의 부활, 죽은 사람의 부활, 몸의 부활 58. ④ 59. ③ 60. ③
61. ④

62. 바울이 친필로 쓴 책 4권은?

63. 바울이 사도권에 대해 강조한 책 4권은?

64. 고린도전서는 모두 몇 장으로 기록되었는가?

---

62. 고린도전서, 데살로니가후서, 골로새서, 빌레몬서
63. 로마서, 고린도전서, 고린도후서, 갈라디아서 64. 16장

고린도후서

고린도후서 개요

1. 기록자
   사도바울

2. 기록 연대
   A.D. 55~57년 사이 고린도전서를 기록한지 한 달 후에 기록했다.

3. 기록 장소
   마게도냐에 있는 빌립보시에서 기록했을 가능성이 높다.

4. 기록 대상
   고린도 교회의 성도들

5. 핵심어 및 내용

고린도후서의 핵심어는 '권위'와 '화해'와 '나눔'이다. 사도 바울이 고린도 교회의 영적 아버지로서 그들에게 선언한 '권위'는 하나님이 그에게 직접 부여해 주신 것이다. 그리고 바울은 교회나 가정이나 다른 인간관계에서 분열이 있을 때 화해를 이루어 나가도록 노력하는 것이 모든 신자들의 책임이라고도 전하고 있다. 또한 기독교인들이 모든 삶에 대한 나눔의 원리들을 이해하기만 한다면, 하나님께서 주시는 또 다른 축복의 약속들을 확신할 수 있게 될 것이다.

각 장의 내용들

1장

1. 인사(1:1~2)
2. 찬송과 감사(1:3~11)
3. 계획의 변경(1:12~22)
4. 계획의 변경에 대한 이유(1:23~2:4)

2장

1. 범죄자에 대한 용서(2:5~11)
2. 그리스도 안에서의 향기(2:12~17)

3장

1. 바울의 직분에 대한 우월성(3:1~18)

4장

1. 바울의 이중적 설명(4:1~18)

5장

1. 헌신에 대한 권유(5:1~6:10)

6장

1. 자신에 대한 태도를 바꿀 것(6:11~13)
2. 세상에 대한 태도를 바꿀 것(6:14~16)
3. 자신을 깨끗하게 할 것(6:17~7:1)

7장

1. 바울의 깊은 관심(7:2~4)
2. 기쁨의 이유(7:5~16)

8장

1. 마게도냐 교회의 실례(8:1~8)
2. 그리스도의 모범(8:9~15)
3. 도우심의 요구(8:16~9:5)

9장

1. 청지기의 정신(9:6~15)

10장

1. 바울의 영적 권위(10:1~18)

11장

1. 거짓 선생에 대한 경고(11:1~15)
2. 사도로서의 고통(11:16~33)

12장

1. 육체의 가시(12:1~10)
2. 사도직에 대한 증명(12:11~13)
3. 3차 전도 여행의 계획(12:14~18)
4. 회개의 촉구(12:18~21)

13장

1. 방문과 경고(13:1~10)
2. 작별인사(13:11~13)

8. 고린도후서

1. 고린도후서는 누구의 이름으로 고린도에 보내졌는가?(1:1)

2. 바울이 하나님을 설명한 것 중 아닌 것은?(1:3)
① 그리스도의 하나님 ② 자비의 아버지
③ 위로의 하나님 ④ 의로우신 하나님

3. 바울이 처음 고린도에 갈 때 함께 간 사람은?(1:19)

4. 바울이 고린도에 방문할 계획을 변경한 이유는?(1:23~2:4)
① 바울의 일정 때문에 ② 문제들이 해결되었기 때문에
③ 자연적인 재해 때문에 ④ 다시 근심으로 나아가고 싶지 않아서

참조 : 방문 계획을 변경한 이유
일년 반을 머물며 고린도 교회를 세운 후(행 18:1~11) 바울은 이 편지를 보내기 전에 두 번째 방문하여 고린도 교회의 악행을 심히 책망한 적이 있었다. 이제 바울은 다시금 고린도 교회를 책망하기 위해 근심 중에 방문하기를 원치 않았던 것이다.

5. 바울이 쓴 눈물의 편지는?(2:4)
① 고린도전서 ② 고린도후서 ③ 갈라디아서 ④ 에베소서

6. 그리스도의 복음을 위하여 드로아에 이르러 누구를 만나지 못하므로 심령이 편하지 못하고 마게도냐로 갔는가?(2:12~13)
① 디모데 ② 디도 ③ 실루아노 ④ 아볼로

---

1. 바울과 디모데 2. ④ 3. 실루아노와 디모데 4. ④ 5. ② 6. ②

7. 그리스도 안에서 이기게 하시고 그리스도를 아는 냄새를 나타내게 하시므로 하나님 앞에서 우리는 "그리스도의 향기"라는 말씀이 기록되어 있는 책은?(2:14~15)
   ① 고린도후서 ② 빌립보서 ③ 데살로니가전서 ④ 히브리서

8. 바울로부터 "그리스도의 편지" 라는 부름을 받은 교회는?(3:3)

9. 일명 "영광 장" 은 몇 장인가?(3:4~18)

참조 : 영광
영광이라는 말이 13번 나온다.

10. 다음 (　　) 안에 들어갈 말은 무엇인가?(3:17)
    "주는 영이시니 주의 영이 계신 곳에는 (　　)가 있느니라"

11. 바울은 하나님의 형상이 누구라고 하였는가?(4:4)
    ① 성도 ② 그리스도 ③ 죄인 ④ 이방인

12. 바울은 질그릇에 담긴 보배의 비유를 무엇을 대조시키고 있는가?(4:7~18)

13. 믿는 자들의 육신의 장막이 무너지면 하나님께서 주시는 신령한 몸을 덧입게 되기를 사모하는데 이것을 이루시기 위해 무엇으로 주심으로 보증하셨는가?(5:5)

---

7. ① 8. 고린도 교회 9. 3장 10. 자유 11. ② 12. 인간의 연약함과 하나님의 능력 13. 성령

14. 바울은 누구 안에 있으면 새로운 피조물이라 했는가?(5:17)

15. 믿지 않는 자와 멍에를 함께 메지 말라는 것을 알게 하기 위하여 대비하여 말한 것 중 아닌 것은?(6:14~16)
① 빛과 어두움 ② 의와 불법
③ 그리스도와 벨리알 ④ 하늘과 땅

참고 : 그 외의 대비들
믿는 자와 믿지 않는 자, 하나님의 성전과 우상.

16. 바울이 마게도냐에 있을 때 위로될 만한 소식을 가져온 사람은?(7:5~6)

17. 환난의 많은 시련 가운데서도, 극한 가난에서도 풍성한 연보를 넘치도록 한 교회는?(8:1~3)
① 고린도 교회 ② 마게도냐 교회
③ 예루살렘 교회 ④ 갈라디아 교회

18. 바울이 디도를 다르게 말한 것 중 아닌 것은?(8:23)
① 나의 동료 ② 나의 동역자
③ 그리스도의 영광 ④ 복음의 증거

참고 : 그 외 교회의 사자.

19. 바울은 어느 교회가 일 년 전부터 연보를 준비하였다고 자랑하였는가?(9:2)

---

14. 그리스도 15. ④ 16. 디도 17. ② 18. ④ 19. ③

① 마게도냐 교회　　② 에베소 교회
③ 고린도 교회　　④ 빌립보 교회

20. 바울이 말한 연보의 자세를 말한 것 중 아닌 것은?(9:7)
① 마음에 정한대로 할 것이요
② 인색함으로나 억지로 하지 말 것이요
③ 작정하여 드릴 것이요
④ 즐겨 내야 한다.

21. 바울이 자기의 사도직을 변호한 장은?

22. 바울이 교인을 정결한 처녀로, 그리스도를 한 남편으로 비유한 장은?

참고 : 11:2

23. 고린도 교인을 정결한 처녀로 그리스도를 한 남편으로 비유하여 말할 때 무엇 하기를 열심 내었다고 하였는가?(11:1~2)

24. 바울 사도가 받은 고난 중 아닌 것은?(11:24~25)
① 유대인들에 사십에서 하나 감한 매를 다섯 번 맞았다.
② 세 번 태장으로 맞았다.
③ 두 번 돌로 맞았다.
④ 세 번 파선하여 일 주야를 깊은 바다에서 지냈다.

25. 바울의 환상과 계시는 몇 장에 기록되어 있는가?
① 10장　　② 11장　　③ 12장　　④ 13장

---

20. ③ 21. 10장 22. 11장 23. 중매 24. ③ 25. ③

26. 바울이 셋째 하늘에 올라간 것은 몇 년 전에 있었던 일인가?(12:2)
① 십삼 년　② 십사 년　③ 십오 년　④ 십육 년

27. 바울은 육체의 가시가 떠나가기를 주께 몇 번 기도하였나?(12:8)
① 한 번　② 두 번　③ 세 번　④ 네 번

28. 이 육체의 가시는 무엇을 말하는가?(12:7)

29. 바울은 사도의 표가 된 것을 말하는 것 중 아닌 것은?(12:12)
① 모든 참음　② 표적　③ 기사　④ 박해

참고 : 능력 행함도 포함

30. 바울은 고린도 교회에 몇 번째 갈려고 준비하였었는가?(12:14)
① 두 번　② 세 번　③ 네 번　④ 다섯 번

31. "주 예수 그리스도의 은혜와 하나님의 사랑과 성령의 교통하심이 너희 무리와 함께 있을지어다"의 말씀은 성경 어느 책에 기록되었는가?

참고 : 13:13

32. 고후 3장, 히 8장, 요일 2장에 공통적으로 말하고 있는 중심사상은?

33. 고린도후서는 모두 몇 장으로 기록되었는가?

---

26. ② 27. ③ 28. 사탄의 사자 29. ④ 30. ② 31. 고린도후서 32. 새 언약 33. 13장

갈라디아서

갈라디아서 개요

1. 기록자

사도 바울

2. 기록 연대

A.D. 49~55년 사이

3. 기록장소

안디옥이나 에베소에서 기록했을 가능성이 높다.

4. 기록 대상

갈라디아에 있는 기독교인들

5. 핵심어 및 내용

갈라디아서의 핵심어는 '은혜'와 '자유'이다. 우리 자신의 선한 행동에 의하여서가 아니라 하나님의 값없는 은혜로 말미암아 의롭게 되고, 하나님과 올바른 관계를 다시 회복할 수 있게 된다. 또한 하나님께서 우리에게 허락해 주신 자유는 그리스도께서 우리를 대신해서 죄값을 치루어 주셨기 때문에 우리가 누릴 수 있게 된 것이다. 따라서 이 자유를 가지고 죄를 지을 것이 아니라, 성령님의 인도를 받아서 하나님의 뜻을 행해야 한다.

각 장의 내용들

1장

1. 인사(1:1~5)
2. 서신의 주제(1:6~10)
3. 신적 기원(1:11~24)

2장

1. 인정받은 사도직(2:1~10)
2. 베드로를 책망함(2:11~14)
3. 복음의 요약(2:15~21)

3장

1. 경험으로부터의 논증(3:1~5)
2. 성경으로부터의 논증(3:6~9)
3. 율법의 저주(3:10~14)
4. 약속(3:15~18)
5. 율법의 목적(3:19~22)
6. 율법보다 우월한 믿음(3:23~4:7)

4장

1. 초등 학문으로 돌아가지 말 것(4:8~11)
2. 개인적인 간증으로부터의 논증(4:12~20)
3. 약속의 언약으로부터의 논증(4:21~31)

5장

1. 그리스도인의 자유(5:1~12)
2. 사랑으로 자유를 지킴(5:13~15)
3. 육의 일과 성령의 일(5:16~26)

6장

1. 성도의 교제(6:1~10)
2. 세상으로부터의 분리(6:11~15)
3. 결론(6:16~18)

9. 갈라디아서

1. 바울은 누구로 말미암아 사도가 되었다고 말하고 있는가?(1:1)
   ① 세례 요한 ② 아나니아 ③ 아브라함 ④ 하나님 아버지

2. 바울이 전하는 복음은 그리스도의 무엇으로 되었다고 하는가?(1:11~12)
   ① 계시 ② 은혜 ③ 사랑 ④ 부활

3. 바울이 다메섹에서 예수를 만난 후 아라비아로 갔다가 몇 년 만에 게바를 방문하려고 예루살렘에 올라왔는가?(1:17~18)
   ① 이 년 ② 삼 년 ③ 사 년 ④ 오 년

4. 예루살렘에 올라와 게바와 함께 몇 일간 유하였는가?(1:18)
   ① 십 일 ② 십삼 일 ③ 십사 일 ④ 십오 일

5. 게바와 함께 유하면서 어느 사도 외에 다른 사도를 보지 못하였는가?(1:19)
   ① 야고보 ② 안드레 ③ 요한 ④ 빌립

6. 십사 년 후 바울과 함께 예루살렘을 방문한 두 사람은?(2:1)

7. 바울이 억지로 할례를 받지 않게 한 헬라인은?(2:3)

---

1. ④ 2. ① 3. ② 4. ④ 5. ① 6. 바나바와 디도 7. 디도

8. 바울은 자신을 이방인의 사도라 하고 누구를 할례자의 사도로 삼았다고 하였는가?(2:8)
   ① 베드로　② 야고보　③ 요한　④ 안드레

9. 예루살렘 교회의 기둥과 같이 여기는 세 사람은?(2:9)

10. 안디옥에서 이방인과 함께 먹다가 야고보에게서 온 어떤 이들이 이르기 전에 할례자를 두려워하여 자리를 피하는 외식을 행함으로 바울에게 면책 받은 자는?(2:11~14)
   ① 야고보　② 게바　③ 요한　④ 빌립

11. 유대주의적 복음에 미혹을 받은 교회는?(3:1)

12. 바울로부터 성령으로 시작하여 육체로 마치려느냐고 책망 받은 교회는?(3:3)
   ① 고린도 교회　② 안디옥 교회
   ③ 갈라디아 교회　④ 마게도냐 교회

13. 아브라함에게 약속한 오직 하나를 가리켜 네 자손이라고 하였는데 누구인가?(3:16)
   ① 이삭　② 야곱　③ 요셉　④ 그리스도

---

8. ① 9. 야고보, 게바, 요한 10. ② 11. 갈라디아 교회 12. ③ 13. ④

14. 하나님의 미리 정하신 언약을 몇 년 후에 생긴 율법이 폐기 하지 못하여 그 약속을 헛되게 하지 못하리라 하였는가?(3:17)
① 사백 년　② 사백십 년　③ 사백이십 년　④ 사백삼십 년

15. 율법이 우리를 그리스도께로 인도하는 무엇이라고 하였는가?(3:24)

16. 다음 (　　) 안에 공통으로 들어갈 말은 무엇인가?(3:27)
"누구든지 (　　)와 합하기 위하여 세례를 받은 자는 (　　)로 옷 입었느니라"

① 그리스도　② 성령　③ 말씀　④ 믿음

17. 너희가 아들이므로 하나님이 그 아들의 영을 우리 마음 가운데 보내사 어떻게 부르게 하셨는가?(4:6)

18. 바울을 하나님의 천사와 같이 또는 그리스도 예수와 같이 영접하며 할 수만 있었다면 눈이라도 빼어 주려고 했던 교회는?(4:14~15)
① 예루살렘 교회　② 마게도냐 교회
③ 갈리디아 교회　④ 안디옥 교회

19. 바울은 갈라디아 성도들에게 나의 자녀들아 너희 속에 무엇이 이루기까지 해산하는 수고를 한다고 하였는가?(4:19)

---

14. ④ 15. 초등교사 16. ① 17. 아빠 아버지 18. ③ 19. 그리스도의 형상

20. 아브라함의 두 아들의 비유에서 "여자들은" 무엇이라 하였는가?(4:24)

21. 갈라디아 교인들에게 누구와 같이 약속의 자녀라고 하였는가?(4:28)

22. 다음 (　　) 안에 들어갈 말은 무엇인가?(5:13)
"형제들아 너희가 자유를 위하여 부르심을 입었으나 그러나 그 자유로 육체의 기회를 삼지 말고 오직 (　　)으로 서로 종 노릇 하라"

① 섬김　　② 희생　　③ 사랑　　④ 봉사

23. 갈라디아서에서 바울이 말한 육체의 일은 모두 몇 가지인가?(5:19~21)
① 13가지　② 14가지　③ 15가지　④ 16가지

참고 : 육체의 일 15가지
1. 음행　2. 더러움　3. 호색　4. 우상 숭배　5. 주술　6. 원수맺음
7. 분쟁　8. 시기　9. 분냄　10. 당 짓는 것　11. 분열함　12. 이단
13. 투기　14. 술 취함　15. 방탕함

24. 성령의 9가지 열매를 모두 쓰시오(5:22~23)

25. 그리스도 예수의 사람들이 십자가에 못 박아야 될 것 중 아닌 것은?(5:24)
① 육체　　② 정욕　　③ 탐심　　④ 죄

---

20. 두 언약 21. 이삭 22. ③ 23. ③ 24. 사랑, 희락, 화평, 오래 참음, 자비, 양선, 충성, 온유, 절제 25. ④

26. 성령을 위하여 심는 자는 성령으로부터 무엇을 거둔다고 말하였는가?(6:8)
① 영광 ② 영생 ③ 평강 ④ 소망

27. 바울은 무엇 외에 결코 자랑할 것이 없다고 하였는가?(6:14)

28. 바울은 갈라디아서 결론 부분에서 자신의 몸에 무엇을 지니고 있다 하였는가?(6:17)

29. 바울의 서신들 중에서 서두에 감사와 축복의 말이 없는 서신은?

30. 갈 3:11, 롬 1:17 등에서 언급된 사상은?

31. 신약성경 중 마지막을 아멘으로 끝나고 있는 4권의 책들은?

32. 신약성경 중 6장으로 기록된 3권의 책들은?

33. 갈라디아서는 모두 몇 장으로 기록 되었는가?

---

26. ② 27. 우리 주 예수 그리스도의 십자가 28. 예수의 흔적 29. 갈라디아서 30. 이신칭의 31. 갈라디아서, 로마서, 유다서, 요한계시록 32. 갈라디아서, 에베소서, 디모데전서 33. 6장

에베소서

에베소서 개요

1. 기록자

   사도 바울

2. 기록 연대

   A.D. 60~61년 사이

3. 기록 장소

   로마의 감옥

4. 기록 대상

   에베소에 있는 기독교인들

5. 핵심어 및 내용

에베소서의 핵심어는 '부요함' 과 '하나됨' 이다. 모든 신자들은 그리스도 안에서 그리스도의 부요함과 은혜와 영광을 상속 받을 상속자들이다. 에베소서에는 주님도 한 분이요, 믿음도 하나요, 세례도 하나라는 사실을 강조함으로써 연합의 중요성을 잘 드러내고 있다.

각 장의 내용들

1장

1. 인사(1:1~2)
2. 모든 영적인 축복(1:3~14)
3. 바울의 첫 번째 기도(1:15~23)

2장

1. 은혜에 의한 구원(2:1~10)
2. 유대인과 이방인의 동일성(2:11~22)

3장

1. 하나님의 은혜의 경륜(3:1~6)
2. 이방인을 위한 바울의 사명(3:7~13)
3. 바울의 두 번째 기도(3:14~21)

4장

1. 성령 안에서 하나됨(4:1~6)
2. 그리스도의 선물(4:7~12)
3. 그리스도를 믿는 것과 아는 일(4:13~16)
4. 그리스도 안에서의 새 생활(4:17~32)

5장

1. 사랑의 행위(5:1~14)
2. 현명한 처사(5:15~6:9)

6장

1. 하나님의 전신 갑주(6:10~20)
2. 마지막 인사(6:21~24)

10. 에베소서

1. 예정의 주체는 누구신가?(1:3)

2. 언제 우리를 택하셨는가?(1:4)

3. 예정이 무엇을 기초로 하여 이루어졌는가?(1:4)
   ① 말씀 ② 그리스도 ③ 성령 ④ 회개

4. 예정의 목적은 무엇인가?(1:4)
   ① 하나님의 자녀 되게 하심 ② 천국 백성 되게 하심
   ③ 거룩하고 흠이 없게 하심 ④ 의롭게 살게 하심

5. 예정의 결과는 무엇인가?(1:5)

6. 예수 그리스도로 말미암아 하나님의 아들들이 되게 하신 이유는?(1:6)

7. 바울이 에베소 교인들에게 말한 교회의 머리와 몸은 누구를 말하는 것인가?(1:22~23)

---

1. 하나님 2. 창세 전 3. ② 4. ③ 5. 아들들이 되게 하심 6. 은혜의 영광을 찬송하게 하려는 것이다. 7. 그리스도

8. 구원받기 전의 상태를 어떻게 말하고 있는가?(2:3)

9. 은혜에 의하여 믿음으로 말미암아 구원을 받았으니 이것은 너희에게서 난 것이 아니요 하나님의 무엇이라고 하였는가?(2:8)
① 은혜 ② 선물 ③ 능력 ④ 사랑

10. 바울이 에베소 교인들의 구원 받기 전 모습을 말한 것 중 아닌 것은?(2:11~12)
① 이방인 ② 할례를 받지 않은 무리 ③ 외인 ④ 죄인

11. 이방인들과 유대인들이 그리스도 예수 안에서 무엇으로 가까워졌는가?(2:13)
① 그리스도의 예정 ② 그리스도의 복음
③ 그리스도의 피 ④ 그리스도의 세례

12. 이방인과 유대인들이 하나 되게 하기 위하여 그리스도 예수께서 하신 일을 바울이 소개한 것 중 아닌 것은?(2:14~18)
① 법조문으로 된 계명의 율법을 폐하심
② 원수된 것을 십자가로 소멸하심
③ 새 사람을 지어 화평하게 하심
④ 부활하심

13. 유대인과 이방인 모두가 이제는 누구와 누구의 터 위에 세우심을 입은 자가 되었는가?(2:20)

---

8. 본질상 진노의 자녀 9. ② 10. ④ 11. ③ 12. ④ 13. 사도들과 선지자들

14. 예수님은 친히 무엇이 되셨는가?(2:20)
① 모퉁잇 돌 ② 구원자 ③ 대속물 ④ 성전

15. 이방인들이 복음으로 말미암아 그리스도 예수 안에서 얻게 되는 3가지 중 아닌 것은?(3:6)
① 함께 상속자가 됨 ② 함께 약속에 참여하는 자가 됨
③ 함께 지체가 됨 ④ 함께 하나님의 권속이 됨

16. 부르심을 받은 부름에 합당하게 행하기 위하여 평안의 매는 줄로 무엇이 하나 되게 하신 것을 힘써 지키라 하였는가?(4:1~3)

17. 성령 안에서 하나된 것을 말한 것 중 아닌 것은?(4:4~6)
① 주 ② 믿음 ③ 세례 ④ 말씀

참고 : 일치의 7원리들
1. 몸 2. 성령 3. 소망 4. 주 5. 믿음 6. 세례
7. 하나님 등의 7원리를 제시하면서 성령 안에서 교회의 일치를 말하고 있다.

18. 만유의 아버지를 설명한 것 중 아닌 것은?(4:6)
① 만유 위에 계시고 ② 만유를 통일하시고
③ 만유 가운데 계시고 ④ 만유를 충만하게 하시고

19. 에베소서에서 바울이 말한 직분이 아닌 것은?(4:11)
① 사도 ② 선지자 ③ 목사 ④ 감독

참고 : 직분의 비교
1. 고린도전서에서의 직분 (고전 12:28) - 사도, 선지자, 교사
2. 에베소서에서의 직분 (엡 4:11) - 사도, 선지자, 복음 전하는 자, 목사, 교사

---

14. ① 15. ④ 16. 성령 17. ④ 18. ④ 19. ④

20. 직분을 맡은 자들이 해야 할 일들 중 아닌 것은?(4:12)
① 성도를 온전케 한다. ② 봉사의 일을 하게 한다.
③ 복음 전하게 하려 한다. ④ 그리스도의 몸을 세우려 한다.

21. 오직 심령으로 새롭게 되어 하나님을 따라 새사람으로 지음을 받게 되는 3가지 중 아닌 것은?(4:24)
① 복음 ② 의 ③ 진리 ④ 거룩

22. 빛의 열매가 아닌 것은?(5:9)
① 착함 ② 거룩함 ③ 의로움 ④ 진실함

23. 바울은 5장에서 남편과 아내의 관계를 무엇과 무엇의 관계로 비유하였는가?(5:22~33)

24. 바울이 말한 약속이 있는 첫 계명은?(6:2)

25. 종과 상전의 올바른 관계는 몇 장에 기록되었는가?
① 3장 ② 4장 ③ 5장 ④ 6장

참고 : 6:5~9

26. 상전에게 순종하기를 누구에게 하듯 하라 하였는가?(6:5)

---

20. ③ 21. ① 22. ② 23. 그리스도와 교회 24. 네 아버지와 어머니를 공경하라
25. ④ 26. 그리스도

27. 마귀의 간계를 능히 대적하기 위하여 무엇을 입으라고 하였는가?(6:11)

28. 하나님의 전신 갑주 6가지 중 아닌 것은?(6:14~17)
① 진리의 허리띠 ② 거룩의 옷
③ 평안의 복음의 신 ④ 의의 호심경

참고 : 하나님의 전신 갑주 6가지
1. 진리의 허리띠 2. 평안의 복음의 신 3. 의의 호심경
4. 믿음의 방패 5. 구원의 투구 6. 성령의 검(하나님의 말씀)

29. 하나님의 전신 갑주 중 악한 자의 모든 불화살을 소멸하는 것은?(6:16)
① 의의 ② 믿음 ③ 구원 ④ 성령

30. 하나님의 전신 갑주 6가지 중 "성령의 검"은 무엇을 말하는가?(6:17)

31. 바울은 내게 말씀을 주사 나로 입을 열어 무엇을 담대히 알릴 수 있도록 기도해 줄 것을 부탁했는가?(6:19)

32. 바울의 사정을 에베소 교회에 알게 한 사람은?(6:21)

---

27. 하나님의 전신 갑주 28. ② 29. ② 30. 하나님의 말씀 31. 복음의 비밀
32. 두기고

33. 에베소서와 유사한 책은?

34. 신약성경 중 회람 서신이라고 불리는 3권의 책들은?

35. 에베소서는 모두 몇 장으로 기록되었는가?

---

33. 골로새서 34. 에베소서, 골로새서, 빌레몬서 35. 6장

빌립보서

빌립보서 개요

1. 기록자

사도 바울

2. 기록연대

A.D. 60~62년 사이

3. 기록 장소

로마 감옥

4. 기록 대상

빌립보에 있는 기독교인들

5. 핵심이 및 내용

빌립보서의 핵심이는 '복음' 과 '기쁨' 이다. 바울은 하나님과의 관계에서 뿐만 아니라 다른 사람들과의 관계에서 복음의 중요성을 역설하고 있다. 또한 바울은 고통스럽고 암담한 감옥생활 속에서도 슬퍼하기는 커녕 성도들에게 끊임없이 계속 솟아나는 기쁨을 보여준다. 그가 이런 놀라운 생활을 할 수 있었던 것은 날마다 주님과 깊은 교제를 하였고, 그가 섬기는 교회를 향한 사랑 가운데에 있었기 때문이다.

각 장의 내용들

1장

1. 인사(1:1~2)
2. 감사(1:3~11)
3. 억누를 수 없는 복음(1:12~14)
4. 부도덕한 가르침(1:15~18)
5. 살든지 죽든지(1:19~26)
6. 굳건한 믿음을 권고(1:27~30)

2장

1. 그리스도인의 생활에 대한 권면(2:1~4)
2. 우리의 모범이 되신 그리스도(2:5~11)
3. 그리스도인의 의무(2:12~18)
4. 디모데와 에바브로디도를 보냄(2:19~30)

3장

1. 율법주의에 대한 경고(3:1~16)
2. 그리스도인의 시민권(3:17~21)

4장

1. 바울의 권고(4:1~9)
2. 선물에 대한 감사(4:10~20)
3. 결론(4:21~23)

11. 빌립보서

1. 빌립보서의 발신자는? (1:1)

2. 본서의 주제는?

참고 : 주제
빌립보서의 전체 주제는 고통과 시련 속에서 복음을 통하여 누리는 기쁨을 강조한 것으로 일명 '기쁨의 서신' 이라고 불려지고 있으며, 이 서신을 기록할 당시 로마 감옥에 갇혀 있었다. 이 교회는 바울이 2차 전도 여행시 소아시아에서 유럽으로 건너가 세운 교회이다.

3. 바울은 "예수 그리스도의 심장으로 너희 무리를 얼마나 사모하는지" 누가 내 증인이라고 말하였는가?(1:8)
① 하나님 ② 주 ③ 아브라함 ④ 선지자

4. 바울은 자기가 당한 일이 도리어 무엇이 된 줄을 빌립보 교인들이 알기를 원하였는가?(1:12)
① 믿음의 연단 ② 고통의 인내
③ 복음의 기쁨 ④ 복음전파에 진전

5. 바울은 겉치레로 하나 참으로 하나 무슨 방도로 하든지 전파되는 것은 무엇이니 기뻐하고 또한 기뻐한다고 말하였는가?(1:18)
① 복음 ② 하나님 ③ 그리스도 ④ 사랑

---

1. 바울과 디모데 2. 주 안에서의 기쁨과 소망 3. ① 4. ④ 5. ③

6. 다음과 같이 말을 한 사람은?(1:20~21)

"나의 간절한 기대와 소망을 따라 아무 일이든지 부끄러워하지 아니하고 지금도 전과 같이 온전히 담대하여 살든지 죽든지 내 몸에서 그리스도가 존귀하게 되게 하려 하나니 이는 내게 사는 것이 그리스도니 죽는 것도 유익함이라"

① 아브라함 ② 세례 요한 ③ 바울 ④ 디모데

7. 예수님의 겸손과 승리를 노래한 찬미 송은 몇 장에 나오는가?

① 1장 ② 2장 ③ 3장 ④ 4장

참고 : 예수님의 찬미 송들

1. 롬 10:9~10 2. 빌 2:5~11 3. 골 1:15~20 4. 딤전 3:16

8. 바울이 디모데를 빌립보 교회에 보낸 이유는?(2:19)

① 사정을 앎으로 안위를 받으려 함

② 근심 중에 있는 사람을 위로하기 위함

③ 예루살렘을 위한 연보를 부탁하기 위함

④ 바울의 사정을 알려 격려하기 위함

9. 자식이 아버지에게 함같이 바울과 함께 복음을 위하여 수고를 한 사람은?(2:22)

① 디모데 ② 유오디아 ③ 순두게 ④ 글레멘트

10. 형제요 함께 수고하고 함께 군사된 자요 쓸 것을 도우며 중병에 걸렸

---

6. ③ 7. ② 8. ① 9. ① 10. ②

으면서도 자기 목숨을 돌아보지 않고 바울을 도와준 사람은?(2:25)
① 글레멘트 ② 에바브로디도 ③ 유오디아 ④ 순두게

11. 빌립보 교인들이 삼가야 할 세 가지 중 아닌 것은?(3:2)
① 개들 ② 행악하는 자들
③ 금욕주의자들 ④ 몸을 상해하는 일

12. 바울이 할례파를 설명한 것 중 아닌 것은?(3:3)
① 복음 전함을 기뻐한다. ② 그리스도 예수로 자랑한다.
③ 하나님의 성령으로 봉사한다. ④ 육체를 신뢰하지 아니한다.

13. 바울은 어느 지파 사람인가?(3:5)
① 르우벤 ② 시므온 ③ 베냐민 ④ 유다

14. 바울이 율법으로는 어느 사람인가?(3:5)
① 유대인 ② 이방인 ③ 히브리인 ④ 바리새인

참고 : 바울의 육체적 자랑들

구 절	자 랑 들
롬 11:1	1. 이스라엘인 2. 아브라함의 씨에서 난 자 3. 베냐민 지파
고후 11:23~30	1. 히브리인 2. 이스라엘 인 3. 아브라함의 씨 4. 그리스도의 일꾼 5. 수고를 넘치도록 함 6. 옥에 많이 갇힘 7. 사십에 하나 감한 매를 다섯 번 맞음 8. 세 번 태장 9. 한번 돌로 맞음 10. 세 번 파선 11. 여행 중 강, 강도, 동족, 이방인, 시내, 광야, 바다, 거짓 형제 등의 위험을 당하고 12. 수고하며 애쓰고 여러 번 자지 못함 13. 주리며 목마르고 여러 번 굶고 춥고 헐벗음 14. 교회를 위하여 염려함
빌 3:5	1. 팔 일 만에 할례 받음 2. 이스라엘 족속 3. 베냐민 지파 4. 히브리인 중의 히브리인 5. 율법으로는 바리새인 6. 열심히 교회를 박해함 7. 율법의 의로는 흠이 없는 자

11. ③ 12. ① 13. ③ 14. ④

15. 바울이 모든 것을 해로 여기는 것은 무엇을 아는 지식이 가장 고상하기 때문이라고 하였는가?(3:8)
① 하나님 ② 복음 ③ 그리스도 예수 ④ 이방인

16. 바울이 가진 의는 어디에서 난 의라 하였는가?(3:9)
① 율법에서 난 의 ② 하나님께로 난 의
③ 행위로서 난 의 ④ 아브라함의 씨에서 난 의

17. 그리스도 십자가 원수로 행하는 자들을 바울이 설명한 내용 중 아닌 것은?(3:18~19)
① 그들의 마침은 멸망 ② 그들의 신은 배
③ 영광은 그들의 부끄러움 ④ 하늘의 일을 생각

18. 우리의 무엇이 하늘에 있다고 하였는가?(3:20)
① 천국 ② 시민권 ③ 상급 ④ 영광

19. 신약 성경 중 하늘의 시민권을 말한 책은?(3:20~21)
① 로마서 ② 갈라디아서 ③ 빌립보서 ④ 요한계시록

20. 신약성경 중 바울의 개종 전 이력이 기록된 책은?

21. 바울이 "나의 사랑하고 사모하는 형제들, 나의 기쁨이요 면류관인 사랑하는 자들아" 라고 말하고 있는 교회는?(4:1)
① 고린도 교회 ② 갈라디아 교회 ③ 에베소 교회 ④ 빌립보 교회

---

15. ③ 16. ② 17.④ 18. ② 19. ③ 20. 빌립보서 21. ④

22. 빌립보서에 나오지 않는 이름은?
① 유오디아 ② 순두게 ③ 글레멘드 ④ 마가

참고 : 빌립보서에 나오는 이름들
1. 바울과 디모데(1:1) 2. 에바브로디도(2:25) 3. 유오디아와 순두게(4:2)
4. 글레멘드(4:3) 5. 가이사(4:22)

23. "주 안에서 항상 기뻐하라 내가 다시 말하노니 기뻐하라"는 말씀은 몇 장에 기록되어 있는가?

24. 바울이 복음의 시초에 마게도냐를 떠날 때에 도움을 주었던 교회는?(4:15)
① 고린도 교회 ② 데살로니가 교회
③ 빌립보 교회 ④ 골로새 교회

25. 빌립보 교회가 바울이 어디 있을 때에도 두 번 이나 쓸 것을 보내었는가?(4:16)
① 마게도냐 ② 데살로니가 ③ 에베소 ④ 골로새

26. 빌립보 교회는 누구 편에 바울에게 도움을 주었는가?(4:18)
① 에바브로디도 ② 순두게 ③ 유오디아 ④ 글레멘드

27. 옥중 서신이 아닌 것은?
① 에베소서 ② 빌립보서 ③ 골로새서 ④ 데살로니가서

---

22. ④ 23. 4장 24. ③ 25. ② 26. ① 27. ④

참고 : 옥중 서신

바울이 A.D.61년 봄에 로마에 도착하여 감금된 후 63년 까지 에베소서, 빌립보서, 골로새서, 빌레몬서라는 4편의 서신을 썼다. 바울이 죄수로 감금되어 있을 때에 썼기 때문에 이 4편의 서신을 옥중 서신이라고 부른다. 에베소서, 골로새서, 빌레몬서는 에바브라가 골로새 교회의 소식을 가져 왔던 62년 경에 쓰여졌을 것이며, 빌립보서는 그 후 옥중 생활의 말기에 기록된 듯 하다.

바울은 64년 로마에 대화재 사건이 있기 전에 잠시 석방되었다가 다시 투옥되어 목회서신을 기록한 후 65년 경에 로마 옥중에서 순교한 것으로 전해진다.

28. 신약성경 중 4장으로 기록된 책들은?

29. 신약성경 중 "기쁨의 서신" 이라고 불리는 책은?

30. 신약성경 중 "옥중 서신" 이라고 불리는 4권의 책들은?

31. 빌립보서는 모두 몇 장으로 기록되었는가?

---

28. 빌립보서, 골로새서, 디모데후서 29. 빌립보서
30. 에베소서, 빌립보서, 골로새서, 빌레몬서 31. 4장

골로새서

골로새서 개요

1. 기록자

사도 바울

2. 기록 연대

A.D. 60~61년 사이

3. 기록 장소

로마 감옥

4. 기록 대상

골로새에 있는 기독교인들

5. 핵심어 및 내용

골로새서의 핵심어는 '지존성' 과 '머리 되심' 이다. 골로새서는 헛되고 세속적인 철학들 때문에 혼란스러워진 골로새 교회에 보낸 서신서이다. 따라서 그리스도께서는 그의 몸된 교회의 머리이실 뿐만 아니라, 삶의 모든 영역에 있어서 최고의 위치에 있는 지존자이심이 강조되어지고 있다.

각 장의 내용들

1장

1. 인사(1:1~2)
2. 감사(1:3~8)
3. 기도(1:9~14)
4. 그리스도의 인격과 사역(1:15~23)
5. 바울의 사역(1:24~29)

2장

1. 바울의 염려(2:1~7)
2. 거짓 가르침에 대한 경고(2:8~23)

3장

1. 위엣 것을 구할 것(3:1~4)
2. 그리스도인의 새 생활(3:5~17)
3. 그리스도인의 가정 생활(3:18~4:1)

4장

1. 그리스도인의 기도 생활(4:2~6)
2. 두기고와 오네시모에 대한 소개(4:7~18)

12. 골로새서

1. 발신자는?(1:1)

2. 골로새 교인은 이미 누구에게 복음을 배웠는가?(1:7)
① 바울 ② 디모데 ③ 에바브라 ④ 바나바

참고 : 에바브라
그는 골로새 사람으로 아마 골로새 교회를 세운 인물인 듯하다(4:12). 또한 리쿠스 계곡의 라오디게아와 히에라볼리에도 복음을 증거하는 수고를 아끼지 않았다(4:13). 그는 바울의 귀한 동역자였고, 그리스도의 신실한 일꾼이었으며, 골로새 교회의 사정을 알리려고 바울을 찾았고, 또 자진해서 바울의 로마 감옥생활에 동참했다. 빌립보서에 나오는 에바브로디도와는 다른 인물이다(빌 2:25, 3:18).

3. 교회의 머리는 누구라고 말하고 있는가?(1:18)

4. 골로새 교회가 특별히 강조하고 있는 조직 신학적 부분은?(1:15~20, 2:8~19)
① 신론 ② 예정론 ③ 기독론 ④ 종말론

참고 : 배경
이 교회는 유대교의 율법주의, 거짓철학, 영지주의, 여러 종류의 천사를 숭배하는 풍조들이 있어 성도들을 괴롭혀 왔다. 이 사상을 반박하기 위하여 특별히 기독론을 강조하고 있는 것이다. 특히 1:15~20의 구절은 그리스도를 교회의 머리요 만물의 으뜸 되시는 분으로 강조하고, 2:8~19의 구절로서는 그리스도의 신성이 충만하고 세례를 통하여 그리스도와 연합 되어지며 중보자 되심을 강조하고 있다. 한 마디로 말한다면 그리스도의 완전하신 충족성을 나타내는 것이라고 할 수 있다.

---

1. 바울과 디모데 2. ③ 3. 그리스도 4. ③

5. "복음은 천하 만민에게 전파된 바요 나 바울은 이 복음의 일꾼이 되었다"는 말이 기록된 성경은?(1:23)
① 에베소서 ② 빌립보서 ③ 골로새서 ④ 갈라디아서

6. "나는 이제 너희를 위하여 받는 괴로움을 기뻐하고 그리스도의 남은 고난을 그의 몸된 교회를 위하여 내 육체에 채우노라"고 말한 사람은?(1:24)
① 바울 ② 바나바 ③ 에바브라 ④ 디모데

7. 바울이 골로새 교인들에게 말한 교회의 일꾼된 이유는?(1:25)

8. 비밀은 만세와 만대로부터 옴으로 감추었던 것으로 무엇을 말하는 것인가?(1:27)

9. 바울은 유대교의 율법주의와 헬라 철학의 영향을 받은 거짓 교사들의 가르침을 무엇으로 보았는가?(2:8)

10. 골로새 교회의 이단적인 요소들 중 아닌 것은?(2:8~23)
① 유대교의 율법주의 ② 자연 숭배
③ 금욕주의 ④ 거짓철학 (영지주의)

11. 바울은 모세의 율법과 그에 따르는 모든 규례를 무엇이라 하였는가?(2:14)

---

5. ③ 6. ① 7. 내게 주신 직분을 따라 하나님의 말씀을 이루려 함이다.
8. 그리스도 9. 사람의 전통과 세상의 초등학문 10. ②

참조 : 법조문에 쓴 증서
본래 이 말은 상업적인 용어로서 빚진 자가 자신의 손으로 쓴 채무 증서를 가리키는 말이었다. 이 의미는 율법 아래서 사람들은 누구나 하나님께 빚진 자가 자신의 손으로 쓴 채무증서를 말하는 것으로, 율법 아래서 사람들은 누구나 하나님께 빚진 자가 되며 기록된 율법은 채무 증서와 같이 우리의 죄를 고발한다. 그러나 그리스도께서 십자가에 못박히심으로 채무를 대신 갚으시고 이 증서를 도말하였다는 것이다.

12. 땅에 있는 지체들 중 우상 숭배인 것은?(3:5)
① 음란 ② 부정 ③ 사욕 ④ 탐심

13. 온전하게 매는 띠는 무엇이라고 하였는가?(3:14)
① 믿음 ② 사랑 ③ 거룩 ④ 겸손

14. 부부, 부모, 자식, 종, 상전의 올바른 생활은 몇 장에 기록하고 있는가?(3:18~25)
① 1장 ② 2장 ③ 3장 ④ 4장

15. 다음 ( ) 안에 들어갈 말은 무엇인가?(4:6)
"너희 말을 항상 은혜 가운데서 ( )으로 맛을 냄과 같이 하라"
① 말씀 ② 소금 ③ 빛 ④ 겸손

참고 : 소금으로 맛을 냄과 같이 하라
헬라인들은 '말의 재치' 를 상징하는 말로서 '소금' 이라는 단어를 썼다.

16. 이 서신을 누가 전했는가?(4:7)
① 두기고 ② 오네시모 ③ 아리스다고 ④ 바나바

참고 : 오네시모도 함께 갔다. 두기고는 에베소서, 디도서도 전했다(엡 6:21, 딛 3:12).

---

11. 법조문에 쓴 증서 12. ④ 13. ② 14. ③ 15. ② 16. ①

17. 바나바의 생질은?(4:10)

18. 골로새서를 다 읽은 후 어느 교회에서도 읽게 하라고 하였는가?(4:16)
① 갈라디아 교회 ② 에베소 교회
③ 빌립보 교회 ④ 라오디게아 교회

19. 주 안에서 받은 직분을 삼가 이루라는 말을 누구에게 하라고 하였나?(4:17)
① 두기고 ② 아리스다고 ③ 아킵보 ④ 데마

참고 : 골로새서에 나오는 인물들

인 물	활 동
두기고	아시아 출신으로 제 3차 전도 여행 때 바울과 함께 예루살렘에 올라갔다(행 20:4). 그는 또한 바울의 신실한 동역자로서 골로새서,에베소서(엡 6:21), 디도서(딛 3:12)를 전달함.
오네시모	로마에서 바울의 전도로 개종한 빌레몬의 종(몬 1:10~17), 두기고와 함께 바울의 편지를 골로새 교회에 전함(골 4:7~9)
아리스다고	마게도냐 출신의 그리스도인(행 19:29). 바울의 제 3차 전도여행 때에 동행(행 20:4). 바울과 함께 투옥(골 4:10). 바울을 통해 빌레몬에게 안부를 전함(몬 1:24). 예루살렘과 로마에까지 바울과 동행했던 사람(행 27:2)
마가	마리아의 아들이며 신자(행 12:12). 바나바의 생질(골4:10). 바나바와 함께 안디옥으로 돌아옴(행12:25). 버가에 있는 바울과 바나바를 떠나 예루살렘으로 자기에게 오기를 원함(딤후 4:11). 베드로의 동행자(벧전 5:13). 마가복음의 저자(막 1:1)
유스도예수	유스도라 하는 요셉(행 1:23). 바울을 통해 골로새 교회에 문안함(골 4:11).
에바브라	바울의 동역자이며 골로새 교회의 지도자(골 1:4~8, 골 4:12). 골로새, 히에라볼리, 라오디게아 교회를 목회하고 있음. 로마 감옥에 바울과 함께 투옥됨(몬 1:23).
누가	누가복음과 사도행전의 저자(눅 1:3, 행 1:1). 사랑받는 의원(골 4:14). 바울의 동역자(딤후 4:11, 몬 1:24).
데마	바울의 동역자(몬 1:24). 골로새 교회에 문안(골 4:14). 바울이 투옥되자 그를 떠남(딤후 4:10).
아킵보	골로새 교회의 신자로 받은 직분을 잘 감당할 것을 들음(골 3:17, 몬 1:2)

20. 신약성경 중 기독론을 강조한 책은?

21. 골로새서는 모두 몇 장으로 기록되었는가?

---

17. 마가 18. ④ 19. ③ 20. 골로새서 21. 4장

데살로니가전서

데살로니가전서 개요

1. 기록자

사도 바울

2. 기록 연대

A.D. 50~51년 사이

3. 기록 장소

고린도

4. 기록 대상

데살로니가에 있는 기독교인들

5. 핵심어 및 내용

데살로니가전서의 핵심어는 '견고함'과 '재림'이다. 사도 바울은 데살로니가 교인들에게 그들 회랍의 이교적인 배경에도 불구하고 신앙 안에서 흔들리지 말고 견고히 서라고 명령한다. 그리고 그리스도께서 곧 재림 하실 것이라고 데살로니가 교인들이 기대하고 있기 때문에 재림에 대한 올바른 견해들을 가르치고 있다. 그리스도가 언제 오실지는 아무도 모른다. 다만, 그분이 재림하시는 것은 확실한 사실이므로 성도들은 깨어서 근신하며, 그리스도를 맞이할 준비를 하기만 하면 되는 것이다.

각 장의 내용들

1장

1. 머리말(1:1)
2. 데살로니가 교인들에게 대한 칭찬(1:2~10)

2장

1. 데살로니가 교인들에 대한 바울의 모범(2:1~12)
2. 데살로니가 교회가 당한 고난(2:13~16)
3. 그들에 대한 바울의 관심(2:17~3:5)

3장

1. 디모데의 파송과 보고(3:6~10)
2. 그들을 위한 바울의 기도(3:11~13)

4장

1. 음란을 버릴 것(4:1~12)
2. 서로 위로할 것(4:13~18)

5장

1. 빛의 자녀답게 살 것(5:1~11)
2. 악을 피할 것(5:12~22)
3. 맺는 말(5:23~28)

13. 데살로니가전서

1. 이 서신의 발신자 중 아닌 것은?(1:1)

① 바울 ② 실루아노 ③ 디모데 ④ 마가

참고 : 실루아노

사도행전의 '실라'와 동일한 인물이다(행15:22, 16:24, 17:10). 그는 유대인으로 로마의 시민권을 갖고 있었다(행 16:37). 예루살렘 공회의 결정으로 바울과 함께 안디옥으로 파송되었고, 바울의 제 2차 전도 여행 때 바울과 함께 복음 사역을 위해 수고했다(행 15:40).

3. 바울이 데살로니가 교회에 대하여 하나님 아버지 앞에서 쉬지 않고 기억한다는 것들 중 아닌 것은?(1:3)

① 믿음의 역사 ② 충성의 헌신

③ 소망의 인내 ④ 사랑의 수고

3. 마게도냐와 아가야 모든 믿는 자의 본이 되었다고 바울에게 칭찬을 들은 교회는?(1:7)

① 고린도 교회 ② 갈라디아 교회

③ 에베소 교회 ④ 데살로니가 교회

4. 바울이 목숨까지 주기를 기뻐했던 교회는?(2:8)

① 에베소 교회 ② 빌립보 교회

③ 골로새 교회 ④ 데살로니가 교회

---

1. ④ 2. ② 3. ④ 4. ④

5. 데살로니가 교회 교인들은 바울의 말을 누구의 말로 받았는가?(2:13)

6. 유대인들이 자기 죄를 항상 채우는 것 중 아닌 것은?(2:15~16)
① 주 예수와 선지자들 죽임　② 하나님을 기쁘시게 하지 않음
③ 모든 사람에게 대적이 됨　④ 선민사상을 버리지 않음

참고 : 유대인의 죄
1. 복음 전하는 자를 쫓음.　2. 이방인의 구원을 금함 등이 있다.

7. 바울은 아덴에 머물고 대신에 누구를 보냈는가?(3:1~2)

8. 바울이 디모데를 데살로니가 교회에 보낸 이유는?(3:5)
① 믿음을 알기 위하여　② 위로하기 위하여
③ 권면하기 위하여　④ 가르치기 위하여

9. 데살로니가 교회의 문제점들 중 아닌 것은?(4:1~18)
① 곧 그리스도의 재림이 있을 것이라 하여 무위도식
② 이방 세계의 부도덕한 생활
③ 먼저 죽은 자들이 주의 재림 때 불리한 상황에 처하지 않을까 하는 불안감
④ 유대교의 형식 주의

10. 바울이 말한 두 가지 부활의 순서는?(4:15~17)

---

5. 하나님의 말씀 6. ④ 7. 디모데 8. ① 9. ④ 10. 그리스도 안에서 죽은 성도들이 먼저 부활하고, 다음으로 마지막까지 살아남은 성도들이 부활한다.

11. 밤에 도적같이 이를 줄을 알지만 데살로니가 교인들에게 무엇이 도적같이 임하지 못한다고 말하는가?(5:2~4)

12. 그 이유는?(5:5)

13. 낮에 속한 아들들은 영적각성을 위해 무엇의 호심경과 무엇의 투구 쓸 것을 말하는 것 중 아닌 것은?(5:8)

① 믿음의 호심경 ② 사랑의 호심경
③ 말씀의 투구 ④ 소망의 투구

참고 : 본문 충실
"믿음과 사랑의 호심경을 붙이고 구원의 소망의 투구를 쓰자" (5:8).

14. 하나님께서 우리를 세우신 목적은?(5:9)

15. 데살로니가 성도들에게 말한 하나님의 뜻 10가지 중 아닌 것은?(5:12~18)

① 사랑하라
② 게으른 자들을 권계하며
③ 마음이 약한 자들을 격려하고
④ 항상 기뻐하라

참고 : 하나님의 뜻 10가지
1. 화목하라 2. 게으른 자들을 권계하며 3. 마음이 약한 자들을 격려하고
4. 힘이 없는 자들을 붙들어 주며 5. 모든 사람에게 오래 참으며
6. 악으로 악을 갚지 말게 하고 7. 모든 사람을 대하든지 항상 선을 따르라
8. 항상 기뻐하라 9. 쉬지 말고 기도하라 10. 범사에 감사하라

---

11. 주의 날 12. 빛의 아들이요 낮의 아들이기 때문이다. 13. ③
14. 오직 주 예수 그리스도로 말미암아 구원을 얻게 하려 하심 15. ①

16. 신약성경 중 가장 먼저 기록된 책은?

17. 데살로니가전서는 모두 몇 장으로 기록되었는가?

---

16. 데살로니가전서 17. 5장

데살로니가후서

데살로니가후서 개요

1. 기록자
   사도 바울

2. 기록 연대
   약 A.D. 51년 데살로니가전서를 기록한 후 몇 달 뒤에 기록했다.

3. 기록 장소
   고린도

4. 기록 대상
   데살로니가에 있는 기독교인들

5. 핵심어 및 내용

데살로니가후서의 핵심어는 '핍박'과 '일'이다. 하나님의 말씀에 굴복하지 않는 율법주의적 유대인들이 새로 개종한 기독교인들을 핍박하였다. 이런 이유 때문에 사도 바울은 데살로니가 교인들에게 나태하거나 게으르지 말고, 인내와 부지런함으로 열심히 일하라고 간청한다.

각 장의 내용들

1장

1. 머리말(1:1~2)
2. 환난을 이기도록 격려함(1:3~12)

2장

1. 주님의 날에 대한 교훈(2:1~12)
2. 바울의 감사와 권면(2:13~17)

3장

1. 바울의 확신에 찬 고백(3:1~5)
2. 일하라고 바울의 명령(3:6~15)
3. 맺는 말(3:16~18)

14. 데살로니가후서

1. 발신자 중 아닌 것은?(1:1)
   ① 바울 ② 바나바 ③ 실루아노 ④ 디모데

2. 믿음이 더욱 자라고 서로 사랑함이 풍성하며 모든 박해와 환난 중에서도 인내와 믿음을 잃지 않는 것을 바울이 자랑한 교회는?(1:3~4)
   ① 고린도 교회 ② 갈라디아 교회
   ③ 골로새 교회 ④ 데살로니가 교회

3. 하나님의 공의가 실현하는 시기는?(1:7)
   ① 예수님 재림 때 ② 천 년 전 ③ 천 년 후 ④ 무시로

4. 불법의 사람 곧 멸망의 아들들이 나타나 자칭 무엇이라 할 것이라 하였는가?(2:4)
   ① 메시야 ② 하나님 ③ 그리스도 ④ 선지자

5. 데살로니가 교회에 말한 재림 전에 있을 징조는 무엇인가?(2:8~10)
   ① 난리와 난리의 소문이 있음
   ② 민족이 민족을 나라가 나라를 대적 함
   ③ 처처에 기근과 지진 있음
   ④ 불법한 자가 나타나고 악한 자의 나타남

---

1. ② 2. ④ 3. ① 4. ② 5. ④

6. 일하기 싫어하거든 어떻게 하라고 하였는가?(3:10)
   ① 일하게 하라 ② 가르치라 ③ 먹지도 말게 하라 ④ 버리라

7. 바울이 친필로 문안하는 이유는 편지마다 무엇이기 위해서인가?(3:17)
   ① 능력 ② 표시 ③ 소유 ④ 권위

8. 데살로니가후서는 모두 몇 장으로 기록되었는가?

---

6. ③ 7. ② 8. 3장

디모데전서

디모데전서 개요

1. 기록자

사도 바울

2. 기록 연대

A.D. 62~64년 사이

3. 기록 장소

마게도냐의 빌립보에서 기록했을 가능성이 높다.

4. 기록 대상

디모데

5. 핵심어 및 내용

디모데전서의 핵심어는 '교리' 와 '자격' 이다. 사도 바울은 디모데에게 하나님의 진리 안에 거하며 다른 헛된 교회들을 따르지 말라고 권면한다. 이러한 하나님의 말씀을 따르는 구체적인 예로 하나님이 원하시는 교회지도자의 자격을 자세하게 열거하고 있다.

각 장의 내용들

1장

1. 바울의 인사(1:1~2)
2. 디모데에게 한 교훈(1:3~16)
3. 송영(1:17~18)
4. 명령과 격려(1:19~20)

2장

1. 기도에 관한 교훈(2:1~8)
2. 교회에서의 여자의 행동과 교훈(2:9~15)

3장

1. 지도자의 자격에 관한 교훈(3:1~13)
2. 복음의 기관으로서의 교회(3:14~16)

4장

1. 거짓교리에 대항하는 경고(4:1~5)
2. 선한 일꾼인 디모데에게 주는 교훈(4:6~16)

5장

1. 남자들에 관한 교훈(5:1~2)
2. 여자들에 관한 교훈(5:3~16)
3. 장로들에 관한 교훈(5:17~25)

6장

1. 종들에게 주는 교훈(6:1~2)
2. 거짓 교사들에 대한 경고(6:3~5)
3. 돈과 경건에 관한 교훈(6:6~10)
4. 개인적 훈계(6:11~16)
5. 물질의 바른 사용에 대한 교훈(6:17~19)
6. 최후의 권면(6:20~21)

15. 디모데전서

1. 바울이 말한 믿음 안에서 참 아들은 누구를 말하는 것인가?(1:2)

2. 바울이 마게도냐로 갈 때에 디모데를 에베소에 머물게 한 이유가 아닌 것은?(1:3~4)
   ① 다른 교훈을 가르치지 말게 하기 위해
   ② 신화에 몰두하지 말게 하기 위해
   ③ 끝없는 족보에 몰두하지 말게 하기 위해
   ④ 불법을 행하지 못하게 하기 위해

3. 교훈의 목적은 무엇 등으로 나는 사랑인데 그 중 아닌 것은?(1:5)
   ① 청결한 마음 ② 선한 양심 ③ 복음의 기쁨 ④ 거짓 없는 믿음

4. 바울이 긍휼을 입기 전에 어떤 사람이었음을 말한 내용 중 아닌 것은?(1:13)
   ① 비방자 ② 박해자 ③ 행악자 ④ 폭행자

5. 바울의 겸손이 들어있지 않은 책은?
   ① 고린도전서 ② 갈라디아서 ③ 에베소서 ④ 디모데전서

참고 : 바울의 겸손
1. 고전 15:8~10 - 만삭되지 못하여 난 자, 사도 중에 지극히 작은 자, 교회를 핍박한

---

1. 디모데 2. ④ 3. ③ 4. ③ 5. ②

자, 사도라고 칭함을 받을 수 없는 자, 나의 나된 것은 하나님의 은혜로 된 것이다.
2. 고후 12:11 - 어리석은 자
3. 엡 3:8 - 성도 중에 지극히 작은 자 보다 더 작은 자
4. 딤전 1:13~15 - 비방자, 박해자, 폭행자, 믿지 않을 때 알지 못하고 행함, 죄인 중에 괴수

6. 양심을 버리고 믿음에 관하여는 파선하여 사탄에게 내어 주었다고 바울이 말한 두 사람은?(1:20)

7. 바울이 첫 번째로 모든 사람을 위하여 디모데에게 권한 것 중 아닌 것은?(2:1)
① 간구 ② 기도 ③ 도고 ④ 순결

참고 : 도고
남을 위하여 중보기도를 의미하는 것으로 그리스도께서 살아계셔서 항상 우리를 위하여 기도 하시는 것(롬 8:34)과 같은 기도를 말한다.

8. 바울 스스로가 누구의 스승이 되었다고 말하는가?(2:7)
① 유대인 ② 이방인 ③ 이스라엘인 ④ 로마인

9. 바울이 교회에서 여자의 가르침과 남자를 주관하는 것을 허락하지 않는 근거로 삼은 것은?(2:13~14)

10. 감독의 자격 중 아닌 것은?(3:1~7)
① 책망할 것이 없어야 한다.

---

6. 후메내오와 알렉산더 7. ④ 8. ② 9. 아담이 먼저 지음 받은 것과 여자가 꾀임을 보아 죄에 빠진 것 10. ④

② 가르치기를 잘하여야 한다.
③ 술을 즐기지 않아야 한다.
④ 새로 입교한 자는 믿음이 진실해야 한다.

참조 : 지도자의 자격들

감독(딤전 3:1~7)

1. 책망할 것이 없어야 한다.
2. 한 아내의 남편으로 절제하며 신중하며 단정하며 나그네를 대접하며 가르치기를 잘해야 한다.
3. 술을 즐기지 않아야 한다.
4. 구타하지 않아야 한다.
5. 돈을 사랑하지 않아야 한다.
6. 가정을 잘 다스려 자녀들로 모든 공손으로 복종하게 하는 자라야 한다.
7. 새로 입교한 자는 될 수 없다.
8. 외인에게서도 선한 증거를 얻은 자라야 한다.

집사(딤전 3:8~13)

1. 일구이언을 하지 않아야 한다.
2. 술에 인박이지 않아야 한다.
3. 더러운 이를 탐하지 말아야 한다.
4. 깨끗한 양심에 믿음의 비밀을 가진 자라야 한다.
5. 시험하여 보고 그 후에 책망 할 것이 없으면 이 직분을 받는다.
6. 정숙하고 모함하지 말며 절제하며 모든 일에 충성된 여자.
7. 한 아내의 남편으로 자녀와 자기 집을 잘 다스리는 자라야 한다.

장로(딛 1:6)

1. 책망할 것이 없고 한 아내의 남편이어야 한다.
2. 방탕하다는 비난을 받거나 불순종하는 일이 없는 믿는 자녀를 둔 자.

감독(딛 1:7~9)

1. 하나님의 청지기로서 책망할 것이 없어야 한다.
2. 제 고집대로 하지 않아야 한다.
3. 급히 분내지 않아야 한다.
4. 술을 즐기지 않아야 한다.
5. 구타하지 않아야 한다.
6. 더러운 이를 탐하지 않아야 한다.
7. 나그네를 대접해야 한다.
8. 선행을 좋아해야 한다.

9. 신중하여야 한다.
10. 의로워야 한다.
11. 거룩하여야 한다.
12. 절제해야 한다.
13. 가르침을 그대로 지켜야 한다.
14. 바른 교훈으로 권면하여야 한다.
15. 거슬러 말하는 자들을 책망할 수 있어야 한다.

11. 감독과 집사의 자격이 기록된 장은?
① 1장 ② 2장 ③ 3장 ④ 4장

12. 집사의 자격 중 아닌 것은?(3:8~13)
① 일구이언하지 않아야 한다.
② 술에 인박이지 않아야 한다.
③ 깨끗한 양심에 믿음의 비밀을 가진 자야 한다.
④ 외인에게서도 선한 증거를 얻은 자라야 한다.

13. 디모데전서를 쓰는 것은 바울이 지체하면(디모데에게 가는 길이 늦어지면) 디모데가 하나님의 집에서 어떻게 행하여야 할 것을 알게 하는 것으로 하나님의 집은 무엇이라고 하였는가?(3:14~15)

14. 경건의 비밀은 누구에 관한 이야기인가?(3:16)
① 하나님 ② 예수님 ③ 성령 ④ 메시야

---

11. ③ 12. ④ 13. 살아 계신 하나님의 교회요 진리의 기둥과 터니라 14. ②

15. 양심에 화인 맞은 자들이 금하고 말라하는 것은?(4:2~3)

16. 다음 ( ) 안에 알맞은 말은 무엇인가?(4:7~8)
"망령되고 허탄한 신화를 버리고 ( )에 이르도록 네 자신을 연단하라 육체의 연단은 약간의 유익이 있으나 ( )은 범사에 유익하니 금생과 내생에 약속이 있느니라"

17. 과부의 명부에 올릴 수 있는 자격 요건 중 아닌 것은?(5:9~10)
① 나이 육십 이상인 자　② 한 남편의 아내이였던 자
③ 젊은 과부　④ 선한 행실의 증거가 있는 자

18. 만일 믿는 여자에게 과부 친척이 있거든 자기가 도와주고 교회가 짐지지 않게 하라고 바울이 말한 이유는?(5:16)

19. 장로에 대한 고발은 몇 증인이 있어야 하는가?(5:19)
① 두 증인　② 세 증인　③ 두세 증인　④ 네 증인

20. 일만 악의 뿌리가 되는 것은?(6:10)
① 돈을 사랑함　② 육체를 사랑함
③ 명예를 사랑함　④ 쾌락을 사랑함

---

15. 혼인을 금하고 어떤 음식물은 먹지 말라 16. 경건 17. ③
18. 참 과부를 도와주게 하려 함이다. 19. ③ 20. ①

21. 다음은 바울이 말한 것으로 누구에게 한 말인가?(6:11~12)
"오직 너 하나님의 사람아 이것들을 피하고 의와 경건과 믿음과 사랑과 인내와 온유를 따르며 믿음의 선한 싸움을 싸우라 영생을 취하라 이를 위하여 네가 부르심을 받았고 많은 증인 앞에서 선한 증언을 하였도다"

22. 기약이 이르면 하나님이 그의 나타나심을 보이실 것을 바울이 말하면서 하나님을 표현한 말들 중 아닌 것은?(6:15~16)
① 복되시고 ② 삼위일체 되시며
③ 만왕의 왕 ④ 만주의 주

23. 다음 중 목회 서신에 해당하지 않는 책은?
① 빌레몬서 ② 디모데전서 ③ 디모데후서 ④ 디도서

참고 : 서신의 구분
1. 옥중 서신(4) - 에베소서, 빌립보서, 골로새서, 빌레몬서
2. 목회 서신(3) - 디모데전서, 디모데후서, 디도서
3. 공동(일반) 서신(8) - 히브리서, 야고보서, 베드로전서, 베드로후서, 요한일 · 이 · 삼서, 유다서

24. 신약성경 중 "집사" 에 대하여 기록하고 있는 책 3권은?

25. 신약성경 중 "장로" 에 대하여 기록하고 있는 책 4권은?

26. 디모데전서는 모두 몇 장으로 기록되었는가?

---

21. 디모데 22. ② 23. ① 24. 디모데전서, 빌립보서, 사도행전 25. 디모데전서, 디도서, 베드로전서, 야고보서 26. 6장

디모데후서

디모데후서 개요

1. 기록자

사도 바울

2. 기록 연대

A.D. 66~67년 사이

3. 기록 장소

아마도 로마 감옥에서 기록했을 것이다.

4. 기록 대상

디모데

5. 핵심어 및 내용

디모데후서의 핵심어는 '인내'와 '가르침'이다. 바울은 자신이 감옥에 갇혀 있는 동안에도 강건하게 지내는 것처럼, 예수 그리스도의 선한 군사로써 디모데에게 닥칠 모든 시련들을 잘 견디라고 권면한다. 그는 또한 디모데에게 청년의 정욕을 피하고 믿음과 의로운 가운데에서 생활하라고 훈계한다. 뿐만 아니라 바울은 디모데에게 이 다음에 다른 사람들을 마찬가지로 가르치게 될 신실한 자들에게 하나님의 말씀을 가르치라고 명령한다.

각 장의 내용들

1장

1. 바울의 인사(1:1~2)
2. 디모데에 관한 감사(1:3~5)
3. 복음 전파의 책임에 대한 강조(1:6~18)

2장

1. 위탁하기에 힘써야 할 복음(2:1~7)
2. 견고하게 세워야 할 복음(2:8~26)

3장

1. 말세에 지켜야 될 복음(3:1~17)

4장

1. 엄한 명령(4:1~5)
2. 바울의 최후 진술(4:6~8)
3. 바울의 사랑과 관심(4:9~18)
4. 마지막 인사(4:19~22)

16. 디모데후서

1. 디모데의 외조모와 어머니의 이름을 써라(1:5)

2. 바울은 외조모와 어머니 속에 무엇이 먼저 있더니 디모데에게도 있는 것을 확신한다고 하였는가?(1:5)
① 사랑 ② 인내 ③ 믿음 ④ 양심

3. 복음을 위하여 무엇으로 세우심을 받았다고 하였는데 그 중 아닌 것은?(1:11)
① 선포자 ② 사도 ③ 교사 ④ 감독

4. 아시아에서 모든 사람이 바울을 버렸을 때 그 중에 있던 두 사람은?(1:15)

5. 바울이 누구의 집에 주께서 긍휼을 베풀어 주시기를 기도하였는가?(1:16~18)
① 디모데 ② 누가 ③ 글라우디아 ④ 오네시보로

6. 저희 말은 악성 종양의 퍼져나감과 같은데 그 중에 있던 두 사람의 이름은?(2:17)

---

1. 외조모 - 로이스, 어머니 - 유니게 2. ③ 3. ④ 4. 부겔로와 허모게네 5. ④
6. 후메내오와 빌레도

7. 후메내오와 빌레도의 가르침과 나타난 현상 중 아닌 것은?(2:18)
① 진리가 그릇되었다. ② 쾌락에 빠짐
③ 부활이 이미 지나갔다. ④ 어떤 사람들의 믿음을 무너뜨림

8. 큰 집에 있는 그릇의 종류가 아닌 것은?(2:20)
① 금 그릇 ② 나무 그릇
③ 천하게 쓰는 그릇 ④ 깨끗한 그릇

참고 : 6가지 그릇의 종류들
1. 금 2. 은 3. 나무 4. 질 5. 귀하게 쓰는 6. 천하게 쓰는

9. 예수 그리스도의 종과 교회 지도자를 비유한 4가지 중 아닌 것은?(2 장)
① 좋은 병사 ② 경기하는 자 ③ 왕 ④ 그릇

참고 : 예수 그리스도의 종과 교회 지도자를 비유한 4가지
1. 좋은 병사(2:3) 2. 경기하는 자(2:5) 3. 수고하는 농부(2:6) 4. 그릇(2:21)

10. 바울은 디모데에게 말세에 나타나게 될 죄의 유형들을 구체적으로 지적하면서 이것들을 모세를 대적한 누구를 들어 더욱 경계하고 권고할 것을 말하는가?(3:8)

참고 : 얀네와 얌브레
모세가 바로 왕 앞에서 이적을 행할 때 그와 비슷한 이적을 행하여 모세를 대적했던 바로의 마술사들을 말하는 것이다. 이 이름들은 아람어로 유대인의 전통에서 비롯된 것으로 얀네는 '유혹하는 자', 얌브레는 '반란을 일으키는 자' 라는 뜻의 이름이다.

---
7. ② 8. ④ 9. ③ 10. 얀네와 얌브레

11. 다음 (　　) 안에 들어갈 말은 무엇인가?(3:12)
"무릇 그리스도 예수 안에서 경건하게 살고자 하는 자는 (　　　)을 받으리라"

① 평안　② 축복　③ 박해　④ 복음

12. 그리스도 예수 안에 있는 믿음으로 말미암아 구원에 이르는 지혜가 있게 하는 것은?(3:15)

13. 딤후 3:16, 17절의 말씀을 쓰라

14. 바울의 일생을 회고한 것으로 세상을 떠날 날이 가깝다고 말한 책은?(딤후 4:6~8)
① 데살로니가전서　② 데살로니가후서
③ 디모데전서　④ 디모데후서

15. 바울은 디모데에게 속히 올 것을 몇 번 요청하였나?(4:9, 21)
① 한 번　② 두 번　③ 세 번　④ 네 번

16. 이 세상을 사랑하여 바울을 버리고 떠난 사람은?(4:10)
① 데마　② 두기고　③ 드로아 가보　④ 알렉산더

참고 : 바울을 떠난 3사람
1. 데마 - 데살로니가로 2. 그레스게 - 갈라디아로 3. 디도 - 달마디아로 갔다.

---

11. ③ 12. 성경 13. 모든 성경은 하나님의 감동으로 된 것으로 교훈과 책망과 바르게 함과 의로 교육하기에 유익하니 이는 하나님의 사람으로 온전하게 하며 모든 선한 일을 행할 능력을 갖추게 하려 함이니라. 14. ④ 15. ② 16. ①

17. 디모데에게 누구를 데려오라고 했는가?(4:11)

18. 바울이 디모데에게 주의하라고 말한 사람은?(4:14)
① 누가 ② 알렉산더 ③ 에라스도 ④ 리노

19. 디모데후서는 모두 몇 장으로 기록되었는가?

---

17. 마가 18. ② 19. 4장

디 도 서

디도서 개요

1. 기록자

사도 바울

2. 기록 연대

A.D. 63~65년 사이

3. 기록 장소

어디서 기록했는지 알 수 없다(그리스나 마게도냐에서 기록했을 가능성이 높다).

4. 기록 대상

디도

5. 핵심어 및 내용

디도서의 핵심어는 '순결함'과 '상속자'이다. 기독교인들은 순결한 삶을 살 뿐만 아니라 그 마음의 동기도 순결해야만 한다. 또한 모든 신자는 하나님이 주실 모든 복을 영원히 누리는 상속자가 되기 위하여 하나님 앞에서 의롭게 되었다.

각 장의 내용들

1장

1. 인사(1:1~4)
2. 장로의 자격과 필요성(1:4~16)

2장

1. 바른 교리를 적용할 특별한 경우(2:1~10)
2. 바른 교리의 선포(2:11~15)

3장

1. 바른 교리를 나타냄(3:1~11)
2. 맺는 말(3:12~15)

17. 디도서

1. 바울로부터 디모데처럼 "참 아들" 이라 부름을 받은 사람은?(1:4)

2. 장로와 감독의 자격을 몇 장에 기록하고 있는가?
   ① 1장 ② 2장 ③ 3장 ④ 4장

3. 바울은 디도를 어디에 두었는가?(1:5)
   ① 그레데 ② 아덴 ③ 뵈닉스 ④ 더베

4. 디도를 그레데에 둔 이유는?(1:5)

5. 항상 거짓말쟁이며 악한 짐승이며 배만 위하는 게으름뱅이의 사람은 누구인가?(1:12)
   ① 멜리데인 ② 마게도냐인 ③ 그레데인 ④ 수리아인

---

1. 디도 2. ① 3. ① 4.남은 일을 정리하고 각 성에 장로들을 세우게 하려함
5. ③

6. 할례당에 대한 설명 중 틀린 것은?(1:10~16)
① 그레데 교회를 어지렵혔던 사람들이다.
② 유대인의 허탄한 이야기에 관심이 있다.
③ 마음과 양심이 다 더럽다.
④ 행위로는 하나님을 시인하나 말로는 하나님을 부인한다.

7. 바울이 디도에게 바른 교훈할 것을 가르친 다섯 계층 중 아닌 것은?(2:1~10)
① 늙은 남자 ② 늙은 여자 ③ 상전 ④ 종

참고 : 다섯 계층
1. 늙은 남자 2. 늙은 여자 3. 젊은 여자 4. 젊은 남자 5. 종

8. "대적하는 자로 하여금 부끄러워 우리를 악하다 할 것이 없게 해야 할" 계층은?(2:8)
① 늙은 여자 ② 젊은 여자 ③ 젊은 남자 ④ 종

9. 종들이 상전들에게 오직 선한 충성을 다하여야 하는 이유는?(2:10)
① 범사에 우리 구주 하나님의 교훈을 빛나게 하려 함
② 대적하는 자로 하여금 부끄러워 우리를 악하다 할 것이 없게 하려 함
③ 하나님의 말씀이 훼방을 받지 않게 하려함
④ 절제하며 경건하며 근신하며 믿음과 사랑과 인내에 온전케 하려 함

---

6. ④ 7. ③ 8. ③ 9. ①

참고 : 각 계층이 지켜야 될 이유들

1. 젊은 여자 - 하나님의 말씀이 비방을 받지 않게 하려 함
2. 젊은 남자 - 대적하는 자로 하여금 부끄러워 우리를 악하다 할 것이 없게 하려 함.
3. 종 - 범사에 우리 구주 하나님의 교훈을 빛나게 하려 함

10. 바울이 말한 무익하고 헛된 것 중 아닌 것은?(3:9)

① 어리석은 변론 ② 족보 이야기

③ 율법에 대한 다툼 ④ 후사 이야기

참고 : 4가지 무익하고 헛된 것

1. 어리석은 변론 2. 족보 이야기 3. 분쟁에 대한 다툼 4. 율법에 대한 다툼

11. 바울은 디도에게 어디에 속한 사람을 한두 번 훈계한 후에 멀리하라 하였는가?(3:10)

① 율법 ② 이단 ③ 쾌락 ④ 명예

12. 그레데 교회의 율법교사는 누구인가?(3:13)

① 아데마나 ② 두기고 ③ 세나 ④ 디모데

참고 : 율법교사

당시 사회적 배경으로 살펴볼 때 두 가지 해석이 가능하다.
첫째, 유대인 구약 율법사이거나 둘째, 유언장이나 소송장을 쓰는데 도움을 주는 로마의 법률 전문가이다. 이중 다음의 두 가지 이유에서 첫째의 해석이 맞다 할 수 있다. 첫째, 유대주의 율법의 논쟁을 일삼고, 사도 바울의 바른 교리를 혼돈 시켰던 그레데 교회의 이단들을 바로 잡을 사람으로 율법교사 세나가 선택되었다는 점과

---

10. ④ 11. ② 12. ③

둘째, 함께 사역하게 될 아볼로 역시 유대교에서 개종한 율법 학자라는 점에서이다.

13. 디도서는 모두 몇 장으로 기록되었는가?

---

13. 3장

빌레몬서

빌레몬서 개요

1. 기록자

사도 바울

2. 기록 연대

A.D.60~61년 사이

3. 기록 장소

바울이 로마에서 어느 집에 연금되어 있을 때 기록.

4. 기록 대상

빌레몬, 압비아, 아킵보(아마도 압비아는 빌레몬의 아내이고, 아킵보는 그의 아들일 것이다) 그리고 빌레몬의 거처가 있는 골로새의 성도들.

5. 핵심어 및 내용

빌레몬서의 핵심어는 '노예'와 '유익'이다. 바울은 영적으로는 예수 그리스도에게 갇힌 자이고, 육체적으로는 로마 감옥에 갇혀 있다. 그래서 그는 빌레몬의 노예인 오네시모가 갚아야 할 대가를 잘 알고 있었다. 바울은 11절에서 오네시모란 이름이 의미하는 '유익함'이란 말을 사용하여 오네시모의 변화된 모습을 알려 주고, 그를 형제로서 받아 들이라고 권면한다.

각 장의 내용들

1장

1. 인사(1:1~3)
2. 감사(1:4~7)
3. 오네시모를 위한 부탁(1:8~21)
4. 문안과 축도(1:22~25)

18. 빌레몬서

1. 이 서신의 수신자가 아닌 사람은?(1:1,2)
   ① 빌레몬　② 압비아　③ 아킵보　④ 오네시모

2. 바울이 갇힌 중에 낳은 아들은?(1:10)

3. 바울이 오네시모를 빌레몬에게 돌려보내며 자신에게 수종들 수 있도록 승낙을 얻으려 한 이유는?(1:14)
   ① 선한 일이 억지 같이 되지 아니하고 자의로 되게 하려 함
   ② 바울을 만나게 한 하나님의 섭리를 알게 하기 위함
   ③ 오네시모가 그리스도인이 되었음을 알게 하기 위함
   ④ 주인인 빌레몬에게 허락을 얻으려 함

4. 바울과 함께 빌레몬에게 문안한 사람 중 아닌 사람은?(1:23~24)
   ① 에바브라　② 마가　③ 아리스다고　④ 압비아

5. 바울과 함께 옥에 갇힌 사람은?(1:23~24)
   ① 마가　② 아리스다고　③ 누가　④ 에바브라

---

1. ④ 2. 오네시모 3. ① 4. ④ 5. ④

참고 : 문안과 옥에 갇힌 자들
갇힌자 : 에바브라
동역자 : 마가, 마리스다고, 데마, 누가

6. 빌레몬서는 모두 몇 장으로 기록되었는가?

---

6. 1장

히브리서

히브리서 개요

1. 기록자

누가 기록했는지 알 수 없다(아볼로, 바나바, 클레멘트, 누가, 바울, 빌립, 브리스길라 혹은 실라가 기록했을 것으로 추정하기도 한다).

2. 기록 연대

A.D. 64~67년 사이

3. 기록 장소

어디서 기록했는지 알 수 없다(로마에서 기록했을 가능성이 높다).

4. 기록 대상

유대인 기독교인들

5. 핵심어 및 내용

히브리서의 핵심어는 '희생'과 '우월함'이다. 그리스도 자신을 직접 드린 희생 제물은 유대인의 제사제도에서 드릴 수 있는 어떤 희생 제물과도 비교할 수 없을 만큼 탁월한 것이다. 그리스도는 천사들에 의해서 경배를 받으시는 분이기 때문에 천사들보다 더 우월하시다. 또한 그리스도는 모세나 여호수아를 창조하신 분이기 때문에 천사들보다 더 우월하신 분이다. 그리고 그리스도가 드린 희생제사는 영원하기 때문에 반복되는 아론의 제사장직보다도 그리스도가 더 우월하시다. 뿐만 아니라 그리스도는 인약의 중보자이시기 때문에 율법보다도 우월하시다.

각 장의 내용들

1장

1. 아들을 통해 말씀하신 하나님(1:1~3)
2. 천사보다 우월하신 그리스도(1:4~14)

2장

1. 큰 구원과 불순종에 대한 경고(2:1~4)
2. 그리스도의 수난과 성육의 뜻(2:5~18)

3장

1. 모세보다 우월하신 그리스도(3:1~6)
2. 마음을 강퍅케 하지 말 것(3:7~19)

4장

1. 불신앙의 위험성(4:1~13)
2. 우리 연약함을 체휼하신 그리스도(4:14~16)

5장

1. 대제사장이신 그리스도(5:1~10)
2. 믿음의 진보에 대한 호소(5:11~6:12)

6장

1. 영혼의 닻(6:13~20)

7장

1. 멜기세덱의 우월성(7:1~10)
2. 멜기세덱의 반차를 좇는 그리스도(7:11~28)

8장

1. 옛 언약과 새 언약(8:1~9)
2. 더 나은 새 언약(8:10~13)

9장

1. 구약의 제사와 불완전한 희생(9:1~10)

2. 신약의 제사와 완전한 희생(9:11~14)
3. 그리스도의 죽음의 필요성(9:15~22)
4. 그리스도의 완전한 희생(9:23~28)

10장

1. 완전하고 영원한 새 언약(10:1~18)
2. 신망애의 권면(10:19~25)
3. 새롭고 산길을 거절하는 자에 대한 서술(10:26~39)

11장

1. 신앙생활에 대한 실례(11:1~40)

12장

1. 우리의 모범이 되신 그리스도(12:1~4)
2. 징계를 통해 나타나는 아버지의 사랑(12:5~11)
3. 새 언약 아래 있는 그리스도의 행실(12:12~29)

13장

1. 일반적인 교훈들(13:1~17)
2. 결론(13:18~25)

19. 히브리서

1. 하나님이 아들을 무엇으로 세우시고 또 저로 말미암아 모든 세계를 지으셨는가?(1:2)
   ① 만유의 상속자　　② 메시야
   ③ 다윗의 후손　　④ 하나님의 아들

2. 히브리서 1장에서 예수 그리스도는 누구와 비교하는가?(1:4~14)

3. 3장에서 그리스도가 누구보다 우월하신 것을 말하고 있는가?(3:1~6)
   ① 멜기세덱　② 천사　③ 모세　④ 다윗

4. 그리스도가 모세보다 우월하다고 대비한 내용은?(3:5~6)

5. 하나님의 아들 예수를 대 제사장으로 기록한 서신은?(4:14)

6. 하나님의 부르심을 입은 대 제사장으로 예수와 비교된 사람은?(5:4)
   ① 아론　② 사무엘　③ 모세　④ 멜기세덱

---

1. ①　2. 천사　3. ③　4. 모세는 하나님의 온 집에서 종으로 충성하였고 그리스도는 집 맡은 아들로 충성하였다(사환 대 아들).　5. 히브리서　6. ①

7. 예수는 누구의 반차를 따르는 제사장이라 하였는가?(5:6, 10, 6:20)
① 아론 ② 엘르아살 ③ 멜기세덱 ④ 아비후

8. 다음 멜기세덱에 대한 설명 중 틀린 것은?(7:1~9)
① 아브라함에게 복을 빌어준 자며 십일조를 받은 자이다.
② 하나님의 영원한 약속의 후손 중 한 사람이다.
③ 지극히 높으신 하나님의 제사장이다.
④ 하나님 아들과 닮아서 항상 제사장으로 있는 자이다.

참고 : 그 외
아버지도 없고 어머니도 없고 족보도 없고 시작한 날도 없고 생명의 끝도 없는 자이다.

9. 멜기세덱의 이름을 왕으로 표현한 것 중 아닌 것은?(7:2)
① 의의 왕 ② 능력의 왕 ③ 살렘 왕 ④ 평강의 왕

10. 다음 ( ) 안에 알맞은 말은 무엇인가?(7:28)
"( )은 약점을 가진 사람들을 제사장으로 세웠거니와 율법 후에 하신 맹세의 ( )은 영원히 온전하게 되신 아들을 세우셨느니라"

11. 새 언약을 누구 집과 누구 집으로 세운다고 하였는가?(8:8)
① 이스라엘, 유다 ② 이스라엘, 다윗
③ 다윗, 유다 ④ 모세, 다윗

12. 이스라엘 집으로 세울 새 언약을 어디에 두고 어디에 기록한다고 하였는가?(8:10)

---

7. ③ 8. ② 9. ② 10. 율법, 말씀 11. ① 12. 생각, 마음

13. 첫 장막 안을 성소라 일컫는데 그 안에 있는 것이 아닌 것은?(9:2)
① 등잔대 ② 상 ③ 진설병 ④ 언약궤

14. 둘째 휘장 뒤에 있는 장막을 무엇이라고 일컫는가?(9:3)
① 성소 ② 지성소 ③ 속죄소 ④ 회막문

15. 언약궤 안에 들어 있는 3가지 중 아닌 것은?(9:4)
① 만나 담은 금 항아리 ② 아론의 싹 난 지팡이
③ 메추라기 담은 금 항아리 ④ 언약의 돌판들

16. 둘째 장막인 지성소에 대제사장이 홀로 일 년에 몇 번 들어가는가?(9:7)
① 한 번 ② 두 번 ③ 세 번 ④ 네 번

17. 이 때 무엇 없이는 들어가지 못하는가?(9:7)

18. 이 피는 무엇을 의미하는 것인가?(9:7)

19. 히브리서에서 예수 재림에 관한 구절이 기록된 장은?
① 9장 ② 10장 ③ 11장 ④ 12장

참고 : 9:28

20. 히브리서의 믿음 장은 몇 장인가?

---

13. ④ 14. ② 15. ③ 16. ① 17. 피 18. 자기와 백성의 허물을 위하여 드리는 것이다. 19. ① 20. 11장

21. 바라는 것들의 실상이요 보이지 않는 것들의 증거는 무엇인가?(11:1)
① 예언 ② 계시 ③ 믿음 ④ 기업

22. 11장에 "믿음으로 ~" 의 형식으로 불려진 믿음의 사람은 모두 몇 명인가?(11:4~31)
① 10명 ② 11명 ③ 12명 ④ 13명

참조 : "믿음으로 ~" 형식의 사람들
1. 믿음으로 아벨은 2. 믿음으로 에녹은 3. 믿음으로 노아는
4. 믿음으로 아브라함은 5. 믿음으로 사라는 6. 믿음으로 이삭은
7. 믿음으로 야곱은 8. 믿음으로 요셉은 9. 믿음으로 모세는
10. 믿음으로 기생 라합은
그 외 '내가 무슨 말을 더 하리요' 라 하면서 이름만 불려진 6명의 사람들
1. 기드온 2. 바락 3. 삼손 4. 입다 5. 다윗 6. 사무엘

23. 믿음의 인물 중 "의로운 자" 는 누구를 말하는가?(11:4)

24. 믿음의 인물 중 "하나님을 기쁘시게 하는 자" 는 누구를 말하는가?(11:5)

25. 믿음의 인물 중 "의의 상속자" 는 누구를 말하는가?(11:7)

26. 믿음의 인물 중 사사들은?(11:32)

---

21. ③ 22. ① 23. 아벨 24. 에녹 25. 노아 26. 기드온, 입다, 삼손

27. 믿음의 사람들 중에 나오는 두 여인의 이름은?(11:11, 31)

28. 믿음의 사람과 그들이 얻은 결과가 서로 잘못 연결된 것은?(11:4~11)
① 아벨 - 의로운 자라 하시는 증거를 얻었다.
② 사라 - 하나님을 기쁘시게 하는 자라 하는 증거를 받았다.
③ 노아 - 세상을 정죄하고 믿음을 따르는 의의 상속자가 되었다.
④ 아브라함 - 하나님이 계획하시고 지으실 터가 있는 성을 바랐다.

참고 : 믿음의 사람과 얻은 결과
1. 에녹 - 하나님을 기쁘시게 하는 자라 하는 증거를 받았다.
2. 사라 - 약속하신 이를 미쁘신 줄 앎이라.

29. 믿음으로 하나님이 능히 죽은 자 가운데서 다시 살리실 줄로 생각한 사람은?(11:17~19)
① 아벨 ② 에녹 ③ 노아 ④ 아브라함

30. 믿음으로 임종시에 이스라엘 자손들이 떠날 것을 말하고 또 자기 뼈를 위하여 명한 사람은?(11:22)
① 이삭 ② 야곱 ③ 요셉 ④ 모세

31. 12장은 일명 무슨 장이라고 부르는가?

---

27. 사라, 기생 라합 28. ② 29. ④ 30. ③ 31. 소망

32. 다음 (　　) 안에 알맞은 말은 무엇인가?(12:2)
"믿음의 주요 또 온전하게 하시는 이인 (　　)를 바라보자 그는 그 앞에 있는 기쁨을 위하여 (　　)를 참으사 부끄러움을 개의치 아니하시더니 하나님 보좌 우편에 앉으셨느니라"

33. 한 그릇의 음식을 위하여 장자의 명분을 팔아 망령된 자가 된 사람은?(12:16)

34. 새 언약 아래 있는 그리스도인의 행실을 설명하기 위하여 예로 들은 구약의 세 인물 중 아닌 사람은?(12:16, 21, 24)
① 에서　　② 노아　　③ 모세　　④ 아벨

35. "손님 대접하기를 잊지 말라 이로써 부지중에 누구를 대접한 이들이 있었다"고 말하고 있는가?(13:2)
① 의인　　② 죄인　　③ 천사　　④ 예수

36. 다음 (　　) 안에 알맞은 말은 무엇인가?(13:15)
"그러므로 우리는 (　　)로 말미암아 항상 찬송의 제사를 (　　)께 드리자 이는 그 이름을 증언하는 입술의 열매니라"

---

32. 예수, 십자가 33. 에서 34. ② 35. ③ 36. 예수, 하나님

37. 다음 성경 중 수신자가 구체적으로 기록되어 있지 않은 것은?

① 고린도전서 ② 데살로니가전서

③ 히브리서 ④ 유다서

38. 히브리서는 모두 몇 장으로 기록되었는가?

---

37. ③ 38. 13장

야고보서

야고보서 개요

1. 기록자

예수님의 동생인 야고보

2. 기록 연대

A.D. 45~49년 사이

3. 기록 장소

아마도 예루살렘에서 기록했을 것이다.

4. 기록 대상

여러 나라에 흩어진 12지파들, 즉 유대 기독교인

5. 핵심어 및 내용

야고보서의 핵심어는 '인내'와 '순수한 신앙'이다. 야고보는 인내야말로 그리스도 안에서 완전하고 흠이 없는 자녀가 되기 위하여 모든 신자가 갖추어야 할 경건한 성품이라고 강조하고 있다. 또한 순수한 신앙이란 하나님 앞에서 올바르게 행동할 뿐만 아니라 세상 사람들에게도 모범이 되며 존경받는 삶을 사는 것이다. 즉 고아와 과부를 돌보며 다른 어려운 사람들에게 도움을 주는 삶이야말로 하나님이 기뻐하시는 참된 믿음의 모습인 것이다.

각 장의 내용들

1장

1. 인사(1:1)
2. 시험에 대하여(1:2~8)
3. 가난과 부에 대하여(1:9~11)
4. 시험과 유혹에 대하여(1:12~18)
5. 말씀을 듣고 행할 것(1:19~25)
6. 참된 경건에 대하여(1:26~27)

2장

1. 사회적인 차별과 최고의 율법(2:1~13)
2. 믿음과 행함(2:14~26)

3장

1. 혀의 위험성(3:1~12)
2. 참 지혜와 거짓 지혜(3:13~18)

4장

1. 세상과 하나님(4:1~10)
2. 판단에 대하여(4:11~12)
3. 자기 확신의 죄(4:13~17)

5장

1. 부자들에 대한 경고(5:1~6)
2. 주의 강림을 바라본 인내(5:7~11)
3. 맹세에 대하여(5:12)
4. 기도에 대하여(5:13~18)
5. 미혹된 형제를 구할 것(5:19~20)

20. 야고보서

1. 야고보는 흩어져 있는 몇 지파에게 문안하고 있는가?(1:1)
   ① 세 지파　② 일곱 지파　③ 열 지파　④ 열두 지파

2. 믿음의 시련이 무엇을 만들어 내는 줄 안다고 하였는가?(1:3)
   ① 감사　② 인내　③ 고통　④ 소망

3. 마치 바람에 밀려 요동하는 바다 물결 같은 자는?(1:6)
   ① 의심하는 자　② 교만한 자
   ③ 소망 없는 자　④ 감사가 없는 자

4. 사람이 하나님께 시험을 받는다 하지 말지니 하나님은 악에게 시험을 받지도 아니 하시고 친히 아무도 시험하지도 않으시는 분인데 각 사람이 시험을 받는 이유는 무엇 때문이라고 말하는가?(1:13~14)
   ① 의심　② 교만　③ 욕심　④ 죄

5. 다음 (　　) 안에 들어갈 말은 무엇인가?(1:15)
   "(　　)이 잉태한즉 죄를 낳고 죄가 장성한즉 (　　)을 낳느니라"

6. 사람이 성내는 것이 무엇을 이루지 못함이라고 말하는가?(1:20)

---

1. ④ 2. ② 3. ① 4. ③ 5. 욕심, 사망 6. 하나님의 의

7. 하나님 아버지 앞에서 정결하고 더러움이 없는 경건을 말한 것 중 아닌 것은?(1:27)
① 고아를 환난 중에 돌아보고
② 과부를 환난 중에 돌아보고
③ 자기를 지켜 세속에 물들지 않고
④ 도를 듣고 행하는 자가 되고

8. 야고보서에서 말하는 최고의 법은?(2:8)

9. 다음 (　　) 안에 공통으로 들어갈 말은?(2:13)
"(　　)을 행하지 아니하는 자에게는 (　　) 없는 심판이 있으리라 (　　)은 심판을 이기고 자랑하느니라"
① 은혜　② 사랑　③ 긍휼　④ 온유

10. 믿음과 행함이 서로 상호 유기적인 관계라는 것을 강조하기 위하여 예를 들은 구약의 두 사람은?(2:21,25)

11. 영혼 없는 몸이 죽은 것같이 무엇이 없는 믿음은 죽은 것이라고 말하였는가?(2:26)
① 사랑　② 말씀　③ 생명　④ 행함

---

7. ④ 8. 네 이웃 사랑하기를 네 몸과 같이 하라 9. ③ 10. 아브라함, 기생 라합
11. ④

12. 무엇에 실수가 없으면 온전한 사람이라고 말하였나?(3:2)
① 말　② 손　③ 발　④ 귀

13. 혀의 위험성을 알리기 위하여 혀를 무엇에 비유하였는가?(3:4~5)

14. 능히 길들일 사람이 없고 쉬지 아니하는 악이요 죽이는 독이 가득한 것은 무엇인가?(3:8)

15. 한 입으로 찬송과 저주가 나는 것이 마땅치 않다는 것을 증명하기 위하여 비유한 것 중 아닌 것은?(3:10~12)
① 샘이 한 구멍으로 어찌 단 물과 쓴 물을
② 무화과나무가 감람 열매를
③ 포도나무가 무화과를
④ 가시밭에서 포도 열매를

참고 : 짠물에 단물을 내지 못한다도 포함.

16. 위로부터 난 지혜를 말한 것 중 아닌 것은?(3:17)
① 성결　② 화평　③ 관용　④ 사랑

참고 : 위로부터 난 지혜
1. 성결 2. 화평 3. 관용 4. 양순 5. 긍휼 6. 선한 열매 가득 7. 편벽과 거짓 없음

17. 구하여도 받지 못함은 무엇으로 쓰려고 잘못 구함인가?(4:3)
① 부　② 명예　③ 정욕　④ 교만

---

12. ① 13. 배의 작은 키, 작은 불 14. 혀 15. ④ 16. ④ 17. ③

18. "사람이 선을 행할 줄 알고도 행치 아니하면" 무엇이 되는가?(4:17)

19. 주의 강림을 바라보며 인내할 것을 말할 때 구약의 누구를 예로 들었는가?(5:7~11)
① 아브라함 ② 노아 ③ 이사야 ④ 욥

20. 야고보서에서 나타난 맹세의 가르침 중 아닌 것은?(5:12)
① 하늘로 맹세하지 말라
② 땅으로 맹세하지 말라
③ 주의 이름으로 맹세하지 말라.
④ 오직 그렇다 하는 것은 그렇다 하고 아니라 하는 것은 아니라 하라

21. "의인의 간구는 역사하는 힘이 크다"는 것은 무엇에 관하여 가르칠 때 한 말인가?(5:16)

22. 기도의 역사하는 힘을 설명하기 위하여 예로 들은 구약의 사람은?(5:17)

23. 야고보서는 모두 몇 장으로 기록되었는가?

---

18. 죄 19. ④ 20. ③ 21. 기도 22. 엘리야 23. 5 장

베드로전서

베드로전서 개요

1. 기록자

사도 베드로

2. 기록 연대

A.D. 63~64년 사이

3. 기록 장소

로마나 바벨론

4. 기록 대상

소아시아에 흩어져 있는 기독교인들

5. 핵심어 및 내용

베드로전서의 핵심어는 '고통'과 '영광'과 '기쁨'이다. 예수 그리스도에게 헌신했기 때문에 신사들이 겪게 되는 시련과 고통은 오히려 그들에게 영적인 영광스러움을 안겨다 주는 축복의 기회이다. 이런 이유 때문에 사탄과 세상이 우리 신자들을 해치려 할 때마다 기독교인들은 좌절하지 않고 기뻐할 수 있다.

각 장의 내용들

1장

1. 인사(1:1~2)
2. 시련과 구원의 소망(1:3~12)
3. 거룩한 생활을 견고히 함(1:13~25)

2장

1. 거룩의 소극적인 면과 적극적인 면(2:1~3)
2. 거룩한 공동체인 교회에의 참여(2:4~10)
3. 하나님의 종으로서의 삶(2:11~17)
4. 고난에 대한 그리스도의 본보기(2:18~25)

3장

1. 아내와 남편들의 자세(3:1~7)
2. 박해에 대한 자세(3:8~13)
3. 부당한 고난에서의 승리(3:14~22)

4장

1. 고난의 영적 의미(4:1~19)

5장

1. 장로의 의무(5:1~11)
2. 문안과 축도(5:12~14)

21. 베드로전서

1. 베드로 전서의 수신자들의 지역 중 아닌 것은?(1:1)
① 본도　② 갈라디아　③ 아시아　④ 로마

참고 : 수신자들의 지역들
1. 본도 2. 갈라디아 3. 갑바도기아 4. 아시아 5. 비두니아

2. 예수 그리스도의 죽은 자 가운데서 부활하심으로 말미암아 우리를 거듭나게 하사 무엇이 있게 하셨는가?(1:3)

3. 본서를 일명 무슨 서신이라고 부르는가?

4. 믿음의 결국은 곧 무엇을 받음인가?(1:9)

5. "오직 너희를 부르신 거룩한 이처럼 너희도 모든 무엇에 거룩한 자가 되라" 고 하였는가?(1:15)
① 말씀　② 행실　③ 말　④ 외모

6. "모든 육체는 풀과 같고 그 모든 영광은 풀의 꽃과 같으니 풀은 마르고 꽃은 떨어지되 오직 무엇은 세세토록 있다" 고 하였는가?(1:24)
① 주의 능력　② 주의 말씀　③ 주의 영광　④ 주의 소망

---

1. ④ 2. 산 소망 3. 소망의 서신 4. 영혼의 구원 5. ② 6. ②

7. 보배로운 산 돌은 누구를 가리키는가?(2:4)

8. 모퉁이의 돌이 믿는 너희에게는 보배이나 믿지 아니하는 자에게는 어떤 돌들이 된다고 하였는데 그 중 아닌 것은?(2:7~8)
① 머릿돌 ② 부딪치는 돌
③ 넘어지게 하는 바위 ④ 사망으로 이끄는 돌

9. 베드로전서 2장 9절 말씀을 쓰라.

10. 아내와 남편에 대한 교훈은 몇 장에 기록되어 있는가?
① 1장 ② 2장 ③ 3장 ④ 4장

11. 아내가 혹 말씀을 순종하지 않는 남편에게도 순종해야 하는 이유는?(3:1)

12. 하나님께 소망을 두었던 거룩한 부녀들도 남편에게 순종함을 구약의 누구를 들어 설명하였는가?(3:5~6)

---

7. 예수 8. ④ 9. "너희는 택하신 족속이요 왕 같은 제사장들이요 거룩한 나라요 그의 소유가 된 백성이니 이는 너희를 어두운 데서 불러내어 그의 기이한 빛에 들어가게 하신 이의 아름다운 덕을 선포하게 하려 하심이라" 10. ③ 11. 아내의 행실로 말미암아 구원을 받게 하려 함 12. 사라

13. 남편들이 자기 아내를 귀히 여겨야 할 이유는?(3:7)

14. 고난에 대한 자세에서 주의 모습을 묘사하고 있는데 바르지 못한 것은?(3:12)
① 눈은 의인을 향하시고
② 귀는 의인의 간구에 기울이시고
③ 손은 저의 아픔을 만지시고
④ 주의얼굴은 악행하는 자들을 대하신다.

15. 만물의 마지막이 가까웠으므로 열심히 해야 하는 것들 중에 허다한 죄를 덮는 것은 무엇인가?(4:8)

16. 장로들이 양 무리의 본이 되면 목자장이 나타나실 때 어떤 관을 얻는다고 말하였는가?(5:4)
① 생명의 관 ② 의의 관
③ 영광의 관 ④ 영화의 관

17. 베드로는 누구의 도움으로 이 서신서를 썼는가?(5:12)

---

13. 너희 기도가 막히지 아니하게 하려 함이다. 14. ③ 15. 사랑 16. ③
17. 실루아노(실라)

18. 베드로가 "아들" 이라고 말하는 자는 누구를 말하는 것인가?(5:13)

19. 베드로전서는 모두 몇 장으로 기록되었는가?

18. 마가 19. 5장

베드로후서

베드로후서 개요

1. 기록자

사도 베드로

2. 기록 연대

A.D. 64~66년 사이

3. 기록 장소

아마도 로마에서 기록했을 것이다.

4. 기록 대상

모든 기독교인들

5. 핵심어 및 내용

베드로후서의 핵심어는 '지식'과 '마지막 날들'이다. 베드로는 자신의 인격적인 체험을 통하여 확신하고 있는 그리스도에 대한 살아 있는 지식에 근거하여 신자들에게 참된 신앙과, 그리스도에 대한 지식을 가르쳐 줌으로써 독버섯처럼 계속 퍼져나가는 거짓된 가르침들을 반박한다. 하나님의 은혜 가운데에 있는 이러한 성숙은 불경건한 자들이 자신들의 행위에 따라 심판을 받게 될 마지막 날들에 대한 더 깊숙한 이해를 목적으로 하고 있다.

각 장의 내용들

1장

1. 인사(1:1~4)
2. 은혜 안에서 성장할 것(1:5~11)
3. 진리 안에 굳게 설 것(1:12~21)

2장

1. 거짓 선생에 대한 경계(2:1~22)

3장

1. 주의 재림에 대한 소망 속에서 살 것(3:1~18)

22. 베드로후서

1. "우리 주 예수 그리스도의 능력과 강림하심을 너희에게 알게 한 것이 교묘히 만든 이야기를 따른 것이 아니요 우리는 그의 크신 위엄을 친히 본 자라" 하면서 어떤 증거를 말하였는가?(1:16~18)

2. "언제든지 사람의 뜻으로 낸 것이 아니요 오직 성령의 감동하심을 받은 사람들이 하나님께 받아 말한 것"은 무엇을 말하는 것인가?(1:21)

3. 하나님께서 경건한 자들을 구원하시고 불의한 자들을 심판하실 것을 보여 준 세 가지 예 중 아닌 것은?(2:4~8)

① 노아와 홍수 ② 소돔과 고모라
③ 롯 ④ 욥

4. 불의의 삯을 사랑하다가 자기의 불법으로 말미암아 말 못하는 나귀에게 책망을 들은 선지자는?(2:15, 16)

5. "의의 도를 안 후에 받은 거룩한 명령을 저버리는 것보다 알지 못하는 것이 도리어 나은 것"을 말하면서 참 된 속담을 말하였는데 그 속담에 나오는 두 동물은?(2:21, 22)

---

1. 예수 그리스도의 변화산 사건(마 17:1~5) 2. 예언 3. ④ 4. 발람
5. 개, 돼지

6. 주의 날에 대하여 잊지 말아야 할 한 가지는?(3:8)

7. 다음 ( ) 안에 들어갈 말은 무엇인가?(3:13)
"우리는 그의 약속대로 의가 있는 곳인 ( )과 ( )을 바라보도다"

8. 다른 성경과 같은 그것도 억지로 풀다가 스스로 멸망하는 자들은?(3:16)

9. 베드로후서와 유사한 신약성경은?

10. 신약성경의 공동 서신 중 '바울의 편지'를 인용하고 있는 서신은?

11. 베드로후서는 모두 몇 장으로 기록되었는가?

---

6. 주께는 하루가 천 년 같고 천 년이 하루 같다는 것 7. 새 하늘, 새 땅 8. 무식한 자들과 굳세지 못한 자들 9. 유다서 10. 베드로후서 11. 3장

요한일서

요한일서 개요

1. 기록자

사도 요한

2. 기록 연대

A.D. 85~96년 사이

3. 기록 장소

아마도 에베소에서 기록했을 것이다.

4. 기록 대상

모든 기독교인들

5. 핵심어 및 내용

요한일서의 핵심어는 '교제'와 '사랑'이다. 요한일서에서 특별히 강조하고 있는 점은 우리 기독교인들이 하나님과 아름다운 교제를 하기 위해서는 하나님께 순종하고, 진리를 추구하는 삶을 살아야만 한다는 것이다. 뿐만 아니라 다른 사람들과의 아름다운 교제는 서로가 서로를 사랑함으로써 명백하게 드러난다. 이런 사랑은 그리스도께서 우리를 위하여 자신의 목숨을 버리셨던 십자가의 사건을 통하여 충분히 입증되었다.

각 장의 내용들

1장

1. 머리말(1:1~4)
2. 교제의 조건(1:5~10)

2장

1. 교제의 행위(2:1~29)

3장

1. 교제의 특징(3:1~24)

4장

1. 교제의 주의점(4:1~21)

5장

1. 교제의 근거(5:1~21)

23. 요한일서

1. 사도 요한이 듣고 저들에게 전하는 소식은 무엇인가?(1:5)

2. 하나님 앞에서 우리 대언자는 누구신가?(2:1)
① 모세 ② 엘리야 ③ 성경 ④ 예수 그리스도

3. 각 계층을 나눠가며 쓰는 이유를 설명하는데 그 계층이 아닌 것은?(2:12~14)
① 자녀들아 ② 아비들아 ③ 노인들아 ④ 청년들아

참조 : 각 계층에 쓰는 이유들
1. 자녀들아 - 너희 죄가 그의 이름으로 말미암아 사함을 받았음이요.
2. 아비들아 - ① 너희가 태초부터 계신 이를 알았음이요
② 너희가 태초부터 계신 이를 알았음이요.
3. 청년들아 - ① 너희가 강한 자를 이기었음이니라.
② 너희가 강하고 하나님의 말씀이 너희 안에 거하시며 너희가 흉악한 자를 이기었음이라.
4. 아이들아 - 너희가 아버지를 알았음이요.
*아이들과 청년들은 2 회 나온다.

4. 세상으로부터 온 것들 중 아닌 것은?(2:16)
① 육신의 정욕 ② 안목의 정욕 ③ 이생의 자랑 ④ 세상의 소망

---

1. 하나님은 빛이시라 2. ④ 3. ③ 4. ④

5. 적그리스도는 어떤 사람이라고 하였는가?(2:22)

6. 아버지와 아들이 우리에게 약속한 것이 무엇이라고 말하는가?(2:25)
① 영원한 생명 ② 생명의 관
③ 영원한 천국 ④ 하나님의 자녀

7. 하나님께로서 난 자마다 죄를 짓지 아니하는 이유는 무엇이 그 속에 거하기 때문인가?(3:9)
① 하나님의 말씀 ② 하나님의 은혜
③ 하나님의 씨 ④ 하나님의 사랑

8. 다음 ( ) 안에 들어갈 말은 무엇인가?(3:18)
"자녀들아 우리가 말과 혀로만 사랑하지 말고 ( )과 ( )으로 하자"

9. 진리의 영과 미혹의 영을 구분하는 기준은?(4:2)

10. 요일 4:7~21 까지 "사랑" 이란 말이 몇 번 나오는가?
① 30번 ② 31번 ③ 32번 ④ 33번

11. 우리가 이 계명을 주께 받았으니 하나님을 사랑하는 자는 또한 그 누구를 사랑해야 하는가?(4:21)
① 죄인 ② 성도 ③ 원수 ④ 형제

---

5. 아버지와 아들을 부인하는 자 6. ① 7. ③ 8. 행함, 진실함 9. 예수 그리스도께서 육체로 오신 것을 시인 하는 것과 안 하는 것 10. ① 11. ④

12. 하나님을 사랑하는 것은 어떤 것인가?(5:3)

13. 사도 요한이 말하는 믿음의 증언 셋 중 아닌 것은?(5:8)
① 성령 ② 물 ③ 피 ④ 떡

14. 사도 요한이 이 서신서를 쓴 이유는 너희에게 무엇이 있음을 알게 하려 함이라 하는가?(5:13)
① 구원 ② 사랑 ③ 영생 ④ 믿음

15. 요한일서는 모두 몇 장으로 기록되었는가?

---

12. 하나님의 계명을 지키는 것이다. 13. ④ 14. ③ 15. 5장

요한이서

요한이서 개요

1. 기록자

사도 요한

2. 기록 연대

A.D. 85~96년 사이

3. 기록 장소

아마도 에베소에서 기록했을 것이다.

4. 기록 대상

모든 기독교인들

5. 핵심어 및 내용

요한이서의 핵심어는 '진리'와 '행함'이다. 이 진리에 대한 주제는 요한이서에서 두드러지게 나타난다. 진리 안에 있는 신자는 사랑과 참된 지식과 기쁨 가운데에서 생활해야 한다. 요한은 그의 사도적 권위를 내세워서 이런 순종의 삶을 살라고 명령한다.

각 장의 내용들

1장

1. 인사(1:1~3)
2. 사랑의 계명(1:4~6)
3. 미혹하는 자에 대한 경계(1:7~11)
4. 결론(1:12~13)

24. 요한이서

1. 수신자는?(1:1)

2. 처음부터 우리가 가진 계명을 무엇이라고 말하는가?(1:5)

3. 미혹하는 자요 적그리스도는 어떤 사람들인가?(1:7)

4. 요한이서는 모두 몇 장으로 기록되었는가?

---

1. 택하심을 받은 부녀와 그의 자녀 2. 서로 사랑하자
3. 예수 그리스도께서 육체로 오심을 부인하는 자 4. 1장

요한삼서

요한삼서 개요

1. 기록자

사도 요한

2. 기록 연대

A.D. 85~96년 사이

3. 기록 장소

아마도 에베소에서 기록했을 것이다.

4. 기록 대상

가이오

5. 핵심어 및 내용

요한삼서의 핵심어는 '기쁨' 이다. 요한은 진리안에서 꾸준히 신앙생활을 잘 하고 있는 가이오와 다른 신자들이 하나님 앞에 충성스러운 모습을 보고 기쁨을 감추지 못한 채 감사하고 있다. 또한 요한은 그들이 순회 설교자들과 다른 믿는 형제들에게 베풀어 주었던 친절과 대접이야말로 전 교회가 계속해서 감당해 나가야 할 귀한 사역이라고 말한다.

각 장의 내용들

1. 인사(1:1~4)
2. 환대의 의무(1:5~8)
3. 거만의 위험성(1:9~12)

25. 요한삼서

1. 요한삼서의 수신자는?(1:1)

① 데오빌로　② 가이사　③ 가이오　④ 더디오

참고 : 가이오의 동명이인

1. 에베소에서 바울과 함께 동행 한 자(행 19:29)
2. 자신의 집을 교회로 제공한 자(롬 16:23)
3. 바울에게 세례를 받은 자(고전 1:14)
4. 요한삼서의 수신자(요삼 1:1)

2. 이 사람은 누구를 말하는 것인가?(1:9~10)

- 으뜸 되기를 좋아함
- 악한 말로 사도 요한을 비방함
- 맞아들이지도 아니하고 맞아들이고자 하는 자를 금하여 교회에서 쫓아냄

3. 사도 요한이 칭찬한 사람은?(1:12)

4. 요한삼서는 모두 몇 장으로 기록되었는가?

---

1. ③ 2. 디오드레베 3. 데메드리오 4. 1장

유다서

유다서 개요

1. 기록자

유다(야고보의 형제이며 예수 그리스도의 동생인 유다)

2. 기록 연대

A.D. 65~80년 사이

3. 기록 장소

어디에서 기록했는지 알 수 없다(팔레스타인 지역의 밖에서 기록했을 가능성이 높다).

4. 기록 대상

예수 그리스도를 믿는 모든 신자들

5. 핵심어 및 내용

유다서의 핵심어는 '싸움'과 '불경건함'이다. 유다가 이 서신서를 쓴 목적은 신자들로 하여금 그들에게 맡겨진 신앙을 지키기 위하여 악한 대적과 끝까지 싸우라고 격려하는 것이다. 유다는 신자들이 대행해야 하는 죄목들을 상세히 열거하였고, 경건치 않은 모든 자들은 분명히 심판을 받는다고 확신한다.

각 장의 내용들

1장

1. 인사(1:1~2)
2. 거짓 선생에 대한 심판(1:3~16)
3. 몇 가지 권면들(1:17~23)
4. 축도(1:24~25)

26. 유다서

1. 유다는 누구의 형제라고 말하고 있는가?(1:1)

2. 이 서신서를 쓰게 된 이유는?(1:3)

3. 유다는 거짓 교사들에 대한 경고에 앞서 악행 자들에게 내리신 하나님의 심판의 역사적 실례를 말한 것 중 아닌 것은?(1:5~7)
① 애굽에서 구원하여 내시고 믿지 아니하는 자들을 멸함
② 자기 지위를 지키지 않고 자기 처소를 떠난 천사들을 큰 날의 심판까지 영원한 결박으로 흑암에 가두심
③ 소돔과 고모라와 그 이웃들도 영원한 불의 형벌을 받음
④ 노아의 홍수

4. 천사장 미가엘이 누구의 시체에 대하여 마귀와 다투어 변론하였는가?(1:9)
① 에녹 ② 모세 ③ 엘리아 ④ 예수

5. 거짓 교사들의 악행을 나타내기 위하여 예로 들은 세 사람 중 아닌 것은?(1:11)
① 가인 ② 발람 ③ 고라 ④ 발락

---

1. 야고보 2. 믿음의 도를 위하여 힘써 싸우라는 권함의 필요 3. ④ 4. ② 5. ④

참조 : 세 사람

1. 가인 - 자기의 방법대로 제사를 드리다가 거절되자 시기심으로 동생을 죽였다 (창 4:1~15).
2. 발람 - 돈을 위해 예언했고(민 22:7), 이스라엘로 음행하게 하였다.
3. 고라 - 하나님의 종 모세를 대적하고 자칭 제사장으로 행세하려다 죽음을 당했다(민 16:1~35).

6. 에녹은 아담의 몇 대 손인가?(1:14)
① 오 대 ② 육 대 ③ 칠 대 ④ 팔 대

7. 신약의 서신서 중에 유대 외경을 인용하고 있는 책은?

8. 다음 중 1장으로만 구성되어 있지 않은 책은?
① 요한일서 ② 요한이서 ③ 요한삼서 ④ 유다서

9. 유다서에 나오는 구약의 인물들은?

10. 유다서는 모두 몇 장으로 기록되었는가?

---

6. ③ 7. 유다서 8. ① 9. 모세, 발람, 에녹, 고라, 가인, 아담 10. 1장

요한계시록

요한계시록 개요

1. 기록자
   사도요한

2. 기록 연대
   A.D. 90~96년 사이

3. 기록 장소
   에게 해에 있는 밧모섬

4. 기록 대상
   소아시아에 있는 7교회(현대 터키지방)

5. 핵심어 및 내용

요한계시록의 핵심어는 '계시'와 '예수 그리스도'와 '일곱'이다. 이 책은 예수 그리스도의 온전한 인격에 대해서 철저하게 밝히 드러내 주고 있다. 그분은 큰 권능과 지혜를 가지고 영광 가운데 임하실 것이다. 또한 그분은 알파요 오메가이신 하나님의 어린양으로서 은혜를 베푸시기 위하여 다시 오실 뿐만 아니라, 이 세상을 심판하시고 완전한 하나님의 나라를 세우실 것이다. 그리고 요한계시록에서는 몇몇의 숫자는 중요한 상징을 나타낸다. 그 가운데에서도 일곱이라는 숫자가 두드러진다. 즉 일곱 편지, 일곱 인, 일곱 나팔, 일곱 표적, 일곱 재앙, 진노의 일곱 대접, 새로운 일곱 일 등이다.

각 장의 내용들

1장

1. 예수 그리스도의 계시(1:1~3)
2. 일곱 교회에 대한 인사(1:4~8)
3. 인자에 대한 환상(1:9~20)

2장

1. 에베소 교회에 보낸 편지(2:1~7)
2. 서머나 교회에 보낸 편지(2:8~11)
3. 버가모 교회에 보낸 편지(2:12~17)
4. 두아디라 교회에 보낸 편지(2:18~29)

3장

1. 사데 교회에 보낸 편지(3:1~6)
2. 빌라델비아 교회에 보낸 편지(3:7~13)
3. 라오디게아 교회에 보낸 편지(3:14~22)

4장

1. 하나님의 보좌와 그 주위(4:1~11)

5장

1. 인봉된 책(5:1~4)
2. 사자와 어린 양에 대한 찬송(5:5~14)

6장

1. 인을 뗌(6:1~17)

7장

1. 인 맞은 십사만 사천 명(7:1~8)
2. 구속함을 받은 자의 찬송(7:9~17)

8장

1. 일곱 번째 인(8:1~5)

2. 첫째 나팔(8:6~7)

3. 둘째 나팔(8:8~9)

4. 셋째 나팔(8:10~11)

5. 넷째 나팔(8:12~13)

9장

1. 다섯째 나팔(9:1~12)

2. 여섯째 나팔(9:13~21)

10장

1. 천사와 작은 책(10:1~11)

11장

1. 두 증인(11:1~12)

2. 일곱 번째 나팔(11:15~19)

12장

1. 해를 입은 한 여자(12:1~2)

2. 큰 붉은 용(12:3~4)

3. 남자 아이(12:5~6)

4. 미가엘과 용의 싸움(12:7~9)

5. 어린양의 피(12:10~12)

6. 용의 핍박(12:13~17)

13장

1. 첫번째 짐승(13:1~10)

2. 두 번째 짐승(13:11~18)

14장

1. 어린 양과 그에 속한 자(14:1~5)

2. 천사들의 메시지(14:6~13)

3. 땅의 호수(14:14~20)

15장

1. 일곱 대접의 준비(15:1~8)

16장

1. 진노의 대접들(16:1~21)

17장

1. 바벨론 멸망에 대한 예언(17:1~18)

18장

1. 바벨론의 함락(18:1~24)

19장

1. 하나님을 찬송하는 하늘의 음성(19:1~5)
2. 어린양의 혼인 잔치(19:6~10)
3. 백마를 탄 자(19:11~21)

20장

1. 사단의 결박과 천년왕국(20:1~15)

21장

1. 새 하늘과 새 땅(21:1~8)
2. 새 예루살렘(21:9~22:5)

22장

1. 속히 오실 그리스도(22:6~21)

27. 요한계시록

1. 요한이 증언하는 3가지 중 아닌 것은?(1:2)
   ① 하나님의 말씀 ② 예수 그리스도
   ③ 교회 ④ 자기가 본 것

2. 이 예언의 말씀을 어떻게 하는 자들에게 복이 있다고 하는데 그 중 아닌 것은?(1:3)
   ① 읽는 자들 ② 듣는 자들
   ③ 지키는 자들 ④ 기억하는 자들

3. 수신자는 누구인가?(1:4)
   ① 아시아의 일곱 교회 ② 로마 교회
   ③ 예루살렘 교회 ④ 모든 교회

4. 다음 ( ) 안에 들어갈 말은 무엇인가?(1:8)
   "주 하나님이 이르시되 나는 ( )와 ( )라 이제도 있고 전에도 있었고 장차 올 자요 전능한 자라 하시더라"

5. 요한이 본 것을 써서 일곱 교회에 보내라는 음성을 들은 곳은?(1:9)

참조 : 그는 도미티아누스 황제에 의해 이 곳에 유배되었다.

---

1. ③ 2. ④ 3. ① 4. 알파, 오메가 5. 밧모섬

6. 다음 중 일곱 교회에 해당하지 않는 것은?(1:11)
   ① 에베소 ② 마게도니아 ③ 서머나 ④ 버가모

참조 : 일곱 교회
1. 에베소 2. 서머나 3. 버가모 4. 두아디라 5. 사데
6. 빌라델비아 7. 라오디게아

7. 요한이 본 인자의 모습이 아닌 것은?(1:13~16)
   ① 발에 끌리는 옷을 입었다.
   ② 가슴에 금 띠를 띠고 있었다.
   ③ 머리와 털의 희기가 흰 양털 같았다.
   ④ 음성은 많은 바람소리와 같았다.

참조 : 인자의 모습 10가지
1. 인자 같은 이(1:13) 2. 발에 끌리는 옷을 입고(1:13)
3. 가슴에 금 띠를 띠고(1:13) 4. 머리와 털의 희기가 흰 양털 같고(1:14)
5. 눈은 불꽃 같고(1:14) 6. 발은 풀무불에 달련한 빛난 주석 같고(1:15)
7. 음성은 많은 물소리 같으며(1:15) 8. 그의 오른손에 일곱 별이 있고(1:16)
9. 입에서 좌우에 날선 검이 나오고(1:16)
10. 얼굴은 해가 힘있게 비치는 것 같더라(1:16)

8. 인자는 무슨 열쇠를 가졌다고 하였는가?(1:18)

9. 인자의 오른 손에 들려진 일곱 별과 일곱 촛대는 각각 무엇을 말하는 것인가?(1:20)

---

6. ② 7. ④ 8. 사망과 음부의 열쇠 9. 일곱 별은 일곱 교회의 사자, 일곱 촛대는 일곱 교회를 말하는 것이다.

10. 에베소 교회에 나타나신 이의 모습은?(2:1)

11. 에베소 교회에 대하여 인자가 알고 있는 것이 아닌 것은?(2:2~3)
① 네 행위와 수고와 인내를 알고
② 환난과 궁핍한 것
③ 자칭 사도라 하되 아닌 자들을 시험하러 그 거짓된 것을 드러낸 것
④ 참고 내 이름을 위하여 견디고 게으르지 아니한 것

12. 에베소 교회가 책망 받은 이유는?(2:4)
① 처음 사랑을 버렸다. ② 믿음이 없다.
③ 부활의 소망이 없다. ④ 인내가 없다.

13. 인자도 미워한 니골라 당의 행위를 미워한 교회는?(2:6)
① 에베소 교회 ② 서머나 교회
③ 두아디라 교회 ④ 사데 교회

참조 : 일곱 교회
1) 에베소 교회
(1) 인자의 모습 : 오른손에 일곱 별을 붙잡으시고 일곱 촛대 사이에 거니시는 이
(2) 인자가 아는 것(칭찬)
① 네 행위와 수고와 인내한 것.
② 악한 자들을 용납하지 않은 것.
③ 자칭 사도라 하되 아닌 자들을 시험하여 그 거짓된 것을 드러낸 것.
④ 참고 내 이름을 위하여 견디고 게으르지 아니한 것.
⑤ 니골라 당의 행위를 미워한 것.
(3) 책망 : 처음 사랑을 버렸다.
(4) 회개하지 않으면 : 네 촛대를 그 자리에서 옮기리라.

---

10. 오른손에 일곱 별을 붙잡으시고 일곱 촛대사이에 거니시는 모습 11. ②
12. ① 13. ①

(5) 이기는 자의 약속 : 하나님의 낙원에 있는 생명나무의 열매를 주어 먹게 하리라.

2) 서머나 교회
(1) 인자의 모습 : 처음이며 마지막이요 죽었다가 살아나신 이
(2) 인자가 아는 것(칭찬)
① 환난과 궁핍을 아노니 실상은 부요한 자다.
② 자칭 유대인이라 하는 자들의 비방도 알거니와 실상은 유대인이 아니요 사탄의 회당이라.
③ 마귀가 장차 너희 가운데서 몇 사람을 옥에 던져 10일 동안 환난을 받으리라.
(3) 책망 : 없다.
(4) 회개하지 않으면 : 없다
(5) 이기는 자의 약속
① 생명의 관을 주리라.
② 둘째 사망의 해를 받지 아니하리라.

3) 버가모 교회
(1) 인자의모습 : 좌우에 날선 검을 가진 이
(2) 인자가 아는 것(칭찬)
사탄의 권좌가 있는 데에 살고 있으면서 내 이름을 굳게 잡아서 내 충성된 증인 안디바가 너희 가운데 곧 사탄의 사는 곳에서 죽임을 당할 때에도 나를 믿는 믿음을 저버리지 않았다.
(3) 책망
① 네게 발람의 교훈을 지키는 자들이 있다.
② 발람이 발락을 가르쳐 이스라엘 앞에 걸림돌을 놓아 우상의 제물을 먹게 하였고 행음하게 하였다.
③ 니골라 당의 교훈을 지키는 자들이 있다.
(4) 회개하지 않으면 : 속히 가서 내 입의 검으로 그들과 싸우리라.
(5) 이기는 자의 약속 : 감추었던 만나를 주고 새 이름을 기록한 흰 돌을 주겠다.

4) 두아디라 교회
(1) 인자의 모습 : 눈이 불꽃 같고 그 발이 빛난 주석과 같은 하나님의 아들
(2) 인자가 아는 것(칭찬) : 사업과 사랑과 믿음과 섬김과 인내를 아노니 네 나중 행위가 처음 것보다 많다.
(3) 책망
① 자칭 선지자라 하는 여자 이사벨을 용납하여 내 종들을 꾀어 행음하게 하고 우상의 제물을 먹게 하였다.

② 그에게 회개할 기회를 주었으되 자기의 음행을 회개하지 않았다.
(4) 회개하지 않으면
① 그를 침상에 던질 터이요.
② 그와 더불어 간음한 자도 큰 환난 가운데 던지고,
③ 사망으로 그의 자녀를 죽이리니,
④ 각 사람의 행위대로 갚아 주리라.
(5) 이기는 자의 약속
① 만국을 다스리는 권세를 준다.
② 새벽 별을 주리라.

5) 사데 교회
(1) 인자의 모습 : 일곱 영과 일곱 별을 가지신 이
(2) 인자가 아는 것(칭찬) : 그 옷을 더럽히지 않은 몇 명이 있다.
(3) 책망
① 살았다 하는 이름은 가졌으나 죽은 자이다.
② 하나님 앞에서 네 행위의 온전한 것을 찾지 못한다.
(4) 회개하지 않으면 : 내가 도적 같이 이르겠다.
(5) 이기는 자의 약속
흰 옷을 입고 생명책에서 결코 지우지 아니하고 그 이름을 내 아버지 앞과 그의 천사들 앞에서 시인한다.

6) 빌라델비아 교회
(1) 인자의 모습
거룩하고 진실하사 다윗의 열쇠를 가진 이 곧 열면 닫을 사람이 없고, 닫으면 열 사람이 없는 이
(2) 인자가 아는 것(칭찬)
① 작은 능력을 가지고서도 내 말을 지키며 내 이름을 배반하지 않았다.
② 인내의 말씀을 지켰다.
(3) 책망 : 없다.
(4) 회개하지 않으면 : 없다.
(5) 이기는 자의 약속
① 하나님 성전의 기둥이 되게 하겠다.
② 새 예루살렘의 이름과 나의 새 이름을 그이 위에 기록 하겠다.

7) 라오디게아 교회
(1) 인자의 모습

아멘이시요 충성되고 참된 증인이시요 하나님의 창조의 근본이신 이.

(2) 인자가 아는 것(칭찬) : 없다.

(3) 책망

① 행위가 차지도 아니하고 뜨겁지도 아니하여 내 입에서 너를 토하여 버리리라.

② 나는 부자라 부요하여 부족한 것이 없다 하나 네 곤고한 것과 가련한 것과 가난한 것과 눈 먼 것과 벌거벗은 것을 알지 못한다.

③ 내게서 불로 연단한 금을 사서 부요하게 하고 흰 옷을 사서 입어 벌거벗은 수치를 보이지 않게 안약을 사서 눈에 발라 보게 하라.

(4) 회개하지 않으면 : 없다.

(5) 이기는 자의 약속

내가 내 보좌에 함께 앉게 하여 주기를 내가 이기고 아버지 보좌에 함께 앉는 것과 같이 하리라.

14. 일곱 교회 중 칭찬만 받은 두 교회는?(2:8~11, 3:7~13)

15. 서머나 교회에 교인 몇 사람을 마귀가 옥에 던져 시험을 받게 하리니 며칠 동안 환난을 받을 것이라고 하였는가?(2:10)

① 삼 일 ② 사 일 ③ 오 일 ④ 십 일

16. "네가 죽도록 충성하라 그리하면 내가 생명의 관을 네게 주리라"는 말씀은 일곱 교회 중 어느 교회에게 한 말인가?(2:10)

① 서머나 교회 ② 버가모 교회

③ 두아디라 교회 ④ 빌라델비아 교회

17. 버가모 교회에 나타난 인자의 모습은?(2:12)

① 처음이요 나중이요 죽었다가 살아나신 모습

② 좌우에 날선 검을 가진 모습

③ 일곱 영과 일곱 별을 가진 이의 모습

---

14. 서머나 교회, 빌라델비아 교회 15. ④ 16. ① 17. ②

④ 거룩하고 진실하사 다윗의 열쇠를 가진 모습

18. 증인 안디바가 사탄이 사는 곳에서 죽임을 당할 때도 믿음을 저버리지 않은 교회는?(2:13)

① 에베소 교회 ② 서머나 교회 ③ 버가모 교회 ④ 두아디라 교회

19. 이기는 자의 약속과 교회가 바르지 않은 것은?(2:1~3:22)

① 에베소 교회 - 하나님의 낙원에 있는 생명나무의 열매를 먹게 하리라

② 서머나 교회 - 둘째 사망의 해를 받지 아니하리라

③ 버가모 교회 - 감추었던 만나를 주고 새 이름을 기록한 흰 돌을 주겠다.

④ 라오디게아 교회 - 하나님 성전의 기둥이 되게 하겠다.

참조 : ④ 는 빌라델비아 교회의 약속이다.

20. 니골라 당과 관련이 있는 두 교회는?(2:6, 2:15)

참조 : 니골라 당
이 당은 발람의 교훈과 유사한 가르침을 주장한 듯하다.
곧 성도들을 꾀어 우상을 숭배케하고 음행에 빠지게 한 것이다.
에베소 교회는 행위를 미워했고 버가모는 교훈을 시쪘다.

21. 자칭 선지자라 하는 여자 이사벨을 용납한 교회는?(2:20)

① 서머나 교회 ② 버가모 교회
③ 두아디라 교회 ④ 사데 교회

---

18. ③ 19. ④ 20. 에베소 교회, 버가모 교회 21. ③

22. 다음은 어느 교회를 말하는 것인가?(3:1~4)
- 살았다 하는 이름을 가졌으나 죽은 교회이다.
- 옷을 더럽히지 않은 자 몇 명이 있는 교회다.
- 하나님 앞에서 행위의 온전한 것을 찾지 못한 교회다.

23. "작은 능력을 가지고서도 내 말을 지키며 내 이름을 배반하지 아니하였도다" 는 칭찬을 들은 교회는?(3:8)
① 버가모 교회 ② 두아디라 교회
③ 사데 교회 ④ 빌라델비아 교회

24. 아래의 말씀과 관련 있는 교회는?(3:20)
"볼지어다 내가 문 밖에 서서 두드리노니 누구든지 내 음성을 듣고 문을 열면 내가 그에게로 들어가 그와 더불어 먹고 그는 나와 더불어 먹으리라"
① 라오디게아 교회 ② 에베소 교회
③ 서머나 교회 ④ 버가모 교회

25. 일곱 교회 중 칭찬 받지 못한 교회는?(3:14~20)
① 빌라델비아 교회 ② 라오디게아 교회
③ 에베소 교회 ④ 서머나 교회

26. 하늘 보좌는 모두 몇 보좌인가?(4:4)
① 열두 보좌 ② 이십사 보좌 ③ 사십 보좌 ④ 오십 보좌

---

22. 사데 교회 23. ④ 24. ① 25. ② 26. ②

27. 보좌 앞에 일곱 등불은 무엇을 상징하는 것인가?(4:5)

28. 보좌 주위의 네 생물의 모습이 아닌 것은?(4:7)
① 사자　② 송아지　③ 사람　④ 양

참고 : 네 생물
1. 사자 2. 송아지 3. 사람 4. 독수리

29. 사도 요한이 크게 운 이유는?(5:4)

30. 두루마리의 일곱 인을 떼기에 합당한 사람은?(5:5~7)
① 일곱 영　② 일곱 천사　③ 어린 양　④ 하나님

31. 네 생물과 이십사 장로들이 어린 양 앞에 엎드려 각각 거문고와 향이 가득한 금 대접을 가졌는데 이 향은 무엇인가?(5:8)
① 말씀　② 순교자의 피　③ 예수의 피　④ 성도의 기도

32. 어린 양이 첫째 인을 떼실 때 나다난 말은?(6:2)
① 붉은 말　② 흰 말　③ 검은 말　④ 청황색 말

33. 아래의 내용은 몇 번째 인을 떼실 때의 현상인가?(6:3~4)
• 붉은 말이 나왔다.
• 땅에서 화평을 제하여 버렸다.
• 서로 죽이게 하였다.
• 큰 칼을 받았다.

---

27. 하나님의 일곱 영 28. ④ 29. 일곱 인으로 인봉된 두루마리를 펴거나 보거나 하기에 합당한 자가 보이지 않아서 30. ③ 31. ④ 32. ② 33. 둘째 인

참고 : 일곱 인(6:~8:2)

인	말	모 습 과 현 상
첫째	흰말	활을 가졌고 면류관을 받아 나가서 이기고 또 이기더라.
둘째	붉은 말	말 탄 자가 허락을 받아 땅에서 화평을 제하여 버리며 서로 죽이게 하고 또 큰 칼을 받았더라.
셋째	검은 말	손에 저울을 가졌고 한 데나리온에 밀 한 되요 한 데나리온에 보리 석 되로다 또 감람유와 포도주는 해치지 말라 함.
넷째	청황색 말	사망이니 음부가 그 뒤를 따르더라 그들이 땅 사분의 일의 권세를 얻어 검과 흉년과 사망과 땅의 짐승들로써 죽이더라.
다섯째	없다.	하나님의 말씀과 저희의 가진 증거들로써 죽임을 당한 영혼들이 신원하나 흰 두루마기를 주시며 자기처럼 죽임을 당하여 그 수가 차기까지 하라 함.
여섯째	없다.	지위와 신분을 막론하고 천재지변이 어린 양을 영접하지 않은 자에게 임함. 이스라엘 각 지파당 만이천 명씩 모두 십사만 사천 명은 그 이마에 인을 맞고 재난에서 피해를 당하지 않음.
일곱째	없다.	일곱 천사가 일곱 나팔을 받음. 다른 천사가 금 향로를 가지고 성도들의 기도인 향을 받아 금 제단에 드림. 천사가 향로를 가지고 단 위의 불을 담아 땅에 쏟으매 우레와 음성과 번개와 지진이 남.

34. 셋째 인을 떼실 때에 검은 말을 탄 자의 손에 무엇을 가졌는가?(6:5)
① 큰 칼 ② 금 향로 ③ 저울 ④ 관

35. 넷째 인을 떼실 때에 청황색의 말이 나오고 탄 자의 이름은 사망으로 음부가 그 뒤를 따랐는데 저희가 땅 얼마의 권세를 얻어 죽이는가?(6:8)
① 사분 일 ② 사분 이 ③ 사분 삼 ④ 사분 사

36. 하나님의 말씀과 저희의 가진 증거를 인하여 죽임을 당한 영혼들이 제단 아래서 큰 소리로 우리 피를 갚아 달라는 음성을 들은 것은 몇

---

34. ③ 35. ① 36. ③

번째 인을 떼실 때의 일인가?(6:9, 10)
① 셋째 인 ② 넷째 인 ③ 다섯째 인 ④ 여섯째 인

37. 다음 중 연결이 바르지 못한 것은?(6장)
① 첫째 인 - 갈색 말 ② 둘째 인 - 붉은 말
③ 셋째 인 - 검은 말 ④ 넷째 인 - 청황색 말

38. 하나님의 종들이 이마에 인 맞은 총수는?(7:4)
① 십사만 일천 명 ② 십사만 이천 명
③ 십사만 삼천 명 ④ 십사만 사천 명

39. 이 십사만 사천 명은 이스라엘 각 지파 당 몇 명씩 인 맞은 것인가?(7:5~8)

40. 인 맞은 이스라엘 지파 중 어느 지파 대신에 므낫세 지파가 맞았는가?(7:6)

41. 일곱째 인을 떼실 때 하늘이 몇 시간 쯤 고요하였는가?(8:1)
① 반 시 ② 한 시 ③ 두 시 ④ 세 시

42. 일곱 나팔의 재앙의 나팔은 누가 불었는가?(8:6)
① 성도 ② 일곱 천사 ③ 어린 양 ④ 하나님

---

37. ① 38. ④ 39. 일만 이천 명 40. 단 지파 41. ① 42. ②

참고 : 일곱 나팔(8:6~11:19)

나팔	나타난 현상	결 과
첫째	피 섞인 우박과 불이 땅에 쏟아지매	땅, 수목, 각종 푸른 풀도 1/3 탐
둘째	불 붙는 큰 산과 같은 것이 바다에 던지움	바다의 1/3 피가 되고, 바다 가운데 생명 가진 피조물들의 1/3 죽고, 배들의 1/3 깨어짐.
셋째	횃불 같이 타는 큰 별이 하늘에서 강들의 1/3과 물샘에 떨어짐	물들의 1/3 쓴 쑥이 되매 물들이 쓰게 되므로 많은 사람들이 죽음.
넷째	해, 달, 별들의 1/3 타격을 받음	해, 달, 별들이 1/3 어두워져 낮과 밤의 비췸이 1/3 없다. 독수리는 화, 화, 화가 있을 것이라고 외침.
다섯째	별 하나가 무저갱의 열쇠를 받고 떨어짐	무저갱을 여니 연기 가운데 황충이 전갈의 권세와 같은 권세를 받고 올라와 죽고 싶으나 못하는 하나님의 인 맞지 않은 사람들을 다섯 달 동안 괴롭힘.
여섯째	하나님 앞 금 제단 네 뿔에서 한 음성이 남	* 첫째 화 ① 여섯째 천사가 유브라데에 결박된 네 천사들을 놓아 주자 이만만의 마병대가 불과 연기와 유황으로 사람의 1/3을 죽이지만 여기에서 살아남은 자들은 그 행한 일을 회개치 않고 우상숭배와 죄악을 여전히 행함. ② 힘센 다른 천사가 머리에는 무지개, 얼굴은 해, 발은 불기둥으로 올라와 손에 작은 두루마리를 들고 오른발은 바다를 왼발은 땅을 밟고 서서 "일곱째 나팔을 불 때 선지자들이 말한 복음이 이루어질 것이다"라고 외친 후 작은 두루마리를 주며 먹으라고 하여 먹었는데 그 맛은 입에서는 꿀같이 달지만 배에서는 썼다. ③ 지팡이 같은 갈대를 주며 하나님의 성전과 제단과 그 안에서 경배하는 자를 측량하라함. 이방인들이 거룩한 성을 42개월 동안 짓밟음. 두 증인 1,260일을 예언(두 감람나무, 두 촛대). 여러 가지 재앙으로 땅을 치다가 무저갱에서 나온 짐승에게 죽임을 당하고 삼일 반 후에 부활하여 승천함. 그때에 큰 지진이 일어나 성의 1/10 무너지고 7,000명이 죽음.
일곱째	하늘에서 세상 나라가 우리 주와 그리스도의 나라가 되어 그가 왕노릇 한다는 큰 음성이 남	*둘째 화 24장로가 하나님께 경배함. 하늘의 성전이 열리고 그 안에 언약궤가 보이며 번개, 음성, 우레, 지진, 큰 우박들이 있다.

43. 첫째 나팔을 불 때에 일어난 현상 중 아닌 것은?(8:7)

---

43. ①

① 네 뿔에서 한 음성이 남　　② 땅의 1/3 탐
③ 수목이 1/3 탐　　④ 각종 푸른 풀도 탐

44. 다음은 몇 째 나팔에 나타난 현상인가?(8:8, 9)
"불 붙는 큰 산과 같은 것이 바다에 던져지매 바다의 삼분의 일이 피가 되고 바다 가운데 생명 가진 피조물들의 삼분의 일이 죽고 배들의 삼분의 일이 깨지더라"
① 첫째 나팔　② 둘째 나팔　③ 셋째 나팔　④ 넷째 나팔

45. 셋째 천사가 나팔을 부니 횃불 같이 타는 큰 별이 하늘에서 강과 물샘에 떨어졌는데 그 별의 이름은?(8:10, 11)

46. 넷째 천사가 나팔을 불 때 1/3 타격을 받은 것 중 아닌 것은?(8:12)
① 해　② 달　③ 별　④ 구름

47. 무저갱에서 황충이 전갈의 권세와 같은 권세를 가지고 올라온 것은 몇 번째 나팔을 불었을 때의 일인가?(9:3)
① 셋째　② 넷째　③ 다섯째　④ 여섯째

48. 이 황충은 하나님의 인 맞지 아니한 사람들만 몇 개월 괴롭게 하였는가?(9:5)
① 세 달　② 다섯 달　③ 열 달　④ 열두 달

49. 황충의 모양 중 아닌 것은?(9:7~10)

---

43. ① 44. ② 45. 쓴 쑥 46. ④ 47. ③ 48. ② 49. ②

① 말　② 머리는 소　③ 얼굴은 사람　④ 이빨은 사자

참고 : 황충의 모습
1. 말 2. 머리는 금 관 3. 얼굴은 사람 4. 여자의 머리털이 있고
5. 이빨은 사자 6. 철 호심경 7. 날개

50. 황충의 왕의 이름은 히브리어와 헬라어로 무엇인가?(9:11)

51. 둘째 화는 몇 번째 나팔에 나타나는가?(9:12, 13)
① 넷째 나팔　② 다섯째 나팔　③ 여섯째 나팔　④ 일곱째 나팔

52. 여섯째 나팔을 불 때 큰 강 유브라데에서 풀려난 네 천사가 거느린 마병대의 수는?(9:15)
① 이만　② 이십만　③ 이십 이만　④ 이만 만

53. 말들의 입에서 나오는 것으로 인하여 사람 1/3이 죽임을 당하였는데 입에서 나온 것이 아닌 것은?(9:18)
① 바람　② 불　③ 연기　④ 유황

54. 이 말들의 힘은 어디에 있는가?(9:19)

55. 손에 작은 두루마리를 들고 있는 천사가 오른발과 왼발이 각각 어느 곳을 밟고 있는가?(10:2)

---

50. 히브리어 - 아바돈, 헬라어 - 아볼루온 51. ③ 52. ④ 53. ① 54. 입, 꼬리
55. 바다, 땅

56. 천사가 갖다 먹어 버리라고 하여 요한이 먹은 것은 무엇인가?(10:10)
   ① 포도주 ② 떡 ③ 작은 두루마리 ④ 꿀

57. 이방인들이 거룩한 성을 몇 달 동안 짓밟는가?(11:2)

58. 두 증인은 권세를 받고 베옷을 입고 며칠을 예언하는가?(11:3)
   ① 천이백오십 일 ② 천이백육십 일
   ③ 천이백칠십 일 ④ 천이백팔십 일

59. 다음 중 서로 관계가 없는 것은?(11:3, 4, 10)
   ① 두 증인 ② 두 감람나무 ③ 두 촛대 ④ 두 짐승

60. 두 증인의 시체가 큰 성 길에 있는 그 성의 영적으로 관련이 없는 것은?(11:8)
   ① 소돔 ② 애굽
   ③ 주께서 십자가에 못 박히신 곳 ④ 예루살렘 성

61. 백성들과 족속과 방언과 나라 중에서 사람들이 두 증인의 시체를 며칠 동안 보며 장사하지 못하게 하였는가?(11:9)

62. 두 증인이 하늘로 올라갈 때 큰 지진이 일어났는데 이 때 지진에 의해 죽은 자는 몇 명인가?(11:13)
   ① 오천 ② 육천 ③ 칠천 ④ 팔천

---

56. ③ 57. 마흔두 달 58. ② 59. ④ 60. ④ 61. 사흘 반 62. ③

63. 다음 설명 중 둘째 화와 관련이 없는 것은?(11:12)
① 두 증인 하늘로 올라갈 때 일어났다.
② 큰 지진으로 성 1/10이 무너졌다.
③ 지진에 죽은 사람이 칠천이다.
④ 황충들이 다섯 달 동안 사람들을 괴롭혔다.

64. 일곱째 천사가 나팔을 불 때 하나님의 성전이 열렸는데 그 안에 있는 것 중 아닌 것은?(11:19)
① 언약궤 ② 번개 ③ 해 ④ 지진

참고 : 성전 안에 있는 것들
1. 언약궤 2. 번개 3. 음성 4. 우레 5. 지진 6. 큰 우박

65. 해를 입은 한 여자의 모습 중 아닌 것은?(12:1, 2)
① 머리에 뿔이 열 개다.
② 머리에는 열두 별의 관을 썼다.
③ 발 아래 달이 있다.
④ 아이를 배어 해산하게 되매 애를 쓰며 부르짖었다.

66. 한 큰 붉은 용의 머리 모습 중 아닌 것은?(12:3)
① 머리가 일곱 ② 뿔이 열 ③ 눈이 일곱 ④ 일곱 왕관

67. 장차 철장으로 만국을 다스릴 남자를 낳아 하나님께서 예비한 곳에서 며칠 동안 양육하는가?(12:6)

---

63. ④ 64. ③ 65. ① 66. ③ 67. 천이백 육십 일

68. 하늘에 전쟁이 있는데 누가 그의 사자들과 함께 용과 더불어 싸우는가?(12:7)
① 가브리엘 ② 미가엘 ③ 모세 ④ 엘리야

69. 용이 남자를 낳은 여자를 핍박함으로 광야로 피하여 모두 몇 때를 양육 받았나?(12:14)
① 세 때 ② 세 때 반 ③ 네 때 ④ 네 때 반

70. 바다에서 나온 첫 번째 짐승의 모습 중 아닌 것은?(13:2)
① 표범 ② 사자의 입 ③ 코뿔소의 뿔 ④ 곰의 발

71. 새끼 양같이 두 뿔이 있는 짐승이 올라와서 사람들의 어디 어디에 표를 하였는가?(13:16)

72. 총명한 자는 그 짐승의 수를 세어 보라 그것은 사람의 수니 그의 수는 얼마라고 하였는가?(13:18)

73. 어린 양이 시온 산에 섰고 그와 함께 십사만 사천이 서 있는데 그들의 이마에는 누구와 누구의 이름이 쓰여져 있는가?(14:1)

74. 새 예루살렘에서 새 노래를 배울 자들은 땅에서 속량함을 빋은 몇 명 밖에 없는가?(14:3)
① 육백 육십 육 ② 이만 이천 ③ 십사만 이천 ④ 십사만 사천

---

68. ② 69. ② 70. ③ 71. 오른손, 이마 72. 육백 육십 육 73. 어린 양의 이름과 아버지의 이름 74. ④

75. "하나님을 두려워하며 그에게 영광을 돌리라 이는 그의 심판의 시간이 이르렀음이니 하늘과 땅과 바다와 물들의 근원을 만드신 이를 경배하라" 고 몇 번째 천사가 말하였는가?(14:6, 7)
① 첫째 ② 둘째 ③ 셋째 ④ 넷째

참고 : 세 천사의 선언(14:6, 8, 9~11)

천 사	선 언 내 용
첫째 천사	하나님을 두려워하며 그에게 영광을 돌리라 이는 그의 심판하실 시간이 이르렀음이니 하늘과 땅과 바다와 물들의 근원을 만드신 이를 경배하라 함.
둘째 천사	무너졌도다 무너졌도다 큰 성 바벨론이여 모든 나라에게 그의 음행으로 말미암아 진노의 포도주로 먹이던 자로다 함.
셋째 천사	만일 누구든지 짐승과 그의 우상에 경배하고 이마에나 손에 표를 받으면 하나님의 진노의 포도주를 마시며 불과 유황으로 고난을 받으며 밤낮 쉼을 얻지 못한다 함.

76. 추수자들의 손에 들려진 것은 무엇인가?(14:14, 17)

77. 땅의 포도를 거두어 하나님의 진노의 큰 포도주 틀에 던지매 피가 말 굴레까지 닿았고 얼마큼 퍼졌는가?(14:20)
① 천오백 스다디온 ② 천육백 스다디온
③ 천칠백 스다디온 ④ 천팔백 스다디온

참고 : 천육백 스다디온
히브리인의 숫자 개념에서 '넷' 은 땅의 수이다(7:1, 20:8). 그리고 '열' 은 '완전' 을 의미한다. 따라서 천육백(40X40) 스다디온은 하나님의 심판이 대적자들에게 그들이 어디에 살고 있든지 한 명도 제외되지 않고 완벽하게 이행될 것을 암시한다.

---

75. ① 76. 예리한 낫 77. ②

78. 일곱 천사가 무엇을 가득 담은 금 대접 일곱을 받았는가?(15:7)

① 하나님의 진노　　② 하나님의 영광

③ 그리스도의 보혈　　④ 성도의 기도

79. 첫째 대접은 어디에 쏟았는가?(16:2)

① 하늘　② 땅　③ 바다　④ 강

참고 : 일곱 대접(16:2~21)

대접	쏟은 장소	나 타 난 현 상
첫째	땅	악하고 독한 종기가 짐승의 표를 받은 사람들과 그 우상에게 경배하는 자들에게 나타남(16:2).
둘째	바다	바다가 죽은 자의 피같이 되어 모든 생물이 죽음(16:3).
셋째	강과 물 근원	강과 물이 피가 되고 물을 차지한 천사가 심판이 의롭다하고, 선지자들의 피를 흘리게 했으니 마시게 하는 것이 합당하며, 또 제단이 말하기를 심판이 참되고 의롭다 함(16:4~7).
넷째	해	불로 사람을 태움(16:8,9).
다섯째	짐승의 왕좌	짐승의 나라가 어두워지며 사람들이 자기 혀를 깨물고 아픈 것과 종기로 인하여 하늘의 하나님을 비방하며 그들의 행위를 회개하지 않음(16:10,11).
여섯째	유브라데	강물이 마르고 동방에서 오는 왕들의 길이 예비 되었고, 개구리 같은 세 영이 나와 아마겟돈으로 왕들을 모음(16:12~16).
일곱째	공중	큰 음성이 성전과 보좌로부터 되었다 하니 번개와 음성들과 우렛소리가 있고 큰 지진이 있어 만국의 성들과 바벨론이 무너짐(16:17~21).

80. "주 하나님 곧 전능하신 이시여 심판하시는 것이 참되시고 의로우시다"라고 몇 째 천사가 대접을 쏟으며 말했는가?(16:7)

① 둘째　② 셋째　③ 넷째　④ 다섯째

---

78. ① 79. ② 80. ②

81. 다음 중 쏟은 곳이 잘못된 것은?(16:8~21)
① 넷째 대접 - 해 ② 다섯째 대접 - 짐승의 보좌
③ 여섯째 대접 - 유브라데 ④ 일곱째 대접 - 강과 물의 근원

82. 다음 중 나타난 현상이 잘못된 것은?(16:1~9)
① 첫째 대접 - 악하고 독한 종기가 남
② 둘째 대접 - 바다가 죽은 자의 피같이 됨
③ 셋째 대접 - 강과 물 근원이 씀
④ 넷째 대접 - 해가 권세를 받아 불로 사람을 태움

83. 개구리 같은 세 더러운 영은 누구인가?(16:14)
① 짐승의 영 ② 귀신의 영 ③ 마귀의 영 ④ 하늘의 영

84. 여섯째 대접에서 개구리 같은 세 더러운 영이 왕들을 모은 곳은?(16:16)

참고 : 아마겟돈
이곳의 위치에 관해서는 학설이 다양하나 그 장소가 어디든지 간에 아마겟돈 전쟁이 의미 하는 바는 하나님의 권능에 의해서 사단과 그의 추종 세력들이 최종적으로 참패한다는 것이다. 하나님과 사단, 그리스도와 적그리스도, 성도들과 비 신앙인들의 오랜 싸움은 마침내 하나님 그리스도 성도들의 승리로 끝나게 된다.

85. 음녀의 이마에 기록된 이름은?(17:5)
① 아마겟돈 ② 큰 바벨론 ③ 헬라 ④ 로마

---

81. ④ 82. ③ 83. ② 84. 아마겟돈 85. ②

86. 음녀가 탄 일곱 머리와 열 뿔 가진 짐승의 비밀 중 아닌 것은?(17:7~12)

① 일곱 머리는 일곱 산이요 일곱 왕이다.

② 일곱 머리 중 넷은 이미 망하였다.

③ 열 뿔은 열 왕이니 아직 나라를 얻지 못하였다.

④ 열 뿔은 짐승과 더불어 임금처럼 권세를 한동안 받는다.

87. 바벨론의 멸망을 슬퍼한 사람들 중 아닌 것은?(18:9, 11, 17)

① 함께 음행하고 사치하던 땅의 왕들

② 땅의 상인들

③ 각 선장과 각처를 다니는 선객들, 선원들, 바다에서 일하는 자들

④ 음녀와 짐승들

88. 바벨론의 멸망은 몇 장에 기록되었는가?

89. 어린 양 혼인 잔치에서 빛나고 깨끗한 세마포는 무엇을 말하는가?(19:8)

① 성도들의 옳은 행실 ② 예수의 증언

③ 모세의 율법 ④ 그리스도의 십자가

91. 백마 탄자의 이름은?(19:11)

92. 백마 탄자가 피 뿌린 옷을 입었는데 그 이름은?(19:13)

93. 백마 탄 자의 옷과 다리에 쓰여진 이름은?(19:16)

---

86. ② 87. ④ 88. 18장 89. ① 90. ② 91. 충신과 진실 92. 하나님의 말씀
93. 만왕의 왕이요 만주의 주라

94. 백마 탄 자의 모습 중 아닌 것은?(19:12, 15)
① 눈은 불꽃 같다. ② 머리에 많은 관들이 있다.
③ 입에서 예리한 검이 나온다. ④ 곰의 발과 같다.

95. 천 년 왕국은 몇 장에 기록되었는가?

96. 용의 모습 중 아닌 것은?(20:2)
① 옛 뱀 ② 마귀 ③ 타락한 천사 ④ 사탄

97. 하늘로부터 천사가 내려와 용을 잡아 몇 년 동안 무저갱이에 가두는가?(20:3)
① 십 년 ② 백 년 ③ 천 년 ④ 만 년

98. 첫째 부활에 참여한 사람들 중 아닌 것은?(20:4)
① 생명책에 기록된 자들
② 예수의 증언함과 하나님의 말씀 때문에 목 베임을 당한 영혼들
③ 짐승과 그의 우상에게 경배하지 않은 자들
④ 이마와 손에 그의 표를 받지 않은 자들

99. 새 하늘과 새 땅, 새 예루살렘은 몇 장에 기록되었는가?

100. 불과 유황으로 타는 둘째 사망에 참여하는 사람 중 아닌 것은?(21:8)
① 두려워하는 자들 ② 믿지 아니하는 자들
③ 흉악한 자들 ④ 아마와 손에 표 받은 자들

---

94. ④ 95. 20장 96. ③ 97. ③ 98. ① 99. 21장 100. ④

참고 : 둘째 사망에 참여한 자들

1. 두려워하는 자들 2. 믿지 아니하는 자들 3. 흉악한 자들 4. 살인자들
5. 음행하는 자들 6. 점술가들 7. 우상 숭배자들 8. 거짓말하는 자들

101. 새 예루살렘 성 모습 중 <u>아닌</u> 것은?(21:9~22:5)

① 이스라엘 자손 열두 지파의 이름들이 열두 문들 위에 써 있다.

② 성곽은 열두 기초석이 있고 그 위에 어린 양의 열두 사도의 열두 이름이 있다.

③ 성은 직사각으로 장과 고가 일만 이천 스다디온이다.

④ 생명수의 강이 하나님과 어린 양의 보좌로부터 길 가운데로 흐른다.

참고 : 새 예루살렘 성의 모습

1. 성의 빛이 귀한 보석 같고, 벽옥과 수정같이 맑다.
2. 크고 높은 성곽이 있고, 진주로 된 열두 문이 있고, 열두 천사가 있고, 그 문에 이스라엘 자손 열두 지파의 이름들이 있다.
3. 성곽은 열두 기초석이 있고, 그 위에 어린양의 열두 사도의 이름도 있다.
4. 성은 네모 반 듯 하여 장, 광, 고가 이천 스다디온으로 같다.
5. 성곽은 벽옥으로 쌓였고, 그 성은 정금인데 맑은 유리 같다.
6. 성의 길은 맑은 유리 같은 정금으로 되었다.
7. 성은 해나 달의 비침이 쓸 데 없다.
8. 성 안에는 밤이 없으므로 성문을 닫지 않는다.
9. 생명수의 강이 하나님과 어린 양의 보좌로부터 길 가운데로 흘러나온다.
10. 강 좌우에 생명나무가 있어 열두 가지 열매를 맺는다.

102. 보라 내가 속히 오리니 <u>어떤</u> 자가 복이 있다고 말씀 하셨는가?(22:7)

① 이 두루마리 예언의 말씀을 믿는 자

② 이 두루마리 예언의 말씀을 지키는 자

③ 이 두루마리 예언의 말씀을 아는 자

---

101. ③ 102. ②

④ 이 두루마리의 예언의 말씀을 읽는 자

103. "보라 내가 속히 오리니 내가 줄 상이 내게 있어 각 사람에게 무엇 한대로 갚아준다" 고 하셨는가?(22:12)

① 믿는 대로 ② 생명책에 기록한 대로
③ 지키는 대로 ④ 행한 대로

104. 다음 (   ) 안에 들어갈 말은 무엇인가?(22:13)
"나는 (   )와 (   )요 처음과 마지막이요, 시작과 마침이라"

105. 예수님께서 자신을 소개한 내용 중 아닌 것은?(22:16)

① 다윗의 뿌리요 ② 다윗의 자손
③ 이스라엘 자손 ④ 광명한 새벽 별

106. 만일 누구든지 이 두루마리의 예언의 말씀에서 제하여 버리면 하나님이 이 두루마리 기록된 어디와 및 어디에 참예함을 제하여 버린다고 하였는가?(22:19)

107. 성경에서 예수님의 마지막 말씀은?(22:20)

108. 요한계시록의 마지막 구절의 말씀은?(22:21)

109. 요한계시록은 모두 몇 장으로 기록되었는가?

---

103. ④ 104. 알파, 오메가 105. ③ 106. 생명나무, 거룩한 성 107. 내가 진실로 속히 오리라 108. 주 예수의 은혜가 모든 자들에게 있을지어다. 아멘. 109. 22장